나는 블로그 상위노출로 월 천만 원 N잡러가 되었다

| 펴낸날 | 2023년 12월 20일 1판 1쇄 |
| | 2024년 03월 05일 1판 2쇄 |

지은이	박가연
펴낸이	정병철
펴낸곳	도서출판 휴먼하우스

등 록	2004년 12월 17일(제313-2004-000289호)
주 소	서울시 마포구 토정로 222 한국출판콘텐츠센터 420호
전 화	02)324-4578
팩 스	02)324-4560
이메일	humanhouse@naver.com

Copyright ⓒ 박가연 2023, *Printed in Korea.*
ISBN 979-11-85455-31-0 03320

NAVER 블로그 로 돈 버는 방법

박가연
지음

나는 블로그
상위노출로
월 천만 원
N잡러가 되었다

휴먼
하우스

12년 전에 블로그를 처음 접하고 자취생의 생활에 관한 일상을 포스팅하던 그때, 반찬통 세트를 협찬받은 것이 제 블로그 수익화의 시작이었습니다. 그때는 현금이 아닌 물질적 대가였지만, 블로그로 수익을 올릴 수 있다는 것이 정말 신기하기만 했고, 행복했습니다.

그렇게 블로그를 시작한 후 뷰티·패션 블로그를 거쳐 지금은 육아 블로그를 운영하고 있습니다. 블로그를 운영하면서 협찬품, 원고료, 애드포스트 등으로 수익이 생기기 시작했고, 육아 인플루언서가 되고부터는 생각보다 많은 수익이 생겼습니다. 지금은 블로그를 기반으로 하여 월 천만 원 이상의 수익을 올리고 있습니다.

엄마들의 입소문으로 유명했던 카시트를 협찬받은 적이 있습니다. 당시 원고료도 따로 책정해 한 건당 20만 원을 받기로 계약했습니다. 그리고 인플루언서 키워드 챌린지에서 순위권 안에 있을 시 하루 2만 원의 리워드 금액을 받기로 했습니다. 글 작성 후 2개의 키워드에서 한 달 넘게 상위노출 되었고, 현물 80만 원 + 원고료 20만 원 + 노출비 120만 원의 수익을 올렸습니다.

육아용품은 그때그때 아이의 성장에 따라 꾸준히 들어가는 고정 비용이 있는데, 저는 아이 둘을 키우면서 내 돈을 들여서 용품을 사본 적이 없을 정도로 많은 도움을 받았습니다. 기저귀는 첫째와 둘째가 기저귀를 뗄 때까지 '내돈내산'으로 해본 적이 없습니다.

지금은 아이들도 조금 더 컸고, 여행 다니기 좋아하는 저에게 블로그는 또 다른 여행의 발판이 되어주고 있습니다. 제 블로그 인생

중 가장 기억에 남았던 협찬은 괌 여행이었습니다. 이제는 우리 아이들과 함께 하는 가족여행 블로거로 거듭날까 고민 중입니다. 마음만 먹으면 블로그로 유럽까지도 휙- 떠날 수 있을 것 같습니다.

이 책은 블로그 초보자와 블로그로 수익화 모델을 구축하고자 하는 사람들을 위해 블로그 운영 방법과 마케팅 & 브랜딩 방법을 다루었습니다. 실질적인 블로그 운영 방법을 비롯해 궁극적으로는 블로그 상위노출을 통해 수익화 모델을 구축하는 방법을 상세히 설명했습니다.

블로그를 운영하는 이유는 제각각이겠지만, 이 책이 저마다의 목표를 실현하는 데 작은 도움이 되었으면 합니다. 나아가 제가 그랬듯이, 여러분 모두가 블로그를 꾸준히 운영하여 블로그로 수익을 올릴 수 있기를 기대합니다.

잘나가는 인플루언서가 넘쳐나는 블로그의 세계에서 멍젤라를 좋아해주고, 믿어주고, 용기를 주는 분들이 있었기에 행복한 블로거가 되었습니다.

항상 든든한 조력자이자 동반자인 남편과 두 아들에게 사랑하는 마음을 보냅니다.

무슨 일을 벌이든 항상 응원해주고, 하트♥를 눌러주는 멍젤라의 모든 이웃과 방문자님께 이 책으로 감사의 마음을 전합니다.

멍젤라 박가연

차례

6장   결국 상위노출은 글쓰기에 달렸다   219

1장

나는 블로그로
돈 번다

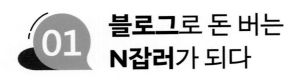

01 블로그로 돈 버는 N잡러가 되다

네이버 블로그를 오랫동안 운영하면서도 블로그를 돈 버는 수단으로 생각하지는 않았습니다. 그저 소소한 협찬품을 받고 홍보글을 써주면서 소정의 대가를 받는 것에 만족했습니다. 무엇보다 블로그를 통해 나의 일상과 관심사를 공유하면서 세상과 소통하는 것이 즐거웠기에 그것만으로도 블로그는 내게 큰 의미였고 행복이었습니다.

그러다가 결혼 후 육아를 하면서 전업주부가 되었습니다. 많은 사람이 그렇듯이 아이를 낳고 나면 엄마들은 우울감을 맛보기도 하고, 특히 직장생활을 하던 사람은 경력 단절 때문에 힘들어합니다. 저 역시 그렇게 독박 육아와 함께 경력 단절 때문에 불안해하다가 어느 날 새로운 '직업'을 찾아보기로 결심했습니다. 금전적인 여유를 위한 것도 있었지만, 육아로 인한 무기력함과 우울감에서 벗어나기 위해서는 나만의 시간을 갖고, 열정을 쏟고, 성취감을 맛볼 수 있는 일이 있어야겠다는 생각에서였습니다.

내가 잘해오던 것, 내가 잘하는 것으로 돈을 벌 수 있는 것이 무엇일까? 집에서 아이를 돌보면서 시간적 여유를 가지면서 수익을 올릴 수 있는 직업이 없을까? 작은 성공이라도 성취감을 맛볼 수 있는 일이 없을까?

그 생각의 끝에 블로그가 있었습니다. 블로그 글쓰기는 이미 즐겁게 할 수 있는 저의 일상이었고, 일 방문자 5천 명의 최적화된 블로그가 있었습니다. 블로그는 저의 가장 강력한 무기이자 경쟁력이었습니다. 그래서 블로그를 돈 버는 즐거운 직장으로 만들어보자고 마음먹었습니다. 그 전에는 협찬품 받고 여행 다니는 일상 정도만 올리던 블로그를, 시각을 달리하여 보니 월급을 받을 수 있는 많은 수익화 모델이 보였습니다. 수익화 모델을 정리해보니 그동안의 블로그 공력으로 조금만 더 노력하면 될 것 같았습니다.

① 체험단, 기자단 리뷰 수익(협찬품 리뷰 수익)

② 애드포스트 수익

③ 블로그 공동구매 수익, 판매 대행 수익

④ 블로그 마켓 운영 수익

⑤ 스마트스토어 운영 수익

⑥ 인플루언서 글쓰기 원고료

⑦ 오프라인 강의료

⑧ 도서(종이책, 전자책) 인세

⑨ 마케팅 대행료

…

저는 지금 블로그를 이용한 수익화 모델로 월 천만 원 이상의 수익을 올리고 있습니다. 저의 경우는 처음부터 수익화를 생각하고 블로그를 운영하지는 않았지만, 진심으로 블로그를 운영하다 보니 그동안의 노력이 쌓여 그리 어렵지 않게 수익화 모델을 구축할 수 있었습니다.(어쩌면 처음부터 돈을 벌기 위한 블로그가 아닌, 사람들과 소통하면서 정보와 취향을 공유하는 순수한 목적으로 블로그를 운영해서 성공을 거둔 것인지도 모르겠습니다.) 하지만 이제 막 블로그를 시작하는 초보자라도 계획을 잘 세우고 꾸준한 글쓰기로 블로그를 성실하게 운영한다면 수익화 모델을 만들 수 있습니다. 나아가 자신을 브랜딩할 수 있습니다. 제가 그래왔듯이 말입니다.

아이를 낳고 육아용품을 협찬받기 시작하면서 저의 직업은 블로거가 되었습니다. 꾸준한 블로그 활동으로 인해 '네이버 인물정보'에 등록되었고, 육아 인플루언서가 되면서 수익은 점점 늘어났습니다. 블로그만 잘하면 인플루언서가 되고 이를 이용해 더 큰 수익화 모델을 만들 수 있습니다.

인플루언서가 되니 애드포스트 수입이 늘어날 뿐 아니라 원고료의 단가가 달라졌습니다. 인플루언서 중에서도 '일반 광고'가 붙는 사람이 있고 '프리미엄 광고'가 붙는 사람이 있습니다. 광고 적용 기준이 있어, 프리미엄 광고가 붙기 위해서는 팬 수 3,000명 이상이거나 주제별로 팬 수 상위 그룹에 속해야 합니다. 혹은 키워드 챌린지 상위 그룹 인플루언서가 되어야 합니다.

제게는 프리미엄 광고가 붙는데, 프리미엄 광고가 붙으면 일반 광고와는 단가가 달라집니다. 예를 들어 일반 광고의 클릭당 단가가 1원이라면 프리미엄 광고는 10원으로 올라갑니다. 또 프리미엄 광고는 방문자가 광고를 클릭하지 않아도 내 글의 페이지 뷰에 따라 수익이 생깁니다.

블로그 본문에 붙는 프리미엄 광고와 일반 광고

육아와 함께 경력 단절이 아닌 '경력 이동'을 하게 된 삶을 살기 시작하면서, 지금 저의 직업은 너무 많습니다.

블로거 + 육아 인플루언서 + 마케팅 강사 + 작가 + 카페 사장 + 오란다이저 대표

블로그로 인해 너무 많은 직업이 생겨버린 삶이 가끔은 버거울 때도 있지만, 블로그는 지금 저에게 삶의 활력과 함께 많은 수익을 가져다주고 있습니다.

SNS 마케팅이 필수가 되면서 많은 사람이 시간과 돈을 투자하여 강의를 듣고 배웁니다. 제가 강의하는 마케팅 수업에도 많은 사람이 참가하는데, 그 사람 모두가 성공하는 블로그를 운영하는 것은 아닙니다. 아무리 좋은 정보를 얻더라도 그것을 자신의 것으로 만드는 실천이 없으면 무용지물입니다.

블로그 성공은 자신에게 달렸고, 부지런함과 꾸준함만큼 좋은 무기는 없습니다. 편하게 수익을 낼 수 있는 일은 아무것도 없습니다.

이제 네이버 블로그는 자신의 노력에 따라 가치가 매겨지는 여러분의 직장입니다. 단순 체험단이나 원고료만 받는 블로거가 아닌, 블로그를 기본으로 자신을 브랜딩하고 다양한 수익화 모델을 구축해야 합니다.

지금부터 그 방법을 하나하나 알려드리겠습니다.

02 블로그 **수익화 모델**의 다양한 방법

블로그를 꾸준히 운영하면서 소위 말하는 최적화 블로그가 되면, 내 글이 상위노출될 확률이 높아집니다. 사실 저 같은 경우 웬만한 세부키워드에서는 상위노출됩니다. 이렇듯 상위노출이 되는 블로그가 되면, 여기저기서 마케팅 의뢰가 들어오고, 또 내 블로그만으로도 여러 가지 수익화 모델을 구축할 수 있습니다.

기자단/체험단

제가 아는 지인 A는 틈틈이 맛집 기자단 원고를 가지고 블로그를 운영하고 있습니다. 물론 블로그 지수에는 좋은 일이 아니지만, 세컨드 블로그로 맛집 전문 블로그를 운영하고 있기에 크게 개의치 않고, 이 블로그는 정말 부업용으로만 운영하고 있습니다. 일주일에 몇 개씩의 기자단 원고를 받아 활동하고 있는데, 적당한 지역 키워드에만 노출되어도 생각보다 많은 수익이 난다고 합니다.

또 체험단으로도 수익을 올릴 수 있습니다. 블로그가 최적화가 되는 순간 의식주가 해결됩니다. 필요한 물품을 무상으로 받으면 돈을 버는 것과 마찬가지죠. 그리고 그에 따른 원고료가 부수익으로 생깁니다. 육아 인플루언서로 활동하면서 가장 많은 수익을 올린 것이 육아용품 체험단이었습니다. 저는 블로그로 아이를 키운다고 해서 붙여진 일명 '블육아'를 했습니다. 아이를 키우는 데는 돈이 많이 들어가는데, 블로그를 통해 기저귀부터 고가의 유모차까지 내돈내산 없이 남들 하는 것만큼 누리면서 넉넉하게 키울 수 있었습니다.

협찬품

협찬품 도전을 해도 쉽지 않은 것이 고가의 가전제품입니다. 이웃 블로거 B는 우리나라 유명 브랜드의 가전제품으로 집을 꾸미고 있습니다. 블로그 하나로 정말 집 말고는 모든 걸 협찬받고 있는 대단한 인플루언서입니다. 주부들의 로망인 고가의 가전제품과 신상품들이 가득합니다.

삼성, LG 등 대기업에서는 에어컨, 냉장고, 건조기, TV, 청소기 등 신제품이 나올 때마다 이벤트와 체험단 협찬을 통해 홍보를 하고 있습니다. 여기에 블로거와 인플루언서는 필수 요소입니다.

원고료

"원고료는 25만 원입니다. 통합 기준 상위노출 1~3위 시 10만 원 추가 인센입니다."

이런 제안이 들어오면 누가 싫어할 수 있을까요. 한 시간 정도만 투자하면 되는 내 글의 가치가 이 정도라니, 놀랍기도 하고 뿌듯하기도 합니다.

원고료뿐만 아닙니다. 원고를 쓰기 위해 받는 제품도 고가의 상품이 대부분입니다. 협찬은 대부분 대기업 제품이고, 고가일수록 광고비를 아끼지 않습니다.

처음에는 이미 유명한 상품을 왜 더 홍보하려고 하는지 의아했는데, 인플루언서를 이용한 광고의 효과가 어마어마하다는 사실을 알 수 있었습니다. 고가의 협찬품에 대한 글은 원고료가 높은 만큼 원고를 깐깐하게 검수합니다.

애드포스트

유명 육아 인플루언서 C는 애드포스트 금액으로 통장에 400만 원이 찍힌 적이 있었다고 합니다. 당시 코로나가 대유행이었는데 그와 관련된 아이 감염 사례를 적은 글이 이슈가 되었습니다. 평소 글을 열심히 쓰기도 했고, 정보성 있는 내용의 실제 사례와 재미있는 그녀의 입담으로 인해 대유행의 시기에 '코로나'라는 엄청난 키워드에서 네이버 상단에 걸렸습니다. 당시 일방문자가 평균 4만 명이 넘었다고 합니다.

이슈성 키워드는 조심성은 있지만, 이목을 끄는 이야기를 어떻게 잘 쓰느냐에 따라 대박이 날 수 있습니다. 평소에 인기도 관리를 잘하고 꾸준하게 글을 쓰면서 '어그로'

내용이 아닌 정확한 글을 써야 이슈성 키워드를 잡을 수 있습니다. 그녀의 글이 여전히 상위권에 자리 잡고 있는 이유입니다.

마케팅 대행, 컨설팅

블로거로 활동한 지 12여 년이 된 저는 주변에 아는 사람이나 업체 대표님이 많습니다. 그러다 보니 주변에서 마케팅 관련 블로거를 모집해달라는 요청이 많이 들어옵니다. 그러면 아는 지인들을 보내주거나 블로거를 모집해주고, 커미션을 받습니다. 또 '레뷰'나 '리얼리뷰' 같은 대행 사이트의 일들을 제가 직접 마케팅 대행을 해주기도 합니다.

"젤라님, 5명만 구해주세요. 인당 10만 원씩 드릴게요."

이런 의뢰가 오면 블로그 지수나 방문자 수에 따라서 블로거의 원고료나 수고비를 책정하고 딜을 한 후, 인당 남은 금액을 제가 수수료로 받습니다.

상위노출 되는 블로거를 몇 명이나 구해주고, 어떤 키워드를 상위노출 시켜주고, 몇 명을 구해주느냐는 저의 능력에 따른 것입니다. 그것 역시 꾸준히 블로그를 운영하다 보면 노하우가 생기게 됩니다.

그렇게 마케팅 일을 서서히 접하다 보면 블로그 컨설팅 일도 들어옵니다. 주변 소상공인들한테서 컨설팅이 많이 들어오는데, 어떤 방식으로 인플루언서를 모집하고, 어떤 이벤트를 진행하는 게 좋을지 업체의 특성에 따라 컨설팅을 해줍니다. 전문적인 컨설팅을 해주기 위해서는 블로그의 동향이나 로직, 여러 SNS의 특성에 대해서 잘 알고 있어야 합니다.

강의료

블로그 전문가가 되면 강의 의뢰가 들어옵니다. 저는 주로 관공서나 교육기관 등에서 많이 들어옵니다. 대부분의 관공서는 정해진 금액표가 있어, 강사의 경력과 이력에 따른 금액이 강의료로 책정됩니다. 저는 최근에 지자체에서 진행한 2시간 특강을 진행했는데 20여만 원을 받았습니다.

기업이나 개인에게서 연락이 오면 또 다릅니다. 인원수, 실습 진행 여부 등에 따라 시간당 강의료를 협의하면 됩니다. 강의는 자신의 지식을 알려주는 것이기에, 그만큼 즐거운 노동이 없습니다. 좋아해야만 가능한 일이기도 하기에 파워 E 성향을 가진 저에게는 최고의 수익화 모델입니다.

2장

수익화를 가져오는
블로그 **기획하기**

♥...!

01 네이버 블로그는 마케팅의 기본 플랫폼

SNS 마케팅이 기업이나 자영업자 혹은 개인 브랜딩을 하고자 하는 사람에게 필수가 되면서 블로그는 마케팅의 기본 채널이 되었습니다.

자신의 가게나 상품을 대중에게 널리 알리기 위해서는 다양한 SNS 플랫폼을 이용해야 하는데, 그 기본이 되는 플랫폼이 블로그입니다. 블로그는 긴 글과 함께 판매자의 상품이나 서비스를 상세하게 설명할 수 있고 사진, 동영상도 자유롭게 첨부할 수 있어 다른 SNS보다 정보를 다양하게 담을 수 있습니다.

블로그 콘텐츠를 작성한 후 이를 페이스북이나 인스타그램, 유튜브 등으로 확산하는 것이 SNS 마케팅의 기본입니다.

1 SNS 마케팅의 필요성

자영업자에게 자신의 가게나 상품, 서비스를 알리는 일은 무엇보다 중요한데, 그것은 매출과 직결되기 때문입니다. 그래서 자영업자들은 마케팅에 비용과 시간을 많이 할애합니다. 예전에는 TV나 신문광고, 오프라인에서 전단지 홍보나 이벤트 행사를 했다면 이제는 그 모든 것이 온라인상에서 이루어지고 있습니다. 특히 언제 어디서든 인터넷에 접속할 수 있는 모바일의 등장으로 SNS는 마케팅의 필수가 되었습니다.

개인도 요즘은 SNS를 통해 자신을 알리는 것에 적극적입니다. 대부분 사람이 카카오톡이나 페이스북, 인스타그램, 유튜브, 블로그 등 하나 이상의 SNS 채널을 운영하거나 이용하고 있습니다. 이들 중에서 소위 '인싸'가 된 사람은 운영 채널을 이용하여 많은 수익을 올리고 있습니다.

SNS는 개인이 돈을 벌 수 있는 수익화 모델을 제공하고 있습니다. SNS에 자신의 재능이나 취향, 정보 등을 공유함으로써 돈을 벌 수 있게 된 것입니다. 팔로워와 이웃, 팬으로 이어지는 네트워크가 형성되고 있습니다. SNS에서 자신을 브랜딩한 많은 개인이 N잡러로 활동하면서 수익을 올리고 있습니다.

월 매출 2만 원의 가게, 일 매출 200만 원을 찍다!

제가 홍보 마케팅을 진행한 곳의 이야기입니다. 도시의 끝자락, 자그마한 산 초입에 자리한 아무도 몰라주는 그 가게는 직접 가보니 위치뿐만 아니라 음식 맛도 형편없었습니다.

최악의 입지와 맛, 이런 곳에 사람들이 찾아오게 할 방법이 없을까를 고민했습니다. 사장님께 맛이 가장 중요하니 시그니처 메뉴를 개발하고 어떻게든 음식을 맛있게 만들라고 했습니다. 그래야 마케팅을 진행할 수 있다고 했습니다. 그러면서 어떻게 하면 이 외진 곳까지 사람들이 찾아오게 할 수 있을까를 고민했습니다. 사장님과 의논 끝에 포토존 설치와 편의시설 등 주변 환경을 예쁘게 바꾸기로 했습니다.

가게 모습이 하나씩 변했고, 음식 맛도 개선되었습니다. 그때부터 본격적으로 블로그와 다른 SNS를 이용해 마케팅을 시작했습니다. 지역 유명 블로거들을 초대해서 이런 곳이 있다는 사실을 알렸고, SNS에 사진을 올리면서 홍보했습니다.

SNS 마케팅을 시작하면서 그달 주말 매출이 200만 원을 찍었습니다. 예뻐진 가게는 소규모 웨딩 장소로도 대여되었고, 각종 이벤트 및 파티룸으로 대여되면서 부수입까지 올리게 되었습니다. 그 가게는 지금도 성황리에 잘 운영되고 있습니다.

▲ Before 변신 전　▼ After 변신 후

　자영업자는 자신의 가게와 상품을 어떻게 하면 많은 사람에게 알릴 수 있을까를 고민합니다. 인터넷의 발달로 정보의 공유가 쉬워지면서 이제 누구나 SNS에서 원하는 정보를 찾습니다. 따라서 자신을 알리고자 하는 사람이라면 SNS 마케팅은 기본으로 해야 합니다. 아무도 모르는 곳, 그런 곳을 알리기 위해서는 어마어마한 파급력을 지닌 SNS 마케팅이 필수입니다. 너무 좋지만 아무도 몰라주는 내 물건, 사람들은 알지 못하면 사지 못합니다. 내 물건을 팔기 위해서는 SNS를 통해 널리 알려야 합니다.

　그렇기에 누구나 SNS 마케팅을 하는 시대입니다. 기업이나 소상공인뿐만 아니라 개인도 SNS를 통해 자신을 알리고 브랜딩합니다. SNS는 개인도 훌륭한 마케팅을 할 수 있게끔 합니다. 마케팅 대행사에 맡기지 않더라도 조금만 노력하면 스스로 어렵지 않게 할 수 있습니다.

　자기 자신보다 자기를 잘 아는 사람은 없습니다. 나보다 내 가게를, 내 물건을 잘 아는 사람은 없습니다. 그곳에 몸담은 사람보다 그곳을 잘 알릴 사람은 없습니다. 그래서 저는 마케팅 제안이 오면 제가 출퇴근할 수 있는 지역이 아니면 정중하게 거절

합니다. 그 돈으로 마케팅 직원을 고용하는 것이 훨씬 낫다고 얘기해줍니다.

누구나 마케팅의 필요성은 잘 알고 있지만, 방법을 몰라서 시작하기를 두려워합니다. 또 배워서 알아도 꾸준히 실천하지 못해 성공하지 못하는 경우가 많습니다. SNS 마케팅에 있어서 부지런함과 꾸준함은 필수입니다.

넘쳐나는 정보 속에서 자신만의 특별함을 알리는 것은 중요합니다. 많이 알려지고 소문이 나면 브랜딩이 됩니다.

2 왜 네이버 블로그를 해야 할까?

가장 쉬운 플랫폼

네이버 블로그를 해야 하는 이유는 쉽다는 것입니다. 네이버 블로그는 별도의 가입 절차 없이 네이버 아이디만 만들면 내 블로그가 생성됩니다.

인스타그램은 사진 위주의 플랫폼입니다. 사진을 잘 찍어야 하고, 한 장의 사진으로 사람의 시선을 사로잡고, 마음을 움직여야 합니다. 그러다 보니 유명 장소나 여행지, 식당 등 이른바 핫플을 방문해서 사진을 찍어야 합니다. 물론 그렇지 않은 콘텐츠도 있지만 어쨌든 좋은 사진을 찍을 수 있어야 좋은 콘텐츠를 만들 수 있습니다.

유튜브는 어떨까요? 요즘은 동영상이 대세라고 하지만, 그렇다고 아무나 시작할 수 없습니다. 영상을 잘 촬영하고 편집할 수 있어야 합니다. 기본적인 촬영 장비도 갖추어야 합니다. 유튜브 영상이 신뢰와 공감을 얻으려면 크리에이터가 얼굴을 공개하는 것이 좋은데, 말주변이 없는 사람이나 남들 앞에 나서기를 싫어하는 성격의 사람에게는 쉬운 일이 아닙니다. 그만큼 진입 장벽이 높은 플랫폼입니다.

반면 블로그는 누구나 쉽게 시작할 수 있습니다. 블로그는 글과 사진, 동영상 모두를 콘텐츠에 담을 수 있지만, 주로 글을 위주로 합니다. 글을 주로 사용한다고 해서 전문가 수준의 글쓰기를 원하는 것은 아닙니다. 처음에는 편하게 일기 쓰듯이 시작해도 됩니다. 또 시간적인 면에서도 자유롭습니다. 시간이 나는 틈틈이 원고를 작성하고, 원하는 시간에 올리면 됩니다. 네이버 블로그 앱에서는 글쓰기에 녹음 기능이 있어 내가 하는 말을 글로 표현해주기도 합니다. 네이버 블로그는 시간과 장소에 구애받지 않고 편하게 시작할 수 있는 플랫폼입니다. 글재주가 없어도, 말주변이 없어도, IT 기기에 대한 큰 지식이 없어도 누구나 쉽게 시작할 수 있습니다.

콘텐츠 중심의 플랫폼

인스타그램과 유튜브는 나의 팬과 구독자를 모아야 내 플랫폼의 콘텐츠를 널리 알릴 수 있지만, 네이버 블로그는 그러지 않아도 됩니다. 블로그 방문자의 대부분은 검색을 통해서 들어오기 때문입니다. 굳이 방문자 모으기에 신경을 쓰지 않아도, 좋은 정보를 차곡차곡 쌓아가면 사람들이 검색을 통해 들어옵니다. 그렇게 방문한 사람들은 자신이 원하는 콘텐츠가 많이 있으면 이웃이 됩니다.

블로그 운영의 관건은 좋은 정보를 꾸준히 포스팅하는 것입니다. 묵묵히 자신만의 이야기를 쌓아가면 됩니다. 그러면 방문자는 알아서 들어옵니다.

국내 최대 플랫폼

우리는 그물처럼 연결된 수많은 SNS 플랫폼 속에서 정보를 생성하고 소비합니다. 요즘은 유튜브와 틱톡 등 동영상 채널이 인기를 끌면서, 텍스트와 사진을 기반으로 하는 플랫폼에서도 동영상을 서비스하고 있습니다.

이렇게 SNS는 하루가 다르게 진화하고, 새로운 플랫폼이 생기는데, 왜 우리는 블로그에 집중해야 할까요? 그것도 왜 네이버 블로그여야 할까요?

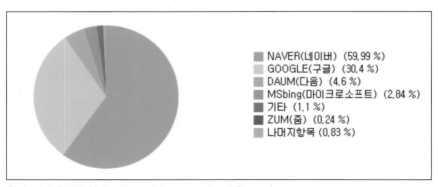

- NAVER(네이버) (59.99 %)
- GOOGLE(구글) (30.4 %)
- DAUM(다음) (4.6 %)
- MSbing(마이크로소프트) (2.84 %)
- 기타 (1.1 %)
- ZUM(줌) (0.24 %)
- 나머지항목 (0.83 %)

출처: 인터넷트렌드(http://www.internettrend.co.kr)

2024년 2월 기준 우리나라 포털사이트 검색 순위 1위는 네이버로 59.99%의 점유율을 자랑하고 있습니다. 이것은 인터넷 이용자 10명 중 6명 정도가 네이버를 이용하고 있다는 뜻입니다. 그만큼 많은 사람이 이용하는 곳이니 네이버 블로그 글이 주목받을 수밖에 없습니다. 사람이 많이 모이는 곳에서 장사를 하라는 말이 있듯이, 트래픽이 많이 일어나는 곳에서 마케팅을 해야 많은 사람에게 도달합니다.

MZ세대 사용자층

MZ세대는 트렌드를 이끌고 소비를 주도하는 세대입니다. 10대와 20대는 유행에 민감하고 역동하는 SNS 흐름에 잘 따르는데, 근래 들어 이들 세대가 네이버 블로그를 시작하는 숫자가 급격하게 늘었습니다.

2003년에 네이버 블로그가 생긴 이래 페이스북, 유튜브, 인스타그램 등 많은 SNS 채널이 생겨나면서 그때마다 유행하는 SNS가 달라졌습니다. 블로그는 한때 유튜브, 인스타그램에 밀려 비중 없는 SNS로 취급받기도 했습니다. 그러는 중에도 블로그 사용자는 꾸준하게 늘고 있었고, 2020년대에 들어 다시 한번 전성기를 맞이했습니다.

네이버 블로그는 2021년과 2022년에 해마다 200만 개 이상의 신규 블로그가 생겨나면서 2022년 10월 말에는 3200만 개에 달했습니다. 이 기간 중 새로운 블로거의 76%가 10대~30대의 사용자였습니다.

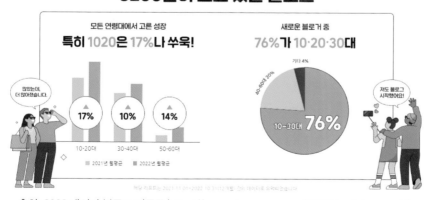

출처: 2022 네이버 블로그 리포트 (https://campaign.naver.com/2022blog/blogreport/)

이렇게 네이버 블로그 사용자 수가 늘어난 것은 무엇보다 블로그가 MZ세대의 성향과 잘 맞아떨어진 결과라고 할 수 있습니다. MZ세대는 글로써 의사소통하는 것에 익숙한 세대로, 나를 표현하기를 좋아하고, 자신의 기록을 남기고 싶은 욕구가 강한 세대입니다. 이런 사용자에게 긴 글을 지원하는 텍스트 중심의 플랫폼인 블로그는 안성맞춤이었고, MZ세대의 대세가 되었습니다.

블로그가 MZ세대를 비롯하여 젊은 층의 사용자가 많다는 것은, 마케팅을 해야 하는 기업이나 자영업자에게 시사하는 바가 큽니다.

검색에 최적화된 서비스

블로그는 많은 SNS 중에서 검색에 최적화된 플랫폼입니다. 인터넷과 모바일의 발달로 이제 사람들은 궁금한 것이 있으면 언제나 스마트폰부터 찾습니다. 맛집을 검색하기도 하고, 구매하고자 하는 상품을 찾기도 하고, 모르는 것이 있을 때도 네이버에 물어봅니다.

네이버 알고리즘은 사용자의 검색에서 가장 적합도가 높은 서비스 판부터 위에서 아래로 보여줍니다. 즉 사람들이 키워드를 검색한 후 많이 방문한 서비스 판 순으로 보여줍니다. 예를 들어 네이버에서 '원피스'를 검색하면 '네이버 쇼핑' 판이 제일 위에 옵니다. 이것은 원피스를 검색한 사람들이 검색 결과에서 '네이버 쇼핑'으로 가장 많이 이동했기 때문입니다. 원피스는 '정보'가 아니라 '구매'를 위해서 검색하는 상품성 키워드입니다.

그럼 '홍대 맛집'의 경우는 어떨까요? 홍대 맛집은 맛집에 대한 정보를 얻고 방문하기 위해서 검색하는 키워드입니다. 때문에 위치를 기반으로 하는 '플레이스'가 제일 위에 오고 그 아래로 홍대 맛집과 관련된 인기 주제를 '스마트블록'으로 보여줍니다. (스마트블록 속의 세부 주제를 클릭하면 주제에 맞는 블로그나 카페, 포스트 등의 글이 검색됩니다.) 그 아래로 블로그, 인플루언서, 카페 등의 글을 보여줍니다. 이러한 전시 순서는 키워드마다 다르게 나타납니다.

(※ 2024년 1월까지는 검색 결과 'VIEW' 탭에 카페 글과 블로그 글이 섞여 노출되었고 따로 선택해서 볼 수 있었는데 2024년 2월부터 이전처럼 '블로그' 탭과 '카페' 탭을 상단에 따로 분리하였습니다.)

이처럼 네이버는 검색에 최적화된 플랫폼으로, 검색어와 연관된 최적의 정보를 보여줍니다. 이것은 검색의 시대에 네이버 블로그가 가장 좋은 마케팅 도구라는 뜻입니다.

검색어와의 적합성과 최신성

인스타그램에서 키워드 검색을 하면 연관성 없는 게시물이나 광고업체의 도배글, 상위노출 보장 광고도 많이 뜹니다. 또 키워드와 상관없는 태그의 무분별한 남발로 인해 정확한 정보를 찾기가 어렵습니다. 사람들은 이런 매체에서 피로감을 느끼기 마련입니다.

키워드와 무관한 광고글, 광고사가 주관하는 복사 붙여넣기 맛집 광고

하지만 네이버의 경우 콘텐츠가 상위노출 되기 위해서는 적절한 지수와 정확성, 전문성, 최신성이 더해져야 합니다. 키워드를 남발한다고 해서 상위노출이 되지는 않습니다. '최신성'과 '연관성'이 영향을 주기 때문에 정확한 최신 정보를 제공해야 상위노출이 됩니다. 그래서 사용자는 결국 정확한 정보를 찾기 위해서 네이버로 옵니다. 다른 플랫폼의 콘텐츠를 둘러보기도 하지만 결정을 위해서는 네이버 콘텐츠를 가장 비중 있게 참고합니다. 네이버 블로그가 검색어와 가장 적합한 최신의 정보를 보여주기 때문입니다.

동영상 플랫폼에서는 궁금한 정보가 타임라인의 어디쯤 나오는지 알 수가 없어 끝까지 봐야 합니다. 유튜브도 이런 불편함을 해소하기엔 아직은 역부족입니다. 영상으로 보는 것이 도움이 될 때도 있지만, 사진과 함께 정리된 글을 읽을 때 더 정확한 정보를 얻을 수 있어서 사람들은 결국 블로그 글의 도움을 받게 됩니다.

네이버 알고리즘은 검색어와 가장 연관성이 있는 최적화 콘텐츠를 상위에 노출시켜줍니다. 따라서 검색에 최적화된 서비스인 네이버는 마케팅을 진행하는 데 가장 적합한 플랫폼입니다.

탁월한 정보 저장성, 충실성, 확장성

블로그는 정보를 차곡차곡 저장하기에 좋은 서비스입니다. 이것은 브랜딩을 하기에 용이하다는 의미이기도 합니다. 인스타그램은 같은 주제의 콘텐츠를 한데 모아 저장하는 데는 한계가 있고, 또 휘발성이 강한 콘텐츠여서 브랜딩을 하기에도 적합하지 않습니다. 이에 반해 블로그는 카테고리별로 주제와 관련된 콘텐츠를 작성하고 저장할 수 있어 콘텐츠를 일목요연하게 정리하여 보여주기에 좋습니다. 이렇게 주제에 맞는 콘텐츠가 쌓이면 방문자는 블로거를 전문가로 인식하게 되고, 전문가로 인식되면 브랜딩이 됩니다. SNS에서는 콘텐츠가 쌓이면 브랜딩이 됩니다.

블로그는 텍스트 기반의 플랫폼으로 '글 + 사진 + 동영상'을 사용할 수 있습니다. 다른 플랫폼보다 긴 글을 작성할 수 있으며, 그만큼 충실한 정보를 담을 수 있습니다. 타 SNS의 사진을 쉽게 가져올 수도 있습니다.

블로그는 콘텐츠를 확장하기에도 좋습니다. 블로그 콘텐츠는 페이스북, 인스타그램, 트위터(엑스), 카카오톡 등 다른 채널로 쉽게 내보낼 수 있습니다. 블로그에서 먼저 콘텐츠를 만들고 이를 자신의 타 SNS에 공유하여 콘텐츠를 확장할 수 있습니다.

뛰어난 정보 저장성과 충실성, 콘텐츠 확장성은 우리가 블로그를 마케팅의 기본 베이스캠프로 잡아야 하는 이유입니다.

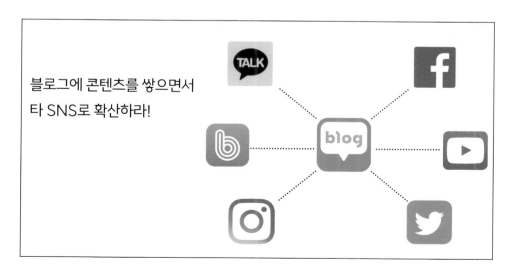

블로그에 콘텐츠를 쌓으면서
타 SNS로 확산하라!

02 블로그 운영 기획하기

블로그에 무턱대고 글을 쓸 수는 있지만, 누구보다 빠르게 내 블로그가 상위노출 되기를 원한다면 아무렇게나 시작해서는 안 됩니다. 계획성 없이 시작하면 무엇을 위한, 누구를 위한 블로그인지도 모르는 중구난방 잡동사니 블로그가 되기 십상입니다. 시작하기 전에 왜 블로그를 하려고 하는지, 어떤 내용을 담을지에 대한 운영 계획을 세워야 합니다.

1 어떤 블로그를 운영할 것인가

1) 블로그 운영 목적

자신의 모습을 차근히 살펴보고 무슨 이유로 블로그를 하려는지 생각해봅니다. 이웃과의 소통, 퍼스널 브랜딩, 정보 지식 전달, 사업체 홍보 등 블로그 운영의 목적을 정합니다. 우리가 블로그를 하는 이유는 저마다 다르고 복합적이겠지만, 굳이 나누어 보자면 대략 다음과 같습니다.

① 개인의 관심사 공유

개인의 일상과 관심사 공유로 네트워크를 형성하기 위함입니다. 여행에 관심이 많은 사람은 자신이 다녀온 여행지를 블로그에 소개하면서 여행 블로그를 만들 수 있습니다. 그러면 여행에 관심이 많은 사람이 방문하게 되고, 이웃이 되고 서로이웃이 됩니다. 여행, 캠핑, 뷰티, 독서, 육아, 직장생활, 자취생 블로그들이 이러한 블로그라 할 수 있습니다.

② 브랜딩 구축

소상공인은 자신의 가게와 브랜드 인지도를 높이기 위해서 블로그를 운영합니다. 개인도 IT, 금융, 세무, 보험, 자동차 정비 등 자신의 직업이나 전문지식으로 퍼스널 브랜딩을 하기 위해서 블로그를 운영합니다.

③ 정보와 지식 공유

자신의 지식과 정보를 여러 사람에게 오픈하여 타인에게 도움을 주고자 하는 선한 블로그입니다. 궁금한 것이 있을 때 블로그에서 원하는 정보를 얻어 도움을 받으면 그 블로그를 신뢰하게 되고 이웃이 됩니다. 이웃은 블로그의 커다란 자산입니다.

④ 홍보의 수단

운영하는 가게나 상품, 서비스를 홍보하기 위한 블로그입니다. 대부분의 기업체나 관공서, 교육기관 등에서는 '공식 블로그'를 운영하고 있습니다.

공식 블로그는 기관, 기업, 단체 등에서 직접 운영하는 블로그로, 대상이 되면 네이버에 신청해 자격을 얻을 수 있습니다. 공식 블로그가 되면 블로그명 옆에 초록색 체크 엠블럼이 붙습니다.

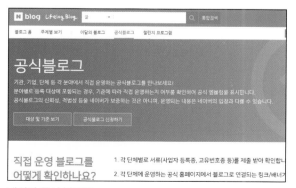 

네이버 공식 블로그

⑤ 수익의 도구

블로그를 수익의 도구로 활용하기도 합니다. 사실 위 ①~④번의 경우도 블로그를 잘 운영하면 결국 수익화 모델이 됩니다. 블로그 이웃과 방문자를 많이 모이게 해 공동구매 진행으로 수익을 꾀하는 블로그도 있습니다. 블로그를 크게 키워 블로그 마켓을 운영하여 수익을 올리기도 합니다. 또 네이버 스마트스토어를 운영하면서 블로그를 고객 유입을 위한 홍보의 수단으로 이용하기도 합니다.

2) 블로그 주제 정하기

블로그 운영 목적이 정해지면 어떤 주제로 글을 쓸 것인지를 정합니다. 주제 선정은 블로그의 카테고리를 정하는 것과 같습니다. 어떤 카테고리에 어떤 내용의 글을 쓸 것인지를 생각합니다.

자신만의 주제를 정하기 전에 먼저 네이버에서 주제를 찾을 수 있습니다. 생각해보면 네이버는 언제나 운영과 관련하여 우리에게 방법을 제시해주고 있습니다. 네이버 블로그(https://section.blog.naver.com/)에서 '주제별 보기' 탭을 클릭하면 주제별 카테고리가 나옵니다. 현재 '엔터테인먼트·예술', '생활·노하우·쇼핑', '취미·여가·여행', '지식·동향'의 대카테고리가 있고, 이것을 클릭하면 소카테고리를 확인할 수 있습니다.

로그인 상태에서는 '관심주제' 탭에서 오른쪽의 설정 아이콘을 클릭해 자신이 원하는 주제의 글만 설정하거나 키워드를 입력해 자신이 원하는 관심주제를 모아 볼 수 있습니다. 이 관심주제를 참고하여 내가 쓸 글이 어떤 카테고리에 들어갈지를 생각하면서 블로그 주제를 정하면 됩니다.

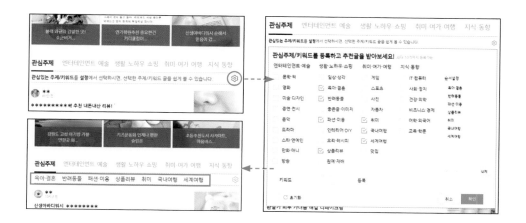

이것은 네이버에서 지정한 주제들입니다. 내 블로그의 주제에 맞게 꾸준히 글을 작성하면 C-Rank 점수가 높아지고, 관련 주제의 글들이 검색 상위에 노출될 확률이 높아집니다.

네이버 블로그는 현재 문학·책, 영화, 일상·생각, 육아·결혼, 반려동물, 패션·미용, 게임, 스포츠, 국내여행, 해외여행, 맛집, IT·컴퓨터, 사회·정치 등 32개의 주제가 있습니다.

여기에 나오는 카테고리 중에서 내 블로그의 핵심 주제를 선택할 수 있습니다. 이 카테고리를 참고하면서 좀 더 구체적이고 독특한 나만의 주제를 정할 수 있습니다.

■ 주제 선정 시 고려사항

① 가장 잘 알고, 잘할 수 있으면서, 쉽게 쓸 수 있는 것

잘 알지 못하는 것에 관한 글을 쓰려면 너무 많은 공력이 들어갑니다. 배경지식 공부도 해야 하고 자료 조사도 해야 합니다. 글 하나를 쓰기 위해 하루의 시간을 온전히

쏟아야 할 수도 있습니다. 그렇게 되면 글쓰기가 고역이 되고, 꾸준히 쓸 수가 없게 됩니다.

② 내가 해보고 싶은 관심 분야
자신의 관심 분야에 대해서는 할 이야기가 많습니다. 관심이 있기에 의욕도 있고 어느 정도의 배경지식도 있습니다. 관심이 있으면 흥미를 유지하게 되고 끝까지 쓸 수 있게 됩니다.

③ 사람에게 정보를 주고 도움이 되는 주제
사람에게 도움이 되는 주제를 다루는 블로그는 유익한 블로그입니다. 내가 가진 지식으로 누군가에게 도움이 된다는 것은 네이버 정책에도 부합하고, 스스로에게도 글을 쓰면서 자부심을 느끼게 합니다. 방문자의 많고 적음은 별개의 문제입니다.

④ 현실적인 것, 생활밀착형 구체적인 주제
사람은 추상적이고 관념적인 것보다는 현실적이고 구체적인 것에 관심이 많습니다. 이런 주제는 주변에서 보고 듣거나 경험하는 일이기에 사람들이 쉽게 공감합니다.

⑤ 나만의 독특한 개성 있는 주제
누구나가 하는 일반적인 주제보다는 나만이 쓸 수 있는 주제가 좋습니다. 이런 주제를 선택할 때는 대중의 관심이 너무 없는 것은 아닌지 고려해봐야 합니다. 나만의 주제를 다루면 타 발행물이 많지 않아 상위노출이 잘될 수 있지만, 자칫하면 방문자가 없는 글이 될 수도 있습니다. 대중의 관심이 많은 분야에서 좀 더 세분화된 주제를 찾아 글을 쓰면 좋습니다. 전문직이나 특별한 직업을 가진 경우, 그것을 바탕으로 글을 쓰면 나만이 쓸 수 있는 글이 됩니다.

⑥ 지속해서 글을 쓸 수 있는 글감이 있는 주제
주제를 선정했다면 그 주제를 가지고 지속해서 글을 쓸 수 있는지를 생각해봅니다.

내가 잘 아는 전문 분야고 글도 쉽게 쓸 수 있다 하더라도, 지속해서 쓸 수 있는 글감이 없다면 좋은 주제가 아닙니다. 우리는 블로그를 한두 번 운영하고 말 것이 아니기 때문입니다.

블로그가 안정화되면 평균적으로 일주일에 4~5개의 글을 쓰게 됩니다. 많게는 한 달에 20개, 1년에 240편의 글을 쓰게 됩니다. 그러한 것을 고려해 충분히 글감이 나올 수 있는 주제인지를 생각해봅니다.

⑦ 검색이 많은 주제

블로그 글은 검색어를 기반으로 노출됩니다. 내가 쓴 글의 키워드, 핵심 주제를 아무도 검색하지 않는다면 내 글의 방문자는 한 명도 없을 것입니다. 내가 정한 블로그 주제의 키워드가 네이버 검색량이 많은 것인지를 고려해야 합니다. 아주 극소수의 마니아들만 찾는 키워드를 가지고는 아무리 좋은 글을 쓴다고 하더라도 많은 방문자를 기대하기 어렵습니다. 블로거에게 방문자는 곧 돈입니다. 특히 수익형 블로그에서는 검색이 많이 되는 주제를 선정하는 것이 중요합니다.

이렇게 블로그 운영 목적과 관련 있는 자신의 모습을 정리한 뒤, 이것을 복합적으로 엮어 주제를 정합니다. 자신이 가장 잘 아는 분야이면서 동시에 사람들에게 도움이 되는 정보이고, 현실적이고 구체적이면 좋습니다. 무엇보다 사람들이 많이 검색하는 관심 분야의 주제여야 합니다. 이렇게 주제를 정하면 소재가 고갈되지 않고 꾸준히 글을 쓸 수 있고, 세부 카테고리를 확장하기에도 좋습니다.

저는 형제를 키우는 엄마이기에 '육아와 관련된 일상 이야기'가 핵심 주제입니다. 그 덕분에 다양한 육아용품뿐만 아니라 아이와 관련한 여행 상품 등을 협찬받고 리뷰를 진행하고 있습니다. 내가 처한 지금의 상황, 내 일상의 대부분을 차지하는 이야깃거리가 있다면 그것을 주제로 정하는 것을 추천합니다.

만약 그래도 주제를 정하는 것이 어렵다면, 일상 주제를 먼저 잡고 콘텐츠를 하나하나 쌓아가면서 메인 주제를 잡는 것도 하나의 방법입니다. 글을 쓰면서 주제에 따라 카테고리를 만들어 분류하고, 방문자가 많은 인기 콘텐츠를 중심으로 메인 주제를 잡아갈 수 있습니다. 네이버 '카더라 통신'에 따르면 한 주제를 잡으면 그 주제만 다루는 것이 좋다는 설이 있습니다.(물론 그렇게 하면 C-Rank에 좋은 영향을 미칩니다.) 하지만 그렇게 하면 글감이나 소재가 고갈될 수밖에 없고 의욕조차 사라져 블태기(블로그 권태기)를 겪게 됩니다. 때문에 내가 가장 자연스럽게 쓸 수 있는 글, 내 모습 그대로를 보여주면서 자신 있게 쓸 수 있는 분야를 주제로 잡고 시작해보는 것도 좋습니다. 그래야 오랫동안 글쓰기를 할 수 있습니다. 즐거워야 오래갑니다.

3) 별명(닉네임) 정하기

요즘 참 많이 듣는 말이 '나를 브랜딩하라'라는 말입니다. 저는 '멍젤라'라는 이름을 브랜딩했습니다. 그렇게 할 수 있었던 건 블로그 덕분입니다. 12년 동안 블로그 속에 저의 모든 이야기와 살아가는 날들을 담았습니다. 오랫동안 기록한 일상이 모여 브랜드가 되었습니다.

개인이 브랜딩이 되면 사람들은 자연스럽게 그 사람의 성격, 생각, 생활방식 등 모든 것을 이미지로 연상합니다. 멍젤라는 단순한 블로거 닉네임이 아니라 사람들에게 선명한 이미지로 떠오릅니다. 솔직하고 진실한 이미지, 당찬 엄마의 이미지, 그리고 언제나 활동적인 팔방미인이라는 이미지로 브랜딩되어 크든 작든 영향력을 끼치고 있습니다.

멍젤라라는 닉네임을 지을 때 그냥 '안젤라 베이비'라는 배우가 너무 예뻐서 '젤라'를 따왔습니다. 네이버에 검색해보니 아무도 젤라라는 이름을 쓰고 있지 않았습니다. 하지만 너무 흔해질까 봐 '멍'이라는 말을 붙여 나만의 닉네임을 만들었습니다.

닉네임을 정하기 전에 네이버 블로그 홈 화면에서 '별명·아이디'로 생각한 닉네임을 검색해봐야 합니다. 아무도 쓰지 않는 닉네임이 가장 좋지만, 이미 다른 사람이 쓰고 있다면 그 블로그를 클릭해서 들어가 봅니다. 활발하게 활동하는 블로그인지 유령 블로그인지를 살펴본 후, 그 블로그를 이길 자신이 있다면 과감하게 사용해도 됩니다. 그렇지 않다면 다른 닉네임을 찾는 것이 좋습니다. '큰멍젤라', '작은멍젤라'가 아니라 이 세상에 하나밖에 없는 '멍젤라'가 좋습니다. 만일 그 '큰멍젤라'가 이미 유명한 인플루언서라면 나를 브랜딩하기가 쉽지 않습니다.

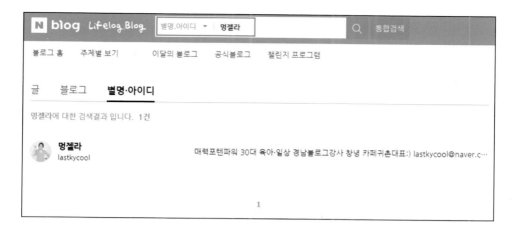

블로그를 시작하기 전에 자신의 블로그 콘셉트를 잘 드러낼 수 있는 닉네임을 정합니다. 닉네임은 블로그의 주제(카테고리)와 어울리게 지으면 좋습니다. 자기 혼자만 쓸 수 있는 이름이면 더욱 좋습니다. 브랜딩을 하기 위해서는 남들이 사용하는 흔한 이름이 아니라, 이름만 들어도 그 사람을 떠올릴 수 있는 독특하고 유일한 것이 좋습니다.

2 블로그 벤치마킹하기

블로그의 목적과 주제가 정해졌다면 이에 부합하는 좋은 블로그를 찾아 벤치마킹합니다. 나보다 잘하는 사람, 나보다 먼저 시작한 사람을 기준으로 삼아 자신을 비교하면 됩니다. 벤치마킹할 블로그를 찾아가 글의 문체, 사진 개수, 동영상 등등 콘텐츠 구성 요소를 살펴봅니다.

벤치마킹할 대상을 찾을 때는 '인플루언서'와 '이달의 블로그'를 참조하면 됩니다. 그들의 블로그를 살펴보면서 글쓰기에 관한 아이디어를 얻고, 노하우를 배울 수 있습니다.

1) 이달의 블로그 둘러보기

네이버 블로그에 가면 '이달의 블로그'를 볼 수 있습니다. 매달 네이버에서 주제를 정하고, 그에 맞는 블로그를 추천받아 네이버가 선정해 엠블럼을 달아줍니다.

이달의 블로그는 자신만의 주제를 가지고 꾸준히 글을 작성한 블로그를 주로 선정해주기 때문에, 관련된 주제의 블로그를 벤치마킹하기에 좋은 곳입니다.

여기에 나오는 이달의 블로그에 들어가서 블로그 레이아웃, 블로그명, 별명, 글 구성 방법 등을 살펴보고 참조하면 됩니다.

네이버 블로그 공식 블로그 페이지 이달의 블로그

2) 네이버 인플루언서 둘러보기

'네이버 인플루언서'는 사람들이 많이 찾는 채널(블로그, 포스트, 네이버TV, 스마트스토어, 쇼핑라이브, 유튜브, 인스타그램 등)에서 전문 주제로 활동하는 검증된 창작자를 말합니다.

네이버에서는 주제에 맞는 인플루언서들을 뽑고 있습니다. 인플루언서의 글은 '스마트블록', '블로그' 탭뿐만 아니라 인플루언서들만 경쟁하는 '인플루언서'(키워드 챌린지)

영역에서 노출될 수 있습니다.

'키워드 챌린지'는 원하는 키워드에 창작자의 콘텐츠를 등록하여 검색 결과에 직접 참여하는 서비스로, 참여하려면 인플루언서가 되어야 합니다. 인플루언서 홈에 연동한 운영 채널의 콘텐츠로 참여하는 것입니다. 자신이 속한 카테고리의 키워드 챌린지에만 참여할 수 있습니다. 인플루언서는 인플 순위에서 밀리지 않기 위해 주어진 키워드 챌린지에 참여할 수 있는 글을 끊임없이 포스팅해야 합니다. 네이버에서는 이렇게 주제에 맞는 글을 쓰는 창작자를 조금 더 우대해주고 있습니다.

이런 인플루언서를 벤치마킹하여 글을 어떤 식으로 써야 할지 혹은 어떤 주제의 글을 써야 할지 참고하는 것도 좋은 방법입니다.

기업이나 공식 블로그를 운영한다면 경쟁사들의 블로그를 보면 됩니다. 블로그에서 진행하는 이벤트는 어떤 것들이 있고, 어떤 글이 인기가 있는지, 어떤 글들을 발행하고 있는지를 참고하여 운영 방향을 잡으면 됩니다.

글을 잘 쓰기 위해서는 남이 쓴 글을 베껴 써보는 것도 하나의 방법입니다. 그러다 보면 자신도 그들처럼 좋은 블로그를 운영하고 있을 것입니다.

3) 같은 콘셉트의 블로그 벤치마킹하기

운영하고자 하는 주제와 같은 글을 집중적으로 작성하고 있는 좋은 블로그를 찾아서 벤치마킹합니다. 좋은 블로그란 많은 이용자가 반응하는 블로그입니다. 방문자와 이웃의 방문수, 추가 이웃의 수, 공감수, 댓글수, 최근 활동성 등을 살펴봅니다.

육아 인플루언서 블로거 '만렙주부'의 육아정보 게시판

위의 그림은 블로그 지인이자 육아 인플루언서 상위 순위권인 '만렙주부'의 블로그 게시판 중 하나입니다. 이 친구의 육아정보 게시판에는 육아와 관련한 다양한 주제가 담겨 있습니다. 저는 이러한 인플루언서들의 글을 보면서 어떤 주제들을 다루고 있는지를 살펴봅니다. 그리고 발행된 글 중에서 현재 바뀐 내용은 없는지, 해가 바뀌어 변경된 제도는 없는지 등을 살펴보고 나의 말투로 내 블로그 성격에 맞게 주제를 선정하여 씁니다. 이렇게 인플루언서의 글들을 보며 내 블로그에 적용할 수 있는 것을 벤치마킹합니다.

블로그 벤치마킹 결과 보고서

항목		내용
블로그 주소		https://blog.naver.com/andyfirstlv
블로그명		만렙주부♥
별명		만렙주부
블로그 목적		육아정보 및 일상정보 / 중국생활기
콘셉트(주제)		육아
목표 대상		육아맘
레이아웃/ 디자인	단 구성	상하단 (홈페이지형)
	스킨	가족사진, 홈페이지 메인 게시판 형태
	톤앤매너	정확한 정보성 글, 기사 느낌
카테고리 구성		육아 / 리뷰 / 여행 / 그 외 서포터즈 활동
사이드바, 위젯 구성		홈페이지형 블로그, 위젯은 깔끔! 필요한 것만.
블로그 이웃수		비공개
일 평균 방문자 수		1만
전체 포스트 수		1800여 개
주요 포스트 분석	제목	임산부 혜택, 단축근무 임신 중 육아휴직 급여 신청방법, 태아검진 휴가
	문체	기사화, 정보성, 객관적
	문단 정렬과 소제목	가운데 정렬 – 임신 단축근무 – 태아검진휴가 및 주의사항 – 육아휴직 급여계산 및 주의사항 – 육아휴직 신청방법
	키워드	임산부혜택(단축근무, 육아휴직 급여)
	태그	임산부혜택, 임산부단축근무, 임신단축근무, 임신중육아휴직, 육아휴직, 육아휴직급여, 태아검진휴가
	상위노출 여부	○
벤치마킹 주요 포인트 및 결과		2022년도 글, 2023년도에 변경된 정책 적용한 정보성 글을 써야 한다. 나만의 톤으로 부드럽게 정보를 전달한다. 육아휴직에 관련된 정보성 글을 집중적으로 작성해야 할 듯.

만렙주부님이 2022년에 쓴 임산부 육아휴직 관련 글을 벤치마킹해, 2023년에 변경된 육아휴직에 관해 썼습니다.

문체는 당연히 저만의 문체로 하였고, 현재 개정된 법에 관한 정보를 담았습니다. 만렙주부는 임산부 혜택을 정리했다면, 저는 출산휴가와 육아휴직 그리고 사후지급금을 중점적으로 알려주었는데, 많은 인기를 얻었습니다.

이렇듯 어떤 주제를 가지고 어떻게 변화를 주어 글을 쓸 수 있을지를 알아보고 적용하면 됩니다. 베껴 쓰는 것이 아니라 내가 가진 자료를 이용하여 나만의 문체와 방식으로, 나만의 경험담을 쓰는 것입니다.

만렙주부의 글   멍젤라의 글

③ 블로그 운영 계획표 만들기

성격유형검사 MBTI에서 계획성을 요구하는 J와 P 중에서 저는 극P인 사람입니다. 직장생활을 할 때는 월간 스케줄 표에 대충 약속만 적어두는 게 전부였고, 블로그 운영도 마찬가지였습니다. 계획성 없이 취미 생활 수준의 일상만 그때그때 올렸고, 수익화가 나지 않는 그저 그런 협찬이나 한 번씩 받는 정도의 블로그였습니다. 허구한 날 놀고 먹는 사진들이 다였고, 여행 다니는 일상이 전부였죠. 물론 독자들은 그런 글들을 더 즐거워하고 재미있어했지만 방문자 수는 그다지 많지 않았습니다. 그게 별로 중요치 않았던 시절이었습니다.

그러다가 육아를 하고 블로그로 수익화 모델을 구축하면서 많은 변화가 생겼습니다. 하루의 시간은 정해져 있는데, 육아를 하는 중간중간 짬짬이 시간은 어영부영하다 보니 어디로 갔는지 모르게 사라졌습니다. 그래서 학생 때 공부 계획표를 짜던 것처럼 하루 계획을 세우고, 나를 위한 시간을 마련하여 그 시간에 집중해서 블로그 글을 썼습니다.

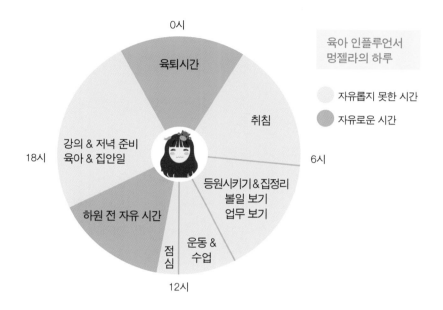

육아 인플루언서로 활동하고 있는 저의 일과는 대략 이렇습니다. 강의와 사회생활을 하다 보니 육아에서 벗어난 자유시간에도 강의나 미팅, 컨설팅이 꽤 많은 편입니다. 그래서 아이들을 재우고 난 뒤 한밤중에 주로 글을 씁니다. 조용한 시간이라 집중도 잘되고, 그 시간이 좋기도 해서입니다.

이렇게 자신의 하루를 정리해서 어느 시각에 블로그를 할 것인지 계획하는 것도 중요합니다. 계획이 없으면 글쓰기에 스트레스를 받고 조급해지기도 합니다. 계획을 세워 블로그를 운영하면 여행이나 특정 행사로 인해 시간이 없을 때 예약 발행을 할 수도 있습니다. 한 달 중 20일 정도는 하루에 한 번 블로그에 투자하는 시간이 나도록 계획을 세워보세요.

그리고 일주일 동안 내가 쓸 수 있는 글을 생각해보고 계획표도 세웁니다. 계획을 세우면 특별한 일이 없는 한 대부분 지켜지고, 그러다 보면 습관이 되고 익숙해집니다.

	월요일	화요일	수요일	목요일	금요일	토요일	일요일
원고	윙크학습지			기저귀		유아이불	경주풀빌라♥
육아		영유아검진♥	육아 일기♥		열감기♥		해피밀장난감♥
일상	댄스학원♥			캠핑이야기♥		PT헬스장♥	

♥ 정보성 포스팅(방문자 유도 글)　♥ 일상글(재미, 체류 시간 글)

제 블로그는 협찬 제품에 대한 원고 글도 있는데, 이것은 제외하고 육아와 일상 이야기를 적절히 섞어서 1일 1포스팅을 합니다.

정보성 글은 내 블로그로 방문자를 유도하는 효과가 있습니다. 일상글은 팬층을 두껍게 하며, 재밌게 읽을 수 있는 글이라서 블로그 체류 시간을 늘려줍니다.

일상글 속에서도 적절히 정보를 던져주기도 하는데, 키워드를 어떻게 잡느냐에 따라서 어떤 사람에게는 단순한 하루의 일상 이야기지만 어떤 이에게는 정보성 글이 됩니다. 우리 지역에 있는 댄스 학원을 다니는 나의 일상을 포스팅했을 때 누군가는 '아, 이 사람이 춤추는 게 취미구나' 하고 나의 일상을 엿보는 것으로 끝날 수 있지만, 누군가는 '창원 댄스학원'으로 검색을 해서 학원이 어디에 있는지, 비용은 얼만지, 어떤 곡에 맞춰 춤을 가르치고 있는지 등 정보를 얻어갈 수도 있습니다.

이렇게 글쓰기 시간과 포스팅 내용 등 블로그 운영에 관한 주간, 월간 계획을 세우고 진행하면 시간에 쫓기지 않으면서 즐겁게 블로그를 운영할 수 있습니다.

3장

나만의 블로그
만들기와 **꾸미기**

블로그 만들기와 화면 살펴보기

01

네이버 블로그는 네이버 아이디 개설과 함께 자동으로 개설됩니다. 누구나 쉽게 만들 수 있는 블로그지만 어떻게 꾸미고 운영하는가에 따라 방문자가 많이 찾는 인기 블로그가 될 수도 있고 그렇지 않을 수도 있습니다.

내 블로그를 만들고, 블로그의 화면 구성에 대해서 알아보겠습니다.

1 네이버 블로그 만들기

네이버 블로그는 네이버 아이디만 있으면 이미 개설되어 있습니다. 네이버 아이디는 한 휴대전화 번호 혹은 주민등록번호로 3개까지 만들 수 있습니다.

네이버 아이디로 로그인하면 오른쪽 사용자 정보란의 '블로그'에 '내 블로그' 글자 탭이 있습니다. 클릭하면 바로 내 블로그로 들어갑니다.

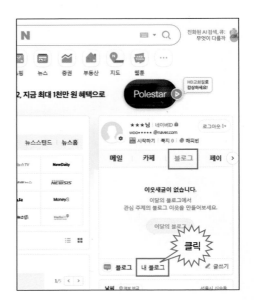

② 네이버 블로그 화면 살펴보기

1) PC 화면 살펴보기

아직 아무것도 작업하지 않은 내 블로그의 초기화면입니다. 블로그는 '타이틀 영역', '블로그 메뉴 영역', '글 영역'으로 나뉩니다.

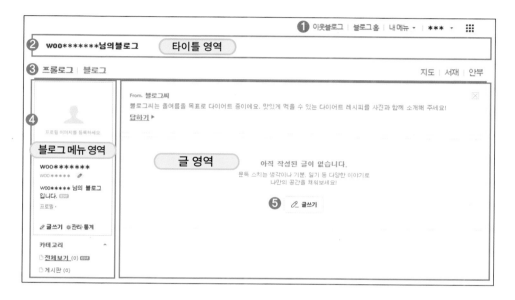

① **네이버 메뉴:** 화면 상단에 이웃블로그, 블로그 홈, 내 메뉴, 사용자 이름이 있습니다.

② **타이틀 영역:** 블로그 이름과 타이틀 이미지가 나타나는 영역입니다.

③ **메뉴 형태:** 프롤로그, 블로그, 지도, 서재, 안부 메뉴가 기본적으로 설정되어 있습니다.

④ **블로그 메뉴 영역**

- 프로필: 프로필 이미지와 블로그 소개글이 나타납니다.
- 카테고리: 내 블로그에서 설정한 카테고리를 보여줍니다.
- 이웃커넥트, 검색, 활동정보, 위젯 등 기본 및 설정 메뉴가 나타납니다.

⑤ **글 영역:** '글쓰기' 버튼을 클릭하여 새로운 글을 쓸 수 있습니다.

- '블로그씨' 질문은 네이버에서 질문을 던져주어 글쓰기를 유도하는 서비스입니다. 글감 소재가 없을 때는 이 질문에 '답하기'를 통해 글을 쓰면서 글감에 대한 힌트를 얻을 수도 있습니다. 블로그씨 질문에 좋은 답을 하면 블로그 섹션 상단에 노출될 수도 있습니다.

2) 앱 화면 살펴보기

스마트폰에서 네이버 블로그 앱을 다운로드하여 설치합니다. 앱 설치 후 '네이버 블로그'를 탭하여 로그인하면 다음과 같은 화면이 뜹니다.

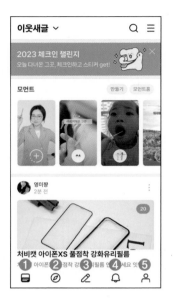

[화면 하단의 메뉴 아이콘]

① **이웃새글**: 이웃들의 새 글을 확인할 수 있습니다.

② **추천**: 블로그 추천 글을 확인할 수 있습니다.

③ **글쓰기**: 탭하여 내 블로그 글을 쓸 수 있습니다.

④ **내소식**: 새로운 알림이나 내 글에 달린 댓글, 공감 등을 확인할 수 있습니다.

⑤ **내 블로그**: 탭하면 내 블로그 화면이 나타납니다.

[내 블로그 화면]

블로그명과 블로그 스킨, 방문자 수, 프로필 이미지 등을 확인할 수 있고, 그 아래로 홈편집에서 설정한 대로 공지사항, 소개글, 대표글, 전체글 등이 나타납니다.

① **모바일 스킨**: 모바일 블로그의 커버 이미지입니다.

② **프로필 이미지**: 나의 얼굴이라고 할 수 있는 프로필 이미지입니다.

③ **홈편집**: 내 블로그 화면을 설정할 수 있습니다.

- 이미지 변경, 커버 스타일, 타이틀 이미지, 블로그명, 별명을 설정할 수 있습니다.
- 소개글 수정 및 숨기기, 인기글/대표글 설정, 모먼트 블록 숨기기, 글 목록 전시 방식 등을 설정할 수 있습니다.
- **+** 버튼을 눌러 포스트, 인스타그램 등 외부채널을 추가할 수 있습니다.
- **↕** 버튼으로 블록의 순서를 변경할 수 있습니다.

  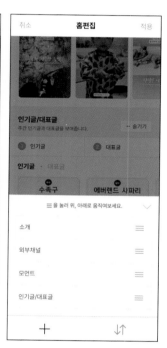

④ **카테고리**: 내 블로그의 카테고리를 확인할 수 있습니다.

⑤ **안부글**: 방문자가 남긴 안부글을 확인하고 댓글을 쓸 수 있습니다.

⑥ **이웃목록**: 이웃과 서로이웃 목록을 확인할 수 있고, 알림을 설정할 수 있습니다.

⑦ **통계**: 내 블로그의 조회수, 방문자 수, 방문횟수 등 방문분석 통계와 유입분석, 시간대분석, 성별연령분포 등 사용자분석 통계를 확인할 수 있습니다. 또 '블로그 예상수익 확인', '블로그 평균 데이터 확인', '모먼트 데이터 분석', '동영상 통계 분석'

을 확인할 수 있습니다.

⑧ **공유하기**: 내 블로그 URL을 복사할 수 있고, 카카오톡, 라인, 문자, 밴드 등에 메시지를 보내 지인에게 내 블로그를 알릴 수 있습니다.

⑨ **더 보기**: 내 블로그의 현황을 확인할 수 있습니다. 내소식, 이웃목록, 통계 등을 확인할 수 있고, 모먼트 만들기, 글쓰기 등을 할 수 있습니다. 또 내 동영상, 내 모먼트, 지난 오늘 글, 마켓 플레이스, 마켓 구매내역 등을 확인할 수 있습니다. 블로그팀 공식 블로그, 이달의 블로그, 공식 블로그 등으로 이동할 수 있고, 내 블로그의 환경설정, 로그인 정보 등을 설정할 수 있습니다.

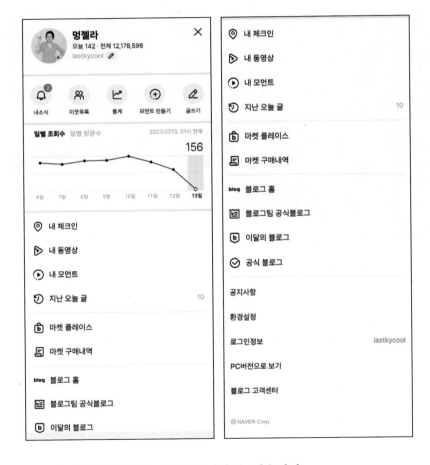

⑩ **돋보기 아이콘**: 내 블로그 글을 검색할 수 있습니다.

02 블로그 **기본 정보** 설정하기

사람이 태어나면 출생신고를 하듯이 블로그도 마찬가지입니다. 출생신고가 이름, 생년월일, 주소, 성별 등 그 사람이 누구인지를 등록하는 것처럼 블로그도 개설하고 가장 먼저 해야 할 일이 이러한 기본 정보를 설정하는 것입니다.

기본 정보는 내가 누구인지를 알리는 것이기 때문에 이것을 잘 작성해야 사용자의 검색에서 내 블로그가 잘 노출됩니다. 자영업자나 소상공인에게 블로그 기본 정보는 내 가게의 간판과 같은 역할을 합니다. 좋은 이름과 잘 꾸며진 가게는 사람들의 이목을 끌고 기억에 남게 합니다.

블로그 방문자에게 내가 누구인지, 어떤 블로그인지를 한눈에 알아볼 수 있도록 기본 정보를 설정합니다. 특히 **블로그명, 별명, 소개글, 프로필 이미지, 모바일 앱 커버 이미지**는 블로그의 정체성을 말해주는 것으로, 일관성 있게 설정하면 블로그의 전문성을 끌어올려 줍니다.

이러한 기본 작업을 비롯하여 내 블로그에 관한 모든 설정은 '관리' 페이지에서 할 수 있습니다.

내 블로그에서 프로필 영역 아래에 있는 관리를 클릭하면 됩니다.(상단 네이버 메뉴의 **내 메뉴 → 관리**를 클릭해도 됩니다.)

1 블로그 정보 설정하기

내 블로그에서 **내 메뉴** → **관리**를 클릭합니다. 그러면 **기본 정보 관리** → **블로그 정보** 화면이 나타납니다. 기본적으로 설정해줘야 할 내 블로그 정보입니다.

1) 블로그 주소

블로그를 개설하면 'https://blog.naver.com/네이버 아이디'처럼 내 네이버 아이디로 블로그 주소가 개설되어 있습니다. 내 블로그의 별명 아래에 네이버 아이디가 노출됩니다. 네이버 아이디가 블로그의 주소가 되므로, 네이버 아이디를 개설할 때 블로그를 연상시킬 수 있는 것으로 만들면 좋습니다. 예를 들어 네이버 아이디 'lastkycool'로 개설한 블로그는 블로그 주소가 'https://blog.naver.com/lastkycool'이 됩니다. 블로그 주소는 나의 블로그를 공유할 수 있는 링크 주소가 됩니다.

네이버 아이디가 내 블로그 주소가 된다는 것은 누구나 나의 네이버 메일 주소를 알 수 있다는 뜻이기도 합니다. 그래서 블로그 주소를 변경하기도 합니다.

'블로그 주소'의 **변경** 버튼을 클릭하면 블로그 주소를 1회에 한하여 변경할 수 있습니다.(프로필 영역에 있는 아이디 옆의 연필 아이콘을 클릭해도 됩니다.) 원하는 주소를 영문으로 입력하면 됩니다.

블로그 주소 변경은 신중하게 해야 합니다. 이미 블로그가 많이 알려진 상태에서 아이디를 변경하면 블로그 주소를 통해 들어오는 이용자가 감소할 수 있습니다. 또 블로그 글 속에 내 블로그 글 URL을 걸어둔 경우, 운영하는 웹사이트나 SNS 채널에 내 블로그 링크를 걸어둔 경우, 블로그를 광고 소재로 사용하는 경우 등에도 주소를 변경하면 이용자들이 들어오지 못하게 됩니다. 이렇듯 주소 변경은 득보다 실이 많을 수 있으니 추천하지 않습니다. 그런데 귀찮은 스팸이나 홍보, 사생활 침해를 일으키는 메일이 많이 오는 경우, 또 블로그 주소로 쓰고 있는 네이버 아이디가 업무상 중요한 메일 주소인 경우는 주소를 변경하는 것을 고려해볼 수 있습니다.

2) 블로그명 짓기

블로그 제목입니다. '사용자 아이디님의 블로그'처럼 처음에는 사용자의 아이디명으로 설정되어 있습니다. 나와 블로그를 잘 알릴 수 있는 짧은 한마디 정도를 쓰는 걸 추천합니다. 한글, 영문, 숫자 혼용 가능하며 한글 기준 25자 이내로 쓸 수 있습니다.

내 블로그 화면의 타이틀 영역에 나타나고, 검색 결과에서는 글 제목 위에 프로필 사진과 함께 노출됩니다.

멍젤라 블로그의 블로그명(이것은 블로그 스킨에 블로그명을 입력하여 디자인한 것입니다.)

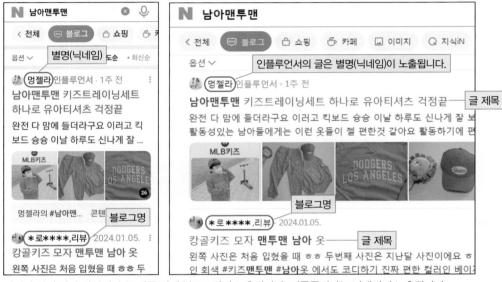

네이버 검색 결과 화면에서 글 제목 위에 블로그명이 노출됩니다. 인플루언서는 닉네임이 노출됩니다.

■ 블로그명 짓는 법

① **한글 10자 이내의 짧은 문장으로 지으면 좋습니다.** 한글, 영문, 숫자 혼용 25자까지 가능

하지만, 짧은 한글이 기억하기 쉽습니다.

② **기억하기 쉬운 이름으로 짓습니다.**

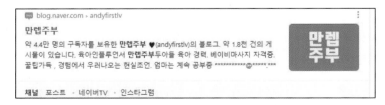

③ **블로그의 성격이 잘 드러나는 이름으로 짓습니다**: 블로그의 목적과 주제가 잘 드러나는 구체적인 단어를 포함하면 좋습니다. 블로그 주제와 관련된 단어를 적어보고 이것을 조합하여 만드는 것도 방법입니다.

④ **기업명, 단체명, 브랜드명을 사용합니다**: 인지도를 확장하고 브랜딩을 할 수 있습니다. 너무 길지 않다면 '기업명 + 캐치프레이즈'를 조합하여 만들어도 좋습니다.

⑤ 판매 상품 또는 서비스와 연관 있는 이름으로 짓습니다.

⑥ **운영자의 이름 또는 별명 + 블로그 주제를 조합하여 짓습니다**: 운영자의 별명과 주제가 한꺼번에 명확하게 브랜딩됩니다. '수식어 + 별명'의 형태로 지으면 운영자와 블로그 주제를 직관적으로 각인시킵니다.

⑦ **남들이 쓰지 않는 독창적인 이름으로 짓습니다**: 나만이 사용하는 이름은 혼동을 주지 않고 브랜딩을 하기에도 좋습니다.

⑧ **다른 SNS 매체의 이름과 통일성을 주면 좋습니다**: SNS 마케팅으로 브랜드를 확장하기에 좋습니다. 신뢰감을 심어주고 전문가로 인식되게 합니다.

⑨ **축약어 사용**: 요즘 세대는 축약어를 많이 사용합니다. 축약어는 쉽게 기억합니다.

3) 별명 짓기

블로거는 흔히 별명(닉네임)으로 소통합니다. 나를 잘 표현해주는, 나를 대신하는 이름으로 지으면 됩니다. 블로그 운영 목적에 맞는 부르기 좋은 이름으로 정하면 됩니다. 브랜드명, 제품명, 서비스명을 그대로 적어도 되고, 블로그로 궁극적으로 브랜딩하고자 하는 이름을 정해줘도 됩니다.

흔히 육아 블로그는 '○○맘', 교육 관련 블로그는 '○○쌤'이라는 별명을 많이 쓰는데, 이러한 별명은 블로그 운영자가 어떤 사람이고 어떤 목적의 블로그인지를 잘 말해주는 별명이라고 할 수 있습니다.

제가 아는 어떤 사람은 '청바지쌤'이라는 별명을 사용하고 있는데, 이 블로거는 실제로 중고등학생을 가르치는 학원을 운영하고 있습니다. 늘 청바지를 입고 있어서 학생들 사이에서 그렇게 불렸는데, 이것을 블로그 별명으로 사용해 브랜딩함으로써 학생들과 친숙하게 어울리고 활동적인 선생님의 이미지를 심어줬다고 합니다. 별명을 지을 때는 이처럼 블로그의 주요 대상이 누구인지를 생각하고, 그들의 눈높이에 맞는 키워드를 사용하여 지으면 좋습니다.

별명은 언제든지 수정할 수 있지만 브랜딩이 된 후에는 바꾸지 않는 것이 좋습니다. 대부분 사람들은 블로거를 별명으로 기억하고 있으니까요.

한글, 영문, 숫자 혼용 가능하며 한글 기준 10자 이내로 쓸 수 있습니다. 프로필 사진 아래에 노출됩니다.

■ 별명 짓는 법

① **블로그명과 동일성을 유지하는 것도 좋습니다**: 블로그명과 별명을 따로 기억하게 할 필요가 없습니다. 별명이 들어간 이름으로 블로그명을 지으면 됩니다. 예를 들어 블로그명을 '명품 같은 여자, 멍젤라'로 짓고 별명은 '멍젤라'로 하면 멍젤라를 떠올리면서 별명과 블로그명을 동시에 기억하게 됩니다.

② **기억하기 쉬운 이름으로 짓습니다.**

③ **발음하기 쉬운 이름으로 짓습니다**: 발음하기 쉬운 이름도 기억하기 쉽습니다.

④ **블로그의 목표 고객이 주로 사용하는 친숙한 단어를 사용합니다**: 목표 고객이 주로 사용하는 단어를 사용하여 지으면 친숙하게 다가갈 수 있고, 기억되기도 쉽습니다.

⑤ **독특한 이름으로 짓습니다**: 많은 육아 블로그들이 사용하는 '○○맘'보다는 나만 사용하는 독특한 이름을 생각해봅니다.

4) 소개글 작성하기

소개글은 방문자에게 전하는 인사말입니다. 블로그의 성격을 설명하는 내용을 적으면 됩니다.

내 블로그가 어떤 블로그인지, 무슨 주제를 다루는지를 구체적으로 적습니다. 특히 블로그명이나 별명이 블로그의 성격을 잘 표현해주는 것이 아니라면 소개글에 블로그의 목적, 주제 등이 잘 드러나도록 적습니다.

자영업자나 기업, 단체의 경우 전화번호, 주소, 이메일 등을 입력하여 방문자들이 쉽게 접근할 수 있도록 하는 것도 좋습니다. 소개글은 블로그를 홍보하는 공간입니다.

프로필 영역의 네이버 아이디 아래에 노출됩니다. 한글 기준 200자 이내로 작성하면 됩니다.

■ 소개글에 포함하면 좋은 문구

① 블로그의 특징(목적, 주제, 내용, 목표 고객 등)

② 브랜드명, 기업체명

③ 블로그 주제와 관련된 주요 키워드(상품, 서비스 등)

④ 개인 프로필(경력, 수상 등을 소개하면서 블로거의 전문성 강조)

⑤ 홍보 문구(너무 상업적인 문구는 지양)

5) 내 블로그 주제

내 블로그에서 주로 다루는 주제를 선택합니다. 프로필 영역에 노출됩니다. 주제는 그때그때 변경해도 되지만, 처음부터 내가 다룰 주제를 잘 정하고 시작하는 것이 좋습니다. 제 블로그는 처음에는 '일상·생각'이었지만 결혼 후 육아에 관한 글을 많이 쓰면서 지금은 '육아·결혼'으로 변경했습니다.

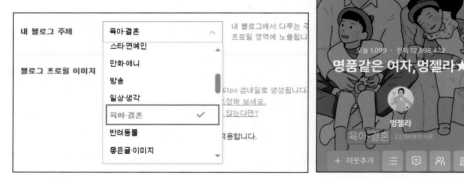

6) 프로필 이미지 등록하기

문자보다 눈에 더 띄는 것은 그림이나 사진입니다. 블로그 프로필은 나를 나타내는 이미지입니다. 개인은 인물 사진을, 기업은 로고를 쓰는 경우가 많습니다. 이러한 것은 사용자에게 신뢰감을 심어줍니다. 인물 사진을 올리기가 께름직하다면 이미지를 캐릭터화해서 올려도 좋습니다. 혹은 이미지를 아예 설정하지 않는 기업들도 있는데, 이는 포스팅 사진들이나 내용에 집중시키기는 효과가 있습니다. 어차피 이름만 들어도 어느 업체인지 알 수 있으니까요.

그런데 프로필 이미지는 검색 결과 화면에서 블로그명 앞에 노출되고, 다른 블로그에 댓글을 달 때도 노출됩니다. 따라서 블로그 운영자를 잘 나타내어주는 사진을 등록하는 것이 좋습니다. 등록 시 '네이버 프로필에도 적용합니다'에 체크를 하면 네이버 프로필 이미지에도 적용됩니다.

저는 마케팅 강사 일을 하고 있어, 커리어우먼의 모습을 잘 보여주는 사진으로 설정했습니다. 일상 블로거들은 자연스런 연출과 친근감을 주는 일상 사진을 걸어두고 있습니다.

프로필 이미지를 등록하면 크기가 가로 161픽셀로 자동맞춤 됩니다. 따라서 정사각형의 프로필 사진을 쓰는 것을 추천합니다. PC에서 등록하면 모바일 블로그에도 동시에 적용됩니다. 단, 모바일에서는 프로필이 원형으로 보이니 정사각형 중앙에 주요 이미지가 들어오게끔 이미지를 만들어 등록하는 것이 좋습니다.

타 블로그에 댓글을 달 때 프로필 이미지가 노출된다.

프로필 이미지 노출 여부 설정

프로필 이미지를 보이지 않게 하고 싶다면 **내 메뉴** → **세부디자인 설정**을 클릭한 후 **리모콘** 창에서 **프로필**을 선택한 후 **프로필 이미지 표시**의 체크를 해제하면 됩니다. 이것은 설정해놓은 이미지를 삭제하는 것이 아니라 보이지 않게 하는 것입니다. 체크를 하면 다시 설정해놓은 이미지가 보이게 됩니다. 프로필 이미지를 등록했는데도 보이지 않는다면 이 체크를 해제해 놓은 건 아닌지 먼저 확인하기 바랍니다.

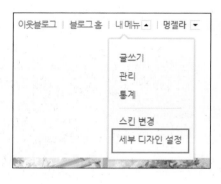

따라 하기 포토스케이프로 프로필 이미지 만들기

포토스케이프(PhotoScape)는 쉽게 사진을 향상, 보정, 편집할 수 있는 무료 프로그램으로, 네이버에서 '포토스케이프'를 검색한 후 다운로드하여 설치하면 됩니다.

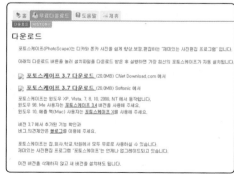

1. 포토스케이프에서 **사진편집**을 클릭하여 원하는 사진을 불러옵니다.

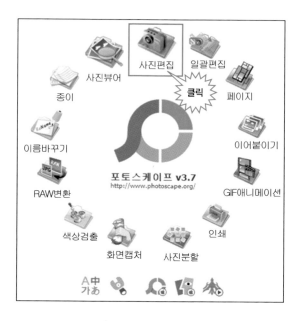

2. 하단 메뉴 중 **자르기**를 선택하여 원하는 사진 영역을 잘라줍니다.

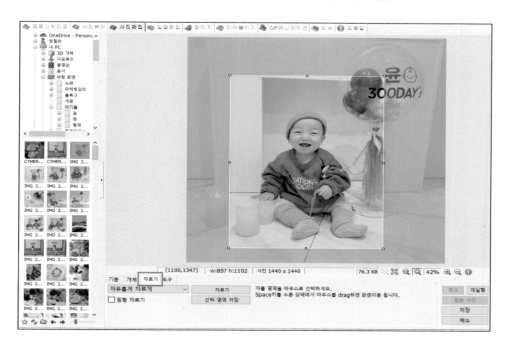

3. 하단의 '기본', '개체', '자르기', '도구'를 이용하여 사진 크기, 색감, 보정 작업을 할 수 있습니다. '액자' 메뉴를 이용해 사진에 액자를 씌울 수 있습니다.

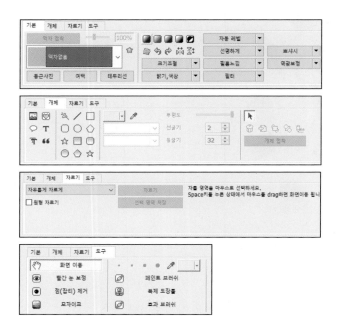

4. **저장** 버튼을 클릭하여 저장하고, 블로그 프로필에서 적용하면 됩니다.

소개글 영역에 **프로필▶** 메뉴를 클릭하면 운영자가 설정해놓은 프로필 영역이 나타 납니다. 내 블로그를 처음 방문한 사람은 블로그에 대해 좀 더 자세히 알고 싶어 합니다. 프로필 페이지를 잘 꾸며 놓으면 좋은 자기소개서 및 홍보 전단지가 됩니다.

내 블로그에서 **프로필▶ → 내 프로필 만들기**를 클릭합니다. 기본형과 자유형으로 만들 수 있습니다.

7) 사업자 확인

블로그를 블로그 마켓, 쇼핑몰, 공동구매 등 상거래 이용 목적으로 운영하는 경우 〈전자상거래 등에서의 소비자보호에 관한 법률〉에 따라 사업자 정보를 게재해야 합니다. 네이버 블로그는 '사업자 정보 위젯' 기능을 지원하고 있습니다.

따라 하기 사업자 정보 위젯 설치하기

1. 내 블로그에서 **관리 → 꾸미기 설정 → 레이아웃·위젯 설정**을 클릭합니다. **사업자 정보**를 클릭하여 '사업자정보 설정' 팝업창에서 내용을 입력하고 **확인**을 클릭합니다.

2. 블로그 홈에서 사업자 정보 위젯을 확인할 수 있습니다.

8) 네이버 톡톡 연결

네이버 톡톡 연결을 사용하기 위해서는 네이버 톡톡 파트너 센터 (https://partner.talk.naver.com/)에서 계정을 먼저 만들어야 합니다.

시작하기를 클릭하여 진행하면 됩니다.

계정이 생성되었다면 내 블로그 **관리 → 기본 설정 → 블로그 정보**에서 '네이버 톡톡 연결'을 하면 네이버 '톡톡하기' 버튼이 PC와 모바일에 노출됩니다. PC의 경우 프로필 영역 하단에, 모바일의 경우 내 블로그 홈과 나의 글에 노출됩니다.

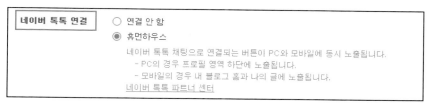

⌈2⌉ 사생활 보호 설정하기

하루에도 많은 사람이 내 블로그를 찾아옵니다. 그런 사람들에게 다 공개하고 싶지 않은 내용이 있을 수 있습니다. 그래서 사생활 보호 설정은 필수입니다. **내 메뉴 → 관리 → 기본설정**의 **'사생활보호'** 항목에 '블로그 초기화', '방문집계 보호설정', '콘텐츠 공유 설정' 메뉴가 있습니다.

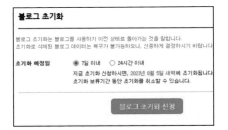

블로그 초기화

블로그에 쓴 글을 초기화합니다. 7일 이내 혹은 24시간 이내로 설정 가능하며, 초기화를 하면 데이터 복구가 불가능하기에 삭제되기 전까지 보류기간을 주는 것입니다.

블로그에 등록된 모든 게시글이 삭제되고, 이웃목록, 통계 데이터, 내가 만든 스킨 등이 초기화됩니다. 단, 타인의 블로그에 남긴 글, 댓글 등은 삭제되지 않고, 수정이나 삭제, 열람(비밀글) 권한이 사라지기 때문에 신중하게 정리한 후 초기화를 해야 합니다.

방문집계 보호 설정

내가 방문한 블로그의 방문자 통계에 집계되도록 설정할 것인지 아닌지를 정할 수 있습니다. 성별이나 연령별 방문자 통계에 나의 방문이 집계되도록 할 수 있으며 숨김 기능도 가능합니다.

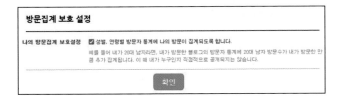

콘텐츠 공유 설정

CCL 설정을 통해서 내 저작물을 타인이 복제, 배포, 전송, 전시, 공연 및 방송하는 것을 허락합니다. 이용허락 관계의 해석 및 규율은 대한민국 저작권법을 따릅니다.

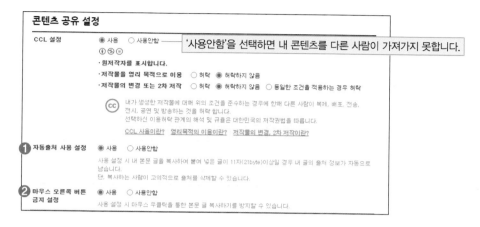

① **자동출처 사용 설정**: 내 글을 복사해서 붙여넣은 글이 11자 이상이 되면 내 글의 출처 정보가 자동으로 남게 됩니다.

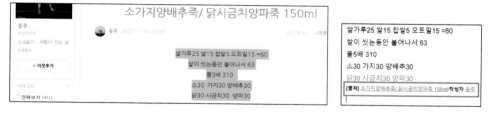

② **마우스 오른쪽 버튼 금지 설정**: '사용'으로 하면 마우스 오른쪽 버튼 클릭을 통한 복사하기를 방지할 수 있습니다.

③ 스팸 차단 관리

블로그가 유명해지면 광고글을 붙여넣고 사라지는 방문자가 수없이 많습니다. 또 댓글로 비방을 하거나 나를 공격하는 경우도 있습니다. 이런 경우 '스팸 차단 관리'를 통해서 그들

> **스팸 차단 관리**
> 차단 설정
> 차단된 글목록
> 댓글·안부글 권한

을 차단하고 공감, 댓글, 안부글을 남길 수 없도록 할 수 있습니다. 그러면 이미 맺은 이웃 관계도 자동 취소됩니다.

내 메뉴 → 관리 → 기본 설정 → 스팸 차단 관리에 '차단 설정', '차단된 글목록', '댓글 · 안부글 권한' 메뉴가 있습니다.

차단 설정

'사용자 차단'에 ID만 추가하면 간단하게 설정이 완료됩니다. '자동 차단 설정'은 댓글이나 안부글의 패턴을 분석하여 스팸을 자동 차단하는 기능입니다. '키워드 차단' 에서는 특정 키워드를 추가하여 관련 글을 차단할 수 있습니다.

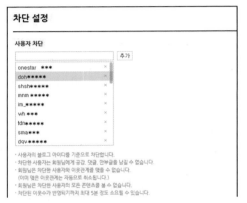

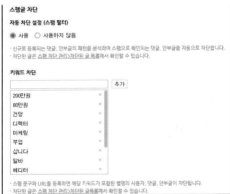

차단된 글목록

내가 설정한 키워드나 ID가 댓글이나 안부글을 쓴 경우 확인할 수 있습니다. 글 목록에서 댓글 내용 부분을 클릭하면 전체 내용을 확인할 수 있습니다.

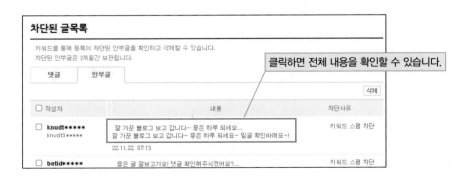

4 이웃 관리하기

블로그는 소통의 창구입니다. 그래서 이웃 관리는 필수입니다. **관리 → 기본 설정 → 이웃 관리**에서 내 블로그의 이웃을 관리할 수 있습니다.

> **이웃 관리**
> 내가 추가한 이웃
> 나를 추가한 이웃
> 서로이웃 신청 8

내가 추가한 이웃

'이웃목록'에서 전체 이웃과 그룹별로 이웃을 확인할 수 있습니다. 새글 소식을 받거나 받지 않도록 설정할 수 있습니다. 그룹 이동이나 삭제도 가능하고 이웃을 추가한 날짜도 확인할 수 있습니다. 그리고 이웃이 최근 글을 쓴 날짜도 확인할 수 있어 유령 이웃인지 아닌지를 확인할 수 있습니다.

'이웃그룹' 탭에서는 '그룹추가'로 그룹을 만들어서 이웃을 그룹으로 구분 지어 관리할 수 있습니다.

'이웃순서' 탭에서 '이웃그룹'의 순서를 조정해서 내가 좋아하는 블로거들이 먼저 보이게끔 할 수 있습니다. 이렇게 하면 좀 더 편리하게 커넥트를 설정하거나 이용할 수 있습니다.

나를 추가한 이웃

나를 이웃으로 추가한 사람을 확인할 수 있습니다. 이 중에서 '서로이웃신청'과 '이웃추가'를 할 수 있습니다. 그리고 이웃 '차단'도 할 수 있습니다.

서로이웃 신청

서로이웃 신청받기를 '사용'이나 '사용하지 않음'으로 설정할 수 있습니다. 스팸성 신청이 많아서 피곤하거나 귀찮은 경우 '사용하지 않음'으로 설정해둘 수 있습니다.

'사용'으로 설정하면, 서로이웃 신청 현황을 이 화면에서 확인할 수 있습니다. 어떤 메시지로 이웃신청이 들어왔는지 알 수 있으며, 수락이나 거절을 할 수 있습니다.

03 블로그 스킨 꾸미기

기본 설정을 마쳤다면 이제 블로그를 예쁘게 꾸며봅시다. 블로그에서 전체적인 느낌을 좌우하는 것은 배경입니다. 네이버 블로그에서는 배경 이미지를 '스킨'이라고 합니다. 스킨은 네이버에서 제공하는 기본 이미지를 사용할 수도 있고, 사용자가 자기만의 스킨을 만들어 사용할 수도 있습니다.

1 '블로그 쉽게 꾸미기'로 만들기

네이버는 블로그 운용을 쉽게 할 수 있도록 여러 가지 도구를 마련해주고 있습니다. '블로그 쉽게 꾸미기' 도구를 이용하면 블로그의 기본인 '스킨 선택'과 '단 설정', '블로그 기본 정보'를 쉽게 설정할 수 있습니다.

1. 관리 → **블로그 쉽게 꾸미기** 버튼을 클릭한 후 **시작하기**를 클릭합니다.

2. 1단과 2단 레이아웃의 스킨이 있습니다. '미리보기'로 적용된 모습을 확인한 후 적용할 스킨에서 **이 스킨 사용하기**를 클릭합니다.

3. **이미지 등록**을 클릭하여 프로필 이미지를 등록하고, **별명**, **블로그명**을 입력합니다. 적용된 모습을 확인하고 **완성하기**를 클릭하면 블로그 꾸미기가 완료됩니다.

2 네이버 기본 스킨으로 만들기

블로그 스킨을 설정하는 가장 쉬운 방법은 네이버에서 만들어놓은 스킨을 선택해서 사용하는 것입니다.

1. **관리** → **꾸미기 설정** → **스킨 선택**을 클릭합니다. 네이버에서 제공하는 기본 스킨입니다. 여기서 블로그와 어울리는 마음에 드는 스킨 이미지를 클릭합니다.

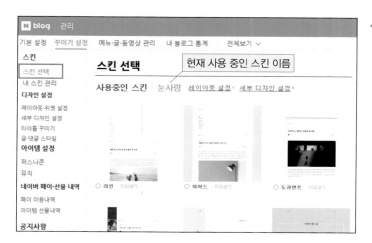

- 스킨을 선택할 때는 이미지뿐만 아니라 1단, 2단 등 단 구성과 메뉴 영역, 글 영역, 타이틀 영역, 프로필 영역, 카테고리 위치 등 레이아웃을 잘 살펴보고 결정합니다.

2. 적용된 모습을 미리보기로 확인하고 **바로 적용** → **확인**을 클릭하면 스킨이 적용됩니다. 이렇게 하면 아주 쉽게 스킨 및 레이아웃을 설정할 수 있습니다.

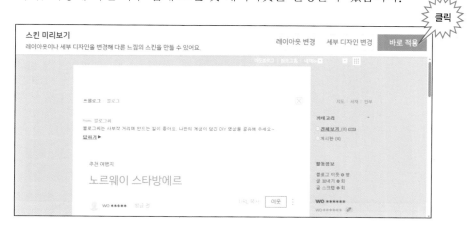

③ 리모콘 도구를 활용해 나만의 스킨 만들기

기본 제공 스킨을 사용해도 좋지만, 블로그를 운영하다 보면 자신의 블로그와 어울리는 스킨과 레이아웃으로 블로그를 꾸미고 싶은 생각이 듭니다. 그럴 때 '레이아웃 설정'과 '세부 디자인 설정'(리모콘 도구)을 활용하면 됩니다. 인기 블로그들은 대부분 자신이 직접 만든 스킨과 레이아웃을 사용하고 있습니다. 그러려면 디자인 감각도 있어야 하고 이미지 프로그램도 어느 정도 다룰 줄 알아야 합니다. 하지만 직접 만들지 않더라도 리모콘 도구를 활용하면 차별화된 블로그를 꾸밀 수 있습니다.

1. 관리 → **꾸미기 설정** → **스킨 선택**에서 원하는 스킨을 선택(스킨 이름의 라디오 버튼 클릭)한 후 **세부 디자인 설정** 버튼을 클릭합니다.

2. **리모콘** 도구 창에서 원하는 메뉴들을 설정한 후 **적용**을 클릭합니다. 이렇게 리모콘 도구의 메뉴를 이용하여 자신만의 개성 넘치는 스킨을 만들 수 있습니다.

1) 리모콘 메뉴 상세히 알아보기

내 메뉴 → 세부 디자인 설정을 클릭하면 **리모콘** 도구가 나타납니다. 스킨배경, 타이틀, 메뉴, 박스, 글·댓글 스타일, 위젯 등 블로그를 꾸밀 수 있는 다양한 기능이 있습니다.

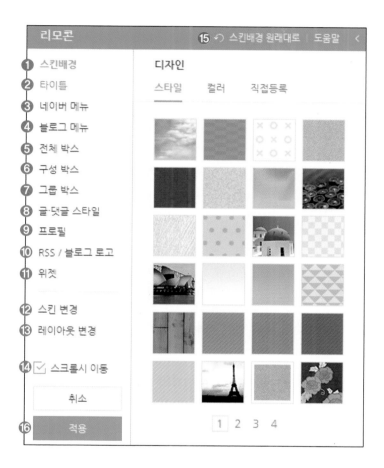

① **스킨배경**: 네이버가 제공하는 무료 '스타일'을 선택할 수도 있고 '컬러'로만 심플하게 구성할 수도 있습니다. '직접등록'으로는 내가 만든 스킨을 등록하여 홈페이지형 블로그의 배경으로 사용할 수 있습니다.

② **타이틀**: 블로그 제목의 표시 여부를 설정할 수 있고, 스타일/컬러/직접등록으로 내 블로그의 타이틀 영역을 꾸밀 수 있습니다.

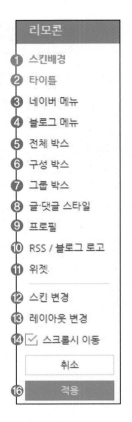

리모콘

1. 스킨배경
2. 타이틀
3. 네이버 메뉴
4. 블로그 메뉴
5. 전체 박스
6. 구성 박스
7. 그룹 박스
8. 글·댓글 스타일
9. 프로필
10. RSS / 블로그 로고
11. 위젯
12. 스킨 변경
13. 레이아웃 변경
14. ☑ 스크롤시 이동

취소
적용
16

③ **네이버 메뉴**: 블로그 상단에 있는 '이웃블로그', '블로그홈', '내 메뉴', '사용자 이름'의 스타일을 설정할 수 있습니다. 원하는 디자인을 선택하면 되고, 폰트 색상도 설정할 수 있습니다.

④ **블로그 메뉴**: '프롤로그'와 '블로그' 등 블로그 메뉴 영역을 꾸밀 수 있습니다.

⑤ **전체 박스**: 블로그 배경과 포스팅 영역을 구분하고 싶을 때 지정하면 됩니다. 사용하지 않아도 상관없습니다.

⑥ **구성 박스**: '카테고리', '태그', '최근 댓글', '이웃 블로거', '활동정보' 등 블로그 메뉴 영역의 디자인을 꾸밀 수 있습니다. 네이버가 지정해놓은 스타일로 설정할 수 있고, 컬러 탭에서는 제목 영역, 내용 영역, 테두리, 폰트 색상을 설정할 수 있습니다. 직접등록에서는 직접 디자인한 파일을 등록할 수 있습니다.

⑦ **그룹 박스**: 포스팅되는 영역을 제외한 프로필과 블로그 메뉴 영역을 꾸미는 곳입니다. 1단 레이아웃에서는 '컬러'나 '직접등록'만 할 수 있고, 2단에서는 '스타일'로도 설정할 수 있습니다.

⑧ **글·댓글 스타일**: 글의 본문 영역과 댓글 영역의 디자인을 설정할 수 있습니다. '스타일'을 선택하여 글 제목색, 내용색, 강조색 등을 설정할 수 있고, '컬러' 탭에서는 영역별 배경 색상과 폰트 색상을 설정할 수 있습니다.

'댓글 스타일'에서 내 포스팅에 달리는 댓글이 보이는 모습을 설정할 수 있습니다. '퍼스나콘'은 이모티콘이라고 생각하면 됩니다. '프로필'은 블로거가 설정한 프로필 이미지, '심플'은 닉네임만 보여줍니다.

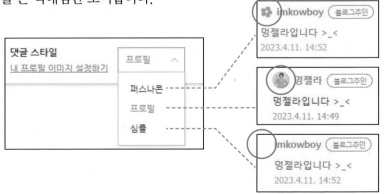

⑨ **프로필**: 프로필 이미지 표시 여부를 설정할 수 있고, 프로필 영역의 스타일과 글자 색 등을 디자인할 수 있습니다.

⑩ **RSS/블로그 로고**: RSS 로고나 네이버 로고의 스타일을 정할 수 있습니다.

  • RSS(Really Simple Syndication, Rich Site Summary)는 사이트에 새로운 콘텐츠가 올라왔을 때 해당 사이트에 방문하지 않고, RSS 서비스를 통해 RSS 리더 한 곳에서 그 콘텐츠를 이용할 수 있게 하기 위한 XML 형식의 언어입니다. 쉽게 말해 즐겨찾는 사이트를 구독할 수 있게 해주는 기능 이라고 보면 됩니다. 네이버 블로그는 RSS를 지원하고 있습니다.

  • 네이버 로고: 'powered by NAVER blog'라는 로고의 모양을 설정합니다. 내 블로그에 있는 네이 버 로고를 클릭하면 네이버 홈 화면이 열립니다.(네이버 로고 메뉴의 사용 여부는 **관리 → 꾸미기 설정 → 레이아웃·위젯 설정 → '메뉴 사용 설정'** 항목에 있는 **'네이버 로고'**를 체크 또는 해제하면 됩니다.)

⑪ **위젯**: 방문자 카운터의 위젯 모양을 설정할 수 있습니다.

⑫ **스킨 변경**: 스킨을 변경할 수 있는 페이지로 이동합니다.(관리 → 꾸미기 설정 → 스킨 선택)

⑬ **레이아웃 변경**: 레이아웃 변경 화면으로 이동합니다.(관리 → 꾸미기 설정 → 레이아웃·위젯 설정)

⑭ **스크롤시 이동**: 블로그 화면을 스크롤 할 때 리모콘 박스의 이동 상태를 설정하는 것으로, 체크하면 리모콘 박스는 고정된 위치에 그대로 자리합니다.

15 ↺ 스킨배경 원래대로 ⑮ **메뉴 원래대로**: 작업 도중 클릭하면 수정된 작업이 반영되지 않 고 원래의 상태로 돌아갑니다.

⑯ **적용**: 작업한 디자인이 적용됩니다. '내가 만든 스킨에 저장합니다.'에 체크하여 내 가 만든 스킨에 저장할 수 있습니다.

리모콘의 기능 중에 있는 '직접등록'은 블로그 운용이 익숙해지고 난 다음에 하나 씩 해봐도 늦지 않습니다. 네이버가 제공해주는 것만큼 잘 어울리는 것도 없습니다. 저 역시 웬만한 건 네이버가 기본으로 제공해주는 걸 이용하고 있습니다.

'스킨배경'과 '타이틀'만 꾸며주고 나머지는 네이버가 제공해주는 것을 이용하고 색 상 톤만 맞춰주면 나만의 멋진 블로그를 디자인할 수 있습니다.

타이틀 꾸미기와 배경 꾸미는 방법은 뒤에서 자세하게 설명하겠습니다.

[4] 내가 만든 스킨 저장하기

내가 만든 스킨은 저장해두는 것이 좋습니다. 그래야 다음에 불러와서 사용하거나 일부 디자인을 변경하여 새로운 스킨으로 만들어 사용하기에 용이합니다.

1. 디자인 설정을 완료하고 리모콘 도구에서 **적용**을 클릭하면 '세부 디자인 적용' 창이 뜹니다.

   '**내가 만든 스킨에 저장합니다.**'를 체크한 후 스킨 제목을 입력하고 **적용**을 클릭합니다. 그리고 **확인**을 클릭합니다.

2. **관리 → 꾸미기 설정 → 내 스킨 관리**에서 내가 만든 스킨이 저장된 것을 확인할 수 있습니다.

이렇게 자신이 직접 만든 스킨은 '내가 만든 스킨'에 저장해두도록 합니다. 블로그를 운영하다 보면 스킨을 바꾸고 싶을 때도 있고, 또 운영 주제가 변경되기도 해서 그에 맞게 스킨과 레이아웃을 변경할 필요성을 느낍니다. 그럴 때 이렇게 저장해둔 스킨을 불러와 적용하거나 수정하여 적용하면 편리합니다. 사계절 여행을 주제로 하는 블로그의 경우 계절별로 스킨을 만들어놓고 철 따라 스킨을 적용하면 좋습니다.

04 레이아웃·위젯 꾸미기

레이아웃은 블로그의 각 요소를 어떻게 설계하여 배치하고 정렬할 것인가를 말하는 것입니다. 위젯은 웹 브라우저를 통하지 않고도 바로 정보를 이용할 수 있도록 만든 응용 프로그램을 말하는데, 네이버 블로그에는 달력, 시계, 날씨, 지도, 카운터 등이 있고, '위젯직접등록'으로 자신만의 위젯을 등록하여 게시할 수 있습니다.

블로그를 몇 단 구성으로 할 것인지를 결정하고, 메뉴 배치, 타이틀 영역의 위치, 위젯의 위치와 사용 여부를 설정합니다.

1 레이아웃과 위젯 설정하기

1) 레이아웃 설정하기

내 블로그에서 **관리 → 꾸미기 설정 → 레이아웃·위젯 설정**을 클릭하면 레이아웃·위젯 설정 화면이 나옵니다. 현재 네이버 블로그 레이아웃은 2단 구성 4개, 3단 구성 6개, 1단 구성 2개가 있습니다.

1단 구성의 장점은 본문을 시원하게 넓게 펼쳐 보일 수 있다는 것입니다. 또 홈페이지형 디자인으로 개성 있는 블로그를 꾸미기에 용이합니다.

2단 구성은 사이드바에서 카테고리 메뉴를 보여주어 이용자가 다른 카테고리도 클릭하여 글을 읽도록 유도하기에 좋은 구성입니다. 본문을 보고 있으면서도 다른 메뉴들을 볼 수 있다는 장점이 있습니다. 하지만 2단과 3단 구성은 사진이나 본문이 1단 구성에 비해 작게 보인다는 단점이 있습니다.

3단 구성은 조금은 갑갑한 느낌을 줄 수 있습니다. 본문 영역이 너무 좁기 때문에 보는 사람으로 하여금 미니홈피를 보는 느낌을 주기도 합니다.

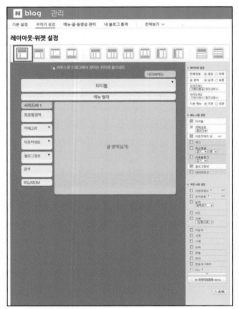

2단 레이아웃, 왼쪽 사이드바

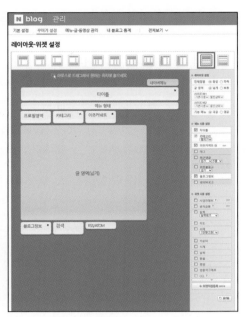

1단 레이아웃, 상단 타이틀

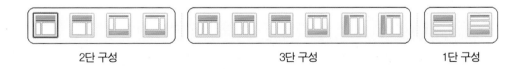

2단 구성   3단 구성   1단 구성

지금까지 많은 블로그가 2단 구성의 첫 번째와 두 번째 레이아웃을 많이 사용했습니다. 이것이 가장 안정감 있는 구도이고 또 가독성도 좋기 때문입니다. 그러다가 모바일 환경에서의 사용자가 늘어나면서 모바일에서 보기가 좋은 1단 구성을 많이 사용하고 있습니다. 또 홈페이지형 블로그를 꾸미는 사람들이 늘어나면서 1단 구성을 선호하고 있습니다. 2단 구성은 모바일 화면에서 보기에는 복잡해 보일 수 있습니다.

2) 메뉴 사용 설정하기

레이아웃·위젯 설정 화면은 '화면 영역'과 '설정 영역'으로 나뉩니다. 오른쪽 설정 영역에서 설정하면 왼쪽 화면 영역에서 구현된 모습을 확인할 수 있습니다.

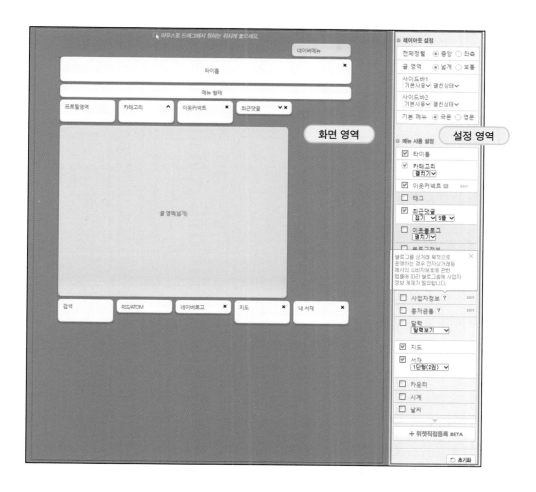

설정 영역에서 레이아웃, 메뉴 사용, 위젯 사용 설정을 할 수 있습니다. 체크 박스에서 사용 여부를 설정할 수 있고, 직접 위젯을 추가할 수도 있습니다.

화면 영역의 타이틀과 메뉴 박스, 위젯 박스의 위치는 드래그 앤 드롭으로 이동 배치할 수 있습니다. '프로필영역', '카테고리', '검색', 'RSS/ATCM' 메뉴는 네이버에서 고정으로 단 것이라 삭제가 불가하며, 그 외 위젯들은 삭제 및 추가할 수 있습니다.

[레이아웃 설정]

'레이아웃 설정'에서 '전체정렬'과 '글 영역'을 설정할 수 있습니다. 보통 '중앙' 정렬에 '넓게'로 설정합니다. 사이드바의 전시 설정은 2단, 3단 구성에서 할 수 있습니다. 1단 구성에서는 불가합니다. '기본사용'은 항상 전시되는 형태이고, '접기사용'을 선택하면 '펼친상태'와 '접기상태' 중 어떤 것을 기본으로 보여줄지를 설정할 수 있습니다. 접기사용을 설정한 사이드바는 '사이드바 펼치기/접기' 삼각형 버튼으로 메뉴를 접고 펼칠 수 있습니다.

[메뉴 사용 설정]

메뉴 사용 설정에서는 체크 박스에서 사용할 메뉴를 선택하거나 해제할 수 있습니다. 카테고리, 최근댓글, 이웃블로그 등은 펼치기와 접기 중 어떤 것을 기본으로 할지를 설정할 수 있습니다.

[위젯 사용 설정]

위젯도 체크 박스에서 사용 여부를 설정할 수 있습니다.

▪ 지도 위젯

지도 위젯을 사용하면 블로그 메인화면에 지도가 나타납니다. 지도 위젯에는 글 작성을 할 때 '장소' 메뉴를 사용한 포스팅의 수를 표시해줍니다. 예를 들어 부산 여행에 관한 글을 포스팅하면서 해운대 맛집을 '장소' 메뉴로 표시했다면 부산 지역에 1이라는 숫자가 표시됩니다. 이렇게 부산 지역에 관한 글이 5개가 있다면 5가 표시됩니다. 서울에 관한 글이 10개라면 서울에 10으로 표시됩니다. 사용자들은 이 숫자를 클릭하여 그 지역에 관한 글만 볼 수 있습니다.

국내와 해외 지역을 설정할 수 있습니다. 지도는 여행, 맛집 블로그에 유용하게 사용할 수 있는 위젯입니다.

▪ 카운터, 방문자 그래프 위젯

'카운터'는 오늘 방문자와 전체 방문자 수를 숫자로 보여주고, '방문자 그래프'는 그래프로 보여주는 위젯입니다. 방문자 수가 많다면 이러한 위젯을 사용하여 보여주면 블로그 신뢰도 향상에 도움이 됩니다. 사용하는 것을 추천합니다.

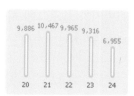

메뉴와 위젯을 설정하고 **적용**을 클릭하면 내 블로그에 레이아웃이 적용됩니다. 레이아웃은 언제든지 변경할 수 있습니다. 하지만 레이아웃의 형태에 따라서 메뉴 박스와 위젯 박스 등 구성요소의 순서가 기본으로 변경될 수 있습니다.

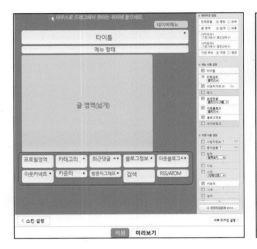 

2 나만의 위젯 설정하기

'위젯 직접 등록' 기능을 이용하여 내가 직접 만든 위젯을 등록해 사용할 수 있습니다. 배너 이미지를 이용할 수도 있고, 텍스트형 위젯을 만들어 사용할 수도 있습니다.

1) 배너형 위젯 만들기

1. 내가 만든 배너형 위젯을 만들기 위해서는 배너로 사용할 이미지가 있어야 합니다. 이미지는 가로 170px, 세로 600px 이내에서 만들면 됩니다.

아래 이미지는 포토샵에서 폭 170px, 높이 100px의 크기로 만든 이미지입니다. 이 이미지가 블로그에 사용될 위젯 이미지로, 이것을 클릭하면 나의 인스타그램이나 유튜브, 스마트스토어로 이동하게끔 작업할 것입니다.

블로그에 내가 만든 위젯 배너를 걸기 위해서는 ① **위젯 이미지의 주소**와 ② 이미지 클릭 시 이동할 **랜딩페이지 주소**가 필요합니다.

2. 위젯 이미지의 주소는 블로그에서 글쓰기를 통해 얻을 수 있습니다.

내 블로그에서 **글쓰기**를 클릭한 후 **사진** 메뉴를 클릭하여 만들어 놓은 위젯 이미지를 불러옵니다.

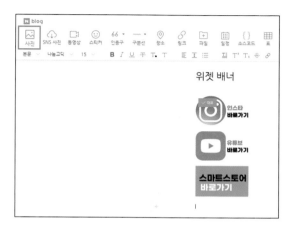

3. **발행**을 클릭합니다. 카테고리를 선택하고 '공개설정'에서 '비공개'를 선택하고 **발행** 버튼을 클릭합니다. '비공개'로 발행하는 것은 남에게 보이게 하기 위한 것이 아니라 위젯 이미지의 링크 주소를 얻기 위한 것이기 때문입니다.

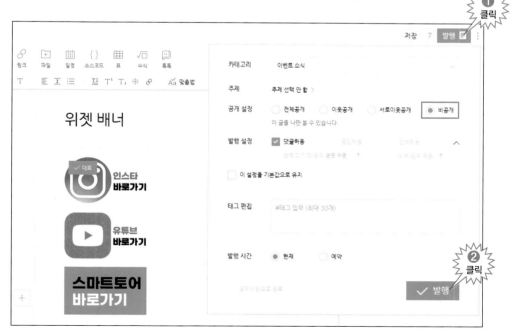

4. 글이 발행되었습니다.(이것은 비공개 글이기 때문에 방문자들이 볼 수 없습니다.) 첫 번째 이미지 위에서 마우스 오른쪽 버튼을 클릭한 후 **이미지 링크 복사**를 클릭합니다. 메모장을 열어서 오른쪽 버튼을 클릭한 후 **붙여넣기**를 합니다. 이렇게 하여 이미지 모두의 주소를 복사해 메모장에 붙여넣습니다.

5. 이제 배너를 클릭했을 때 이동할 랜딩페이지 주소를 알아야 합니다. 위 예의 경우 나의 인스타그램 주소와 유튜브 주소, 스마트스토어 주소 링크를 알면 됩니다. 이동할 랜딩페이지 주소도 메모장에 정리합니다.

6. 이렇게 위젯 이미지 주소와 이미지 클릭 시 이동할 랜딩페이지 주소를 메모장에 정리했습니다. 이제 내 블로그의 **관리 → 꾸미기 설정 → 레이아웃·위젯 설정**에서 **위젯직접 등록**을 클릭합니다.

7. '위젯 직접등록' 팝업창이 나타납니다. '위젯명'을 입력하고, '위젯코드입력'에 위젯의 HTML 코드를 입력하고 **다음**을 클릭합니다.

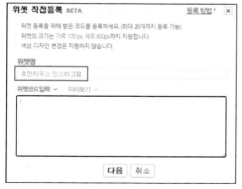
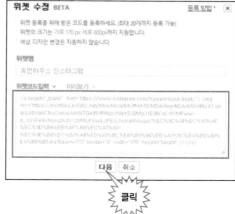

다음은 배너 이미지 위젯을 생성할 때의 기본 코드입니다. 이 기본 코드만 알면 어렵지 않게 배너 위젯을 코딩할 수 있습니다.

[배너 이미지 위젯 HTML 기본 코드]

```
<a href="이동할 페이지 링크 주소" target="_blank"><img src="배너 위젯
이미지 주소" border="0" width="170" height " " /></a>
```

 Tip   HTML 코드 기본 구성

HTML 언어 문서의 구성은 '태그명', '속성값', '속성명'으로 이루어집니다.
태그(Tags)는 태그 사이에 있는 데이터가 어떤 정보인지를 보여주는 것으로 〈〉로 나타냅니다.
해당 데이터가 제목(〈h1〉), 본문(〈p〉), 이미지(〈img〉), 링크(〈a〉) 등인지를 구분합니다.
속성(Attributes)은 태그를 보조하는 명령어입니다. 태그 내에서만 사용되며, 속성명(Attribute Names)과 속성값(Attribute Values)으로 표현됩니다. 속성값은 큰따옴표(" ") 또는 작은따옴표(' ')를 사용하여 감쌉니다.
값(Values)은 태그의 명령을 받는 데이터입니다. 입력하는 문자, 그림, 도형 등 데이터 자체를 말합니다. 워드 프로그램에서 서체의 크기나 색상을 지정하는 것처럼 HTML의 값은 태그의 문법 명령을 받습니다.

여기서 '이동할 페이지 링크 주소'에 앞서 메모장에 정리해둔 이동할 페이지의 링크 주소(여기서는 휴먼하우스 인스타그램)를 복사하여 붙여넣습니다. 그리고 '배너 위젯 이미지 주소'에 인스타그램의 위젯 이미지 주소를 복사하여 붙여넣습니다.
그러면 위 예의 위젯 입력 코드는 다음과 같습니다.

```
<a target="_blank" href="https://www.instagram.com/humanhouse.book/">
<img src="https://postfiles.pstatic.net/MjAyMzA0MjVfMjM5/
MDAxNjgyNDAxMDU4NzA1.opqnLpbVgoCNuCwrxsAArBjTGe95VfRNgyzfApK
D32Mg.r1E06CqCxtYMFww-d_XSVFe9x7rusuzKdX1zbMjJPpwg.JPEG.human
house/%EC%9C%84%EC%A0%AF%EC%9D%B4%EB%AF%B8%EC%A7%80-
%EC%9D%B8%EC%8A%A4%ED%83%80_%EB%B0%94%EB%A1%9C%EA%B0
%80%EA%B8%B0.jpg?type=w773" border="0" width="170" height="height"
/> </a>
```

배너 위젯 링크 코딩은 <a></a>(링크 태그)와 <img>(이미지 태그)만 알면 됩니다.

<a></a>: 링크 태그

HTML에서 하이퍼링크(링크)를 걸어주는 태그입니다. <a> 태그는 텍스트, 단락, 이미지 등 다양한 요소에 사용할 수 있습니다. <a>는 여는 태그이고 </a>는 닫는 태그입니다.

- **href 속성**: href는 링크를 클릭하면 연결 페이지나 URL 주소로 이동하라는 명령어입니다.
- **target 속성**: 링크로 연결된 문서를 어디에서 열지를 명시합니다.
  _blank는 새창에서 열기, _self는 현재 프레임에서 열기입니다.

<img>: 이미지 태그

HTML에서 이미지를 삽입할 때 사용하는 태그입니다. <img> 태그는 닫는 태그가 없는 빈 태그(Empty Tag)입니다.

- **src 속성**: 이미지가 저장된 주소의 URL을 보여줍니다.
- **border 속성**: 이미지의 테두리를 지정하는 속성입니다.
- **width 속성**: 이미지의 너비를 지정하는 속성입니다. 네이버 블로그 위젯의 최대 크기는 170px입니다.
- **height 속성**: 이미지의 높이를 지정하는 속성입니다. 값을 지정하지 않으면 원 이미지의 높이로 구현됩니다.

8. 미리보기 창에 배너 위젯 이미지가 보입니다. 이미지를 확인하고 **등록**을 클릭합니다. **확인**을 클릭합니다.

9. 왼쪽 '레이아웃 화면 영역'에 위젯이 생긴 걸 확인할 수 있습니다. 위젯의 위치를 변경하고 싶으면 드래그 앤드 드롭으로 이동할 수도 있습니다. **적용**을 클릭하고 **확인**을 클릭합니다.

10. 내 블로그에 위젯이 생겼습니다. 클릭하면 링크가 걸린 페이지로 이동합니다.

이런 식으로 내 블로그에 직접 배너 위젯을 등록해 다른 플랫폼으로 쉽게 이동할 수 있도록 할 수 있습니다. 스마트스토어를 운영 중이라면 내 스마트스토어의 주소로 위젯 링크를 걸어 고객의 방문을 유도할 수 있습니다.(타 플랫폼이 아니더라도 내 블로그 내에서 특정 포스팅 글이 열리도록 설정할 수도 있습니다.)

2) 텍스트형 위젯 만들기

간단한 텍스트 입력과 HTML 편집으로 텍스트형 위젯을 만들 수 있습니다. 텍스트형 위젯은 공지사항이나 메모, 중요 글 바로가기 위젯으로 사용하면 좋습니다.

■ 텍스트형 바로가기 위젯 만들기

관리 → 꾸미기 설정 → 레이아웃·위젯 설정에서 **위젯직접등록**을 클릭합니다. 팝업창에서 '위젯코드입력'을 다음과 같이 합니다.

```
<table cellspacing="1" cellpadding="10" width="170" bgcolor="#b7bbb5" border="0">
 <tbody>
  <tr bgcolor="#ffffff">
   <td>
    <li><b>바로 가기</b></li><br/><br/>
    <li><a target="_blank" href="https://cafe.naver.com/hhbooks">휴먼하우스
    카페 </a></li><br/>
   </td>
  </tr>
 </tbody>
</table>
```

- **바로 가기**

- 휴먼하우스 카페

색상코드표를 참조하여 테이블의 테두리와 색을 지정합니다. (네이버에서 '색상코드표'를 검색하면 많은 색상코드표가 있습니다.) 파란색 #b7bbb5는 테두리 색, 보라색 #ffffff는 면 색입니다. (위 예의 #b7bbb5는 회색, #ffffff는 흰색입니다.)

청색 바로가기 부분은 텍스트 입력 부분으로, 불필요 시 삭제하면 됩니다. 빨간색 target="_blank"는 새창에서 열기 속성, 분홍색 href="https://cafe.naver.com/hhbooks"는 이동할 페이지 주소 링크를 지정하는 것입니다. 초록색 휴먼하우스 카페는 링크가 설정될 텍스트 위젯명입니다. <li>와 </li>은 불릿(bullet)을 나타내는 코드로, 미사용 시 삭제하면 됩니다.

■ 메모 알림판 위젯 만들기

메모 알림판 위젯은 링크를 통해 이동하는 것이 아니라 내 블로그에서 바로 위젯 내용을 보여주는 위젯입니다. 초대장이나 이벤트 안내를 할 때 한시적으로 걸어두면 좋습니다.

'위젯 직접등록 팝업창'에서 다음과 같은 형식의 코드를 입력합니다.

```
<p align="center"><b>제목을 입력합니다.</b><br>
<img src="http://blogimgs.naver.com/section/h1_blog.gif" width="170" >
<br><br></p>
<span style="FONT-SIZE: 8pt"><font color="#ff6c00">알리고 싶은 메모의 내용을 입력합니다. </font></span><br><br>
```

컬러 색상 부분에 원하는 정보를 입력하면 됩니다.

메모의 제목을 입력하고, <img src=" " 안의 분홍색 부분에 이미지가 있는 링크 URL을 입력합니다. 이미지를 게시하고 싶지 않다면 이 부분은 없애도 됩니다.

폰트 크기와 색상을 지정해주고, 알리고 싶은 내용을 입력합니다.

이 메모 알림판 위젯을 활용하면 결혼식, 돌잔치, 기념회 등 행사 안내를 내 블로그에 들어오는 사람이 바로 확인할 수 있도록 걸어둘 수 있습니다. 이것은 링크로 이동하는 것이 아니고 내 블로그에 바로 전시하는 것입니다.

05 타이틀 만들기

타이틀은 블로그의 대문입니다. 이 영역에는 블로그명이 나타납니다. 블로그명과 블로그 성격에 잘 어울리는 이미지로 디자인해주면 됩니다.

타이틀 영역은 방문자의 눈길이 가장 먼저 가는 곳이기에 잘 꾸며야 합니다. 자신을 잘 드러낼 수 있는 홍보의 장으로 활용할 수 있는 곳입니다.

기업체, 기관, 브랜드 관련 블로그는 로고와 슬로건, 대표 색상 등을 이용하여 통일성을 주는 것이 좋습니다. 소상공인은 전화번호, 홈페이지 등을 표시하기도 합니다. 주의할 점은 너무 홍보용으로 치우쳐서는 안 된다는 것입니다.

상단 영역의 타이틀바만 잘 꾸며도 예쁜 나만의 블로그를 만들 수 있습니다. 타이틀은 여러 가지 방법으로 꾸밀 수 있는데, 디자인을 직접 할 수 있는 사람이라면 자신만의 개성 넘치는 타이틀을 만들 수 있습니다.

1 타이틀 꾸미기

타이틀은 **내 메뉴 → 관리 → 꾸미기 설정 → 레이아웃·위젯 설정**의 '메뉴사용 설정'에서 '타이틀'에 체크를 해야만 내 블로그 메인화면에서 보이게 됩니다. 만약 '타이틀'의 체크를 해제하면 메인화면에서 타이틀은 보이지 않게 됩니다.

타이틀을 꾸미는 방법은 ① 네이버에서 제공해주는 무료 이미지 선택하기, ② 컬러로만 설정하기, ③ 직접 만든 파일 등록하기가 있습니다.

이 모든 작업은 리모콘 도구에서 할 수 있습니다.

내 블로그 **관리 → 꾸미기 설정 → 디자인 설정 → 타이틀 꾸미기**를 클릭하면 리모콘 도구 창이 열립니다.

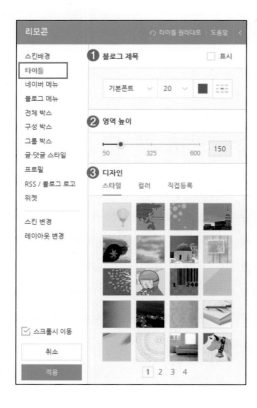

① **블로그 제목**: 표시 체크 상자에서 블로그 제목 표시 여부를 설정합니다. 블로그 제목의 폰트와 크기, 색상, 위치를 지정할 수 있습니다.

② **영역 높이**: 50~600px 사이에서 타이틀 영역 높이를 설정할 수 있습니다. (가로는 블로그 글상자의 너비인 966px에 채워집니다.) 타이틀 높이에 따라서 폰트 크기 조절이 달라지니 원하는 크기대로 조정하면 됩니다.

③ **디자인**: 타이틀 디자인을 스타일, 컬러, 직접등록으로 설정할 수 있습니다.

1) 스타일로 설정하기

타이틀 디자인에는 '스타일', '컬러', '직접등록'이 있습니다.

'스타일'에는 네이버에서 기본으로 제공하는 다양한 무료 이미지가 있습니다. 이 중에서 원하는 이미지를 선택하여 사용하면 됩니다. 이미지를 선택할 때는 블로그의 주제와 제목, 스킨 이미지와 잘 어울리는 이미지를 선택합니다. 이미지를 선택하면 영역 높이는 이미지에 맞게 조정됩니다.

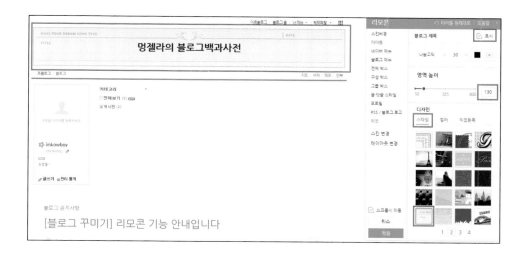

이미지를 선택한 후 블로그 제목이 타이틀 이미지와 잘 어울리지 않는다면 폰트, 색상, 크기, 위치 등을 조정합니다.

2) 컬러 선택으로 설정하기

컬러 탭에서는 색상 지정으로만 타이틀을 꾸밀 수 있습니다. 기본적으로 보여주는 컬러 외에 '더보기'를 누르면 다양한 색상이 나옵니다. 자신의 이미지나 원하는 색상을 클릭해서 설정하면 타이틀 영역을 깔끔하게 색상으로만 채울 수 있습니다. 색상코드 번호를 입력하여 설정할 수도 있습니다.

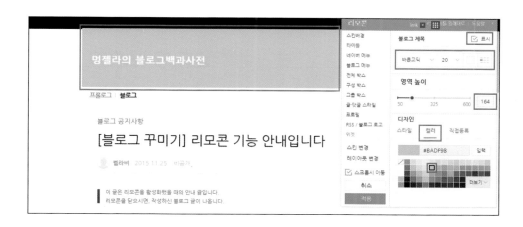

3) 직접 등록으로 설정하기

'직접등록' 탭을 클릭하면 '무료 이미지'와 '파일 등록' 두 가지 버튼이 있습니다.

■ 무료 이미지로 꾸미기

무료 이미지 탭을 클릭하여 검색을 통해 무료 이미지를 찾을 수 있습니다. 이미지를 클릭하면 적용된 모습을 확인할 수 있습니다. 그리고 블로그 제목의 폰트 크기, 색상, 위치를 조절해주고, '영역 높이'를 조정해 이미지가 잘 구현되도록 설정합니다. 이렇게 무료 이미지를 이용하여 타이틀을 설정할 수 있습니다.

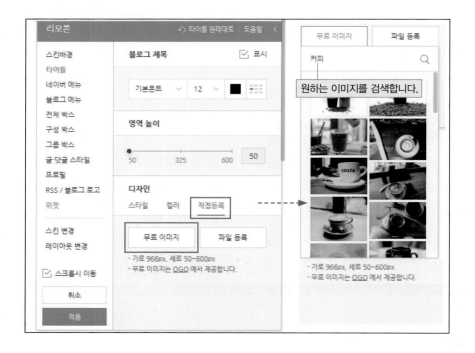

■ 직접 만든 이미지로 꾸미기

파일 등록을 클릭한 후 만들어놓은 타이틀 이미지를 선택하여 적용하면 됩니다. 블로그를 개성 넘치게 꾸밀 수 있는 방법입니다. 디자인을 직접 할 수 있는 사람이거나 그렇지 않은 사람이라도 무료 디자인 사이트를 이용해서 자신만의 개성 있는 타이틀을 만들 수 있습니다.

기업이나 단체, 쇼핑몰과 같은 전문 블로그를 운영한다면 이미지를 직접 디자인해서 입히면 더욱 전문적으로 보일 것입니다. 해당 기업의 로고나 제품, 캐치프레이즈 등을 활용해서 꾸미는 것을 추천합니다.

직접 만든 타이틀을 등록하기 위해서는 먼저 디자인 파일부터 만들어야 합니다. 타이틀을 제작할 때는 가로 966픽셀, 세로 50~600픽셀 사이에서 제작하면 됩니다.

직접 제작을 하는 경우 블로그 제목도 이미지 내에 디자인하는 것이 좋습니다. 주의할 것은 서체는 저작권에 위배되지 않는 무료 서체를 사용하거나 구매를 해 사용 권한이 있는 서체를 사용해야 합니다. 이렇게 이미지 안에 블로그 제목을 넣었으면 리모콘에서 '블로그 제목'의 표시를 해제하여 블로그명이 나타나지 않게 하면 됩니다.

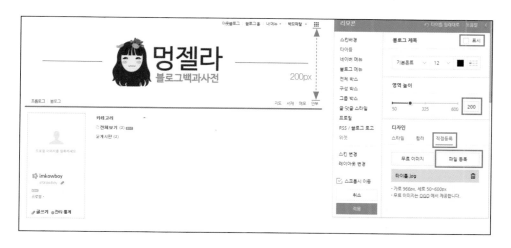

설정할 영역의 높이에 맞게 이미지 디자인을 해주면 됩니다. 위 예에서는 높이를 200px로 하였습니다. 이렇게 적용만 해주면 나만의 개성 있는 타이틀로 블로그 상단을 꾸밀 수 있습니다. 홈페이지형 블로그를 꾸미지 않더라도 타이틀만 잘 디자인해도 멋진 메인화면을 가질 수 있습니다.

06 카테고리 설정하기

카테고리는 내 블로그의 글들을 주제별로 정리해서 보여주는 메뉴판이라 할 수 있습니다. 방문자는 카테고리를 보고 블로그의 성격과 주제를 파악합니다.

네이버 블로그 카테고리는 2차 분류까지만 만들 수 있습니다. 상위(1차 분류) 카테고리와 하위(2차 분류) 카테고리로 분류하여 방문자가 한눈에 콘텐츠 구성을 알 수 있도록 합니다.

1 카테고리 작성 시 유의사항

주제가 잘 드러나게 하라

카테고리는 블로그 주제의 특징이 잘 드러나도록 짓습니다. 여러 개의 주제를 운영하는 경우, 주제별로 상위 카테고리를 분류해주고, 그 아래로 하위 카테고리를 작성하면 정돈된 느낌을 줍니다.

카테고리명은 블로그 운영 목표나 주제를 잘 말해주는 키워드를 포함하여 짓습니다. 그러면 이 블로그가 어떤 블로그인지를 방문자가 명확하게 알게 됩니다. 예를 들어 '육아는 장비빨'이라는 카테고리명에는 육아용품에 관한 글, '아이와 해외여행' 카테고리는 아이와 함께 하는 여행에 관한 글을 담고 있다는 것을 방문자들이 바로 알아차리게 됩니다.

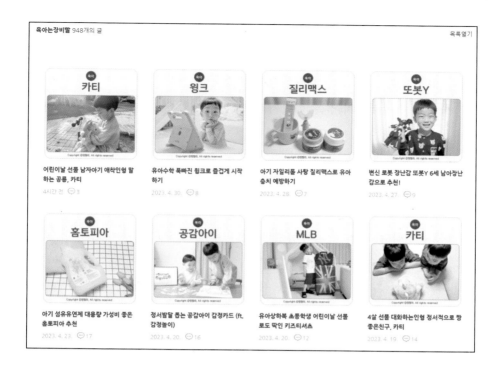

카티
어린이날 선물 남자아기 애착인형 말하는 공룡, 카티
4시간 전 ⓒ 3

윙크
유아수학 폭빠진 윙크로 즐겁게 시작하기
2023. 4. 30. ⓒ 8

질리맥스
아기 자일리톨 사탕 질리맥스로 유아 충치 예방하기
2023. 4. 28. ⓒ 7

또봇Y
변신 로봇 장난감 또봇Y 6세 남아장난감으로 추천!
2023. 4. 27. ⓒ 0

홈토피아
아기 섬유유연제 대용량 가성비 좋은 홈토피아 추천
2023. 4. 23. ⓒ 17

공감아이
정서발달 좋은 공감아이 감정카드 (ft. 감정놀이)
2023. 4. 20. ⓒ 16

MLB
유아상하복 초등학생 어린이날 선물로도 딱인 키즈티셔츠
2023. 4. 20. ⓒ 12

카티
4살 선물 대화하는인형 정서적으로 짱 좋은친구, 카티
2023. 4. 19. ⓒ 14

카테고리를 최소화하라

카테고리는 언제든지 만들거나 삭제할 수 있습니다. 처음에는 꼭 필요한 카테고리만 만듭니다. 포스팅이 쌓여가면서 새로운 카테고리가 필요하면 그때 만들면 됩니다. 간혹 어떤 블로그들은 처음부터 의욕이 넘쳐 글도 없는 빈 카테고리를 여러 개 만들어놓기도 합니다. 이것은 역효과를 가져옵니다. 글이 없는 빈 카테고리를 보고 방문자는 실망감과 함께 운영자가 블로그를 제대로 관리하지 않는다고 느낄 것입니다.

처음에는 2~3개의 카테고리만 만들고 시작하는 것이 좋습니다. 너무 많은 카테고리는 그만큼 주제가 많아지기 때문에 잡다한 글이 섞인 블로그가 될 수 있습니다.

초보 블로그는 처음에 하나의 주제로 블로그를 운영하다가 어느 정도 자리가 잡히면 서브 주제도 추가하여 글을 쓰면 됩니다.

인플루언서가 되기 전까지는 원하는 인플루언서 주제 분야의 글들만 꾸준히 써주는 것이 좋습니다. 인플루언서 선정 기준의 문턱이 높아지면서 주제와 관련된 글들만 30일 가까이 꾸준히 쓴 후 선정되었다는 말을 주변에서 듣기도 했습니다.

글이 늘어나면 카테고리가 늘어나고 하위 카테고리도 생기게 될 것입니다. 하지만 주의할 점은 너무 많은 카테고리를 만들지 말라는 것입니다. 카테고리를 너무 세분화하여 구성하면 주제의 모호함과 혼란을 일으킬 수 있습니다.

또 한 화면에 다 들어오지 않는 많은 카테고리는 시각적으로 피곤함을 불러옵니다. 하위 카테고리가 너무 많다면 접기 상태로 설정하도록 합니다. 카테고리는 꼭 구분해야 할 것으로만 정리해 최소한으로 구성하는 것이 좋습니다.

글 성격에 맞는 주제별 카테고리를 만들어라

블로그를 운영하다 보면 꼭 핵심 주제에 관한 글만 포스팅할 수는 없습니다. 특히 개인 블로그의 경우 자신이 정한 블로그 핵심 주제에 관한 글 외에도 정보나 지식 공유, 개인의 일상 이야기 등 다양한 글을 작성하게 됩니다. 또 협찬을 받고 홍보용 글이나 상품 리뷰를 올릴 때도 있습니다.

이럴 때는 카테고리를 구분해줄 필요가 있습니다. '핵심 주제', '일상', '홍보' 카테고리 등으로 글의 성격에 맞는 주제별 카테고리를 만들어 분류해주면 좋습니다. 그러지 않고 한 카테고리에 성격이 다른 글을 섞어 담으면 방문자에게 혼란만 주고, 블로그의 정체성을 모호하게 할 수 있습니다.

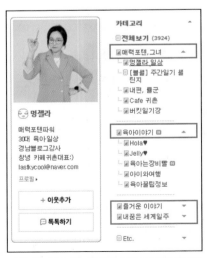

카테고리를 보고 바로 일상 & 육아 블로그인 것을 알 수 있습니다.

블로그에서 비중을 두고 있는 일상(매력포텐, 그녀)과 블로그 핵심 주제(육아이야기)는 하위 카테고리까지 펼쳐놓아 한눈에 확인할 수 있도록 구성했습니다. 리뷰와 협찬글이 있는 '즐거운 이야기'와 '내 꿈은 세계일주' 카테고리는 접기 상태로 되어 있습니다.

일상, 주제(육아), 기타로 구분하여 카테고리를 만들었습니다.

블로그 주제에 관한 카테고리를 비중 있게 만들고, 광고 및 홍보를 하고자 하는 대상이 있다면 그것에 대한 카테고리도 필수로 만들어야 합니다. 그리고 일상게시판 카테고리는 꼭 추가해둘 것을 추천합니다. 하루에 하나씩 매일같이 주제와 관련된 글을 쓰기란 쉽지 않습니다. 일상 이야기나 정보를 담을 수 있는 카테고리를 만들어두어 블로그 글쓰기에 대한 다양한 생각을 할 수 있도록 하는 것이 좋습니다.

포스팅한 글은 이후에 카테고리를 변경할 수 있습니다.

② 카테고리 만들기

이제 내 블로그의 카테고리를 만들고 세부 설정을 해보겠습니다.

1) 카테고리 추가, 삭제, 이동하기

1. 내 블로그에서 **관리 → 메뉴·글·동영상 관리 → 상단메뉴 설정 → 카테고리 관리**를 클릭합니다.(**메뉴·글·동영상 관리 → 블로그**를 클릭해도 됩니다.)

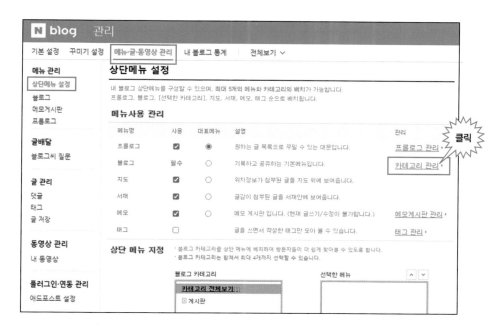

2. '카테고리 관리·설정' 화면이 나타납니다. 아직 아무 카테고리도 설정하지 않은 초기 화면입니다.

먼저 '페이지당 글'에서 한 페이지에 보일 글의 개수를 지정합니다. 1개, 3개, 5개, 10개 중 선택하면 됩니다. 지정한 개수만큼의 글이 한 페이지에서 세로로 이어져 보이게 됩니다.

자신의 블로그 글의 길이를 고려해 정하면 됩니다. 1개나 3개 정도가 적당하지만 많은 페이지 뷰와 체류를 생각한다면 1개로 설정하는 것을 추천합니다.

페이지에 들어갔을 때 한 페이지에 너무 많은 글이 연결되어 있으면 스크롤 압박이 있고, 하나의 긴 본문으로 혼동할 수도 있어 주제 전달에 있어서도 정확도가 떨어집니다. 저는 한 페이지에서 1개의 글만 보여주어 한 가지의 주제만 이야기하는 것이 좋아서 1개로 설정하고 있습니다. 사실 이것은 상위노출에 크게 상관은 없으니 자신이 원하는 대로 설정해도 무방합니다.

3. 카테고리를 설정할 수 있는 '카테고리 추가', '구분선 추가', '삭제' 버튼이 있습니다.

- 카테고리 추가: 새로운 게시판을 생성합니다.
- 구분선 추가: 구분선을 추가합니다.
- 삭제: 카테고리, 구분선을 삭제합니다.

카테고리 전체보기를 클릭한 후 **카테고리 추가** 버튼을 누르면 상위 카테고리(1차 분류)
가 생깁니다. 처음에 '게시판'이라는 기본 이름이 생기는데, 원하는 카테고리명으로
바꿔주면 됩니다.

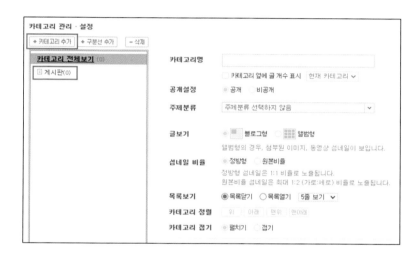

4. 왼쪽 화면에서 '게시판'을 선택하고, 오른쪽 '카테고리명'에 카테고리 이름을 입력
하면 카테고리명이 바뀝니다.(왼쪽의 '게시판'을 더블클릭하여 변경해도 됩니다.) 여기서는
'국내여행'이라고 입력했습니다. 이것은 상위 카테고리(1차 분류 카테고리)입니다.

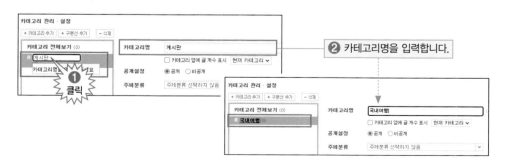

5. 왼쪽 화면의 '국내여행' 카테고리를 선택하고 **카테고리 추가**를 클릭합니다. 그러면 그 아래로 새로운 하위 카테고리 게시판(2차 분류 카테고리)이 생성됩니다. '경기권'이라고 입력했습니다. 하위 카테고리는 2차 분류까지만 만들 수 있습니다.

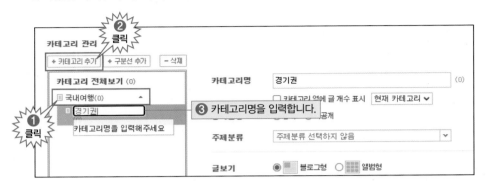

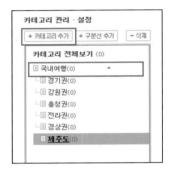

다시 상위 카테고리인 '국내여행'을 선택하고 **카테고리 추가**를 클릭한 후 하위 카테고리명을 입력합니다. 이렇게 해서 1차 카테고리 아래 여러 개의 2차 카테고리를 만들 수 있습니다.

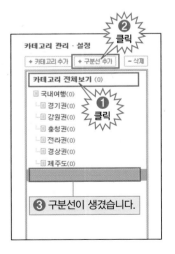

6. 이제 '해외여행'이라는 상위 카테고리를 만들고자 합니다. 그 전에 '국내여행' 상위 카테고리와 구분하기 위해 구분선을 하나 넣어주고자 합니다.

카테고리 전체보기를 클릭한 후 **구분선 추가** 버튼을 클릭하면 상위 카테고리 구분선이 입력됩니다. 카테고리의 수가 많다면 구분선을 추가해서 나누어주면 카테고리가 정돈된 느낌이 듭니다. 없앨 때는 구분선을 선택하고 **삭제** 버튼을 누르면 됩니다.

7. 카테고리 전체보기를 선택한 후 **카테고리 추가**를 클릭합니다. 그러면 새로운 상위 카테고리가 생깁니다. '해외여행'이라고 카테고리명을 입력했습니다. 이렇게 상위 카테고리와 하위 카테고리를 생성할 수 있습니다.

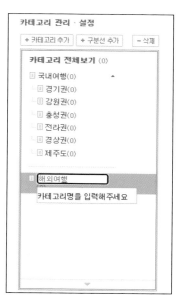

8. 카테고리를 이동하고자 할 때는 카테고리명을 클릭해 원하는 위치에 갖다 놓으면 됩니다(드래그 앤드 드롭). 카테고리를 삭제하고자 할 때는 카테고리명을 선택하고 **삭제** 버튼을 클릭하면 됩니다. 글이 게시되어 있는 카테고리를 삭제하면 글도 삭제되기 때문에 미리 중요한 글은 다른 카테고리로 옮겨둔 후에 삭제해야 합니다.

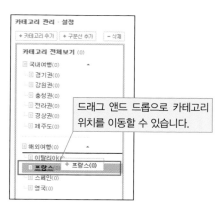
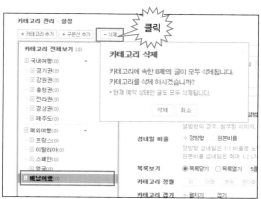

2) 카테고리 세부 설정

1. '카테고리 관리·설정'의 왼쪽 화면에서 카테고리명을 클릭하고 오른쪽에서 세부 내용을 설정합니다.

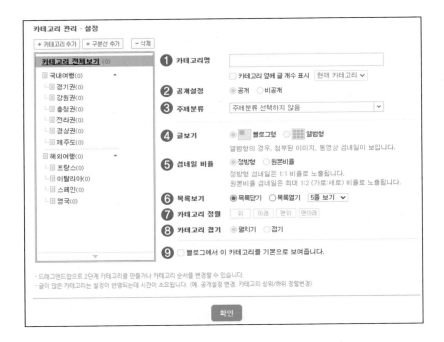

① **카테고리명**: 카테고리명을 입력하고 변경할 수 있습니다.

　• 카테고리 옆에 글 개수 표시: 체크하면 카테고리 안에 있는 글의 개수를 괄호 안에 보여줍니다. '전체 카테고리'를 선택하고 지정하면 전체 카테고리에 적용됩니다.

② **공개설정**: 카테고리의 공개 여부를 지정합니다. 일반적인 글은 검색이 되고 사람들에게 노출되어야 하니까 '공개'로 설정합니다. '비공개'로 설정하면 사람들에게 보이지 않고 블로그 운영자만 볼 수 있습니다. 일기나 자료 저장, 그림 링크 주소를 위한 포스팅 등의 글을 모아두는 카테고리라면 비공개로 하여 관리하면 됩니다. 비공개로 하면 검색에서 제외되며 글 보내기를 할 수 없습니다. 비공개로 지정한 카테고리는 카테고리명 옆에 자물쇠 모양의 아이콘이 표시됩니다.

③ **주제분류**: 카테고리가 어떤 주제의 글을 쓸 것인지를 설정합니다. 주제분류는 해주는 것이 좋습니다. 네이버의 검색에서 해당 주제로 분류되어 글이 더 잘 노출될 수 있게 해줍니다.

엔터테인먼트·예술	생활·노하우·쇼핑	취미·여가·여행	지식·동향
○ 문학·책	○ 일상·생각	○ 게임	○ IT·컴퓨터
○ 영화	○ 육아·결혼	○ 스포츠	○ 사회·정치
○ 미술·디자인	○ 반려동물	○ 사진	○ 건강·의학
○ 공연·전시	○ 좋은글·이미지	○ 자동차	○ 비즈니스·경제
○ 음악	○ 패션·미용	○ 취미	○ 어학·외국어
○ 드라마	○ 인테리어·DIY	● 국내여행	○ 교육·학문
○ 스타·연예인	○ 요리·레시피	○ 세계여행	
○ 만화·애니	○ 상품리뷰	○ 맛집	
○ 방송	○ 원예·재배		
○ 주제선택안함			

④ **글보기**: '블로그형'은 글 목록을 텍스트로 보여주고, '앨범형'은 섬네일 이미지가 포함된 형태로 보여줍니다.

• 앨범형은 이미지 위주의 글이 모여 있는 카테고리에 적당합니다. 글이 많이 쌓여 있지 않으면 '블로그형'으로 펼쳐보이는 게 좋고, 어느 정도 글이 쌓였다면 '앨범형'으로 하는 것이 좋습니다.

⑤ **섬네일 비율**: 글보기를 '앨범형'을 선택하면 섬네일 비율을 설정할 수 있습니다. 블로그에서 글을 클릭하기 전에 보이는 이미지의 비율을 말하는데 정방형은 1:1, 원본비율은 최대 1:2(가로:세로) 비율로 보여집니다.

⑥ **목록보기**: 글보기를 '블로그형'으로 선택했을 때 설정할 수 있습니다. 글을 열었을 때 글 상단에 해당 카테고리의 글 목록을 닫을지 보여줄지를 선택할 수 있습니다. '목록열기'는 5줄, 10줄, 15줄, 20줄, 30줄까지 설정할 수 있습니다.

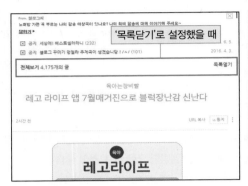
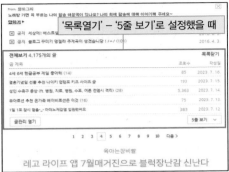

⑦ **카테고리 정렬**: 왼쪽에서 카테고리명을 선택한 후 위, 아래, 맨위, 맨아래 버튼을 클릭하면 카테고리가 해당 위치로 이동합니다.

⑧ **카테고리 접기**: 하위 카테고리를 펼치거나 접기를 설정하는 것으로, 상위 카테고리에서만 설정할 수 있습니다.

⑨ **블로그에서 이 카테고리를 기본으로 보여줍니다.**: 체크하면 이 카테고리의 글이 블로그 첫 화면에 노출됩니다. 내 블로그에서 가장 글을 자주 올리는 카테고리를 설정하는 것도 괜찮지만, 매일 글을 쓰는 블로그라면 체크하지 않고 카테고리 전체보기로 지정해서 새글이 보이게 하는 것을 추천합니다.

2. 카테고리 설정이 끝나고 **확인**을 클릭하면 설정 내용이 반영됩니다.

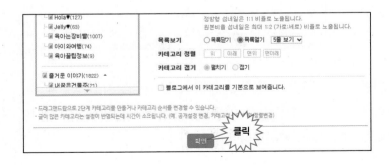

상단메뉴 & 대표메뉴 설정하기

블로그의 타이틀 영역 바로 아래 보이는 메뉴가 상단메뉴입니다. '프롤로그'와 '블로그' 메뉴는 기본적으로 설정되어 있습니다. 내 블로그에서 강조하고 싶거나 대표되는 카테고리(게시판)를 노출할 수 있습니다.

인기가 많은 카테고리 혹은 주목받게 하고픈 글들이 있는 카테고리를 상단메뉴에 보여주어 방문자들이 바로 찾을 수 있도록 합니다.

1. 내 메뉴 → 관리 → 메뉴·글·동영상 관리 → 상단메뉴 설정을 클릭합니다. '메뉴사용 관리' 항목에서 어떤 메뉴들을 사용할 것인지를 체크합니다. 블로그 메뉴는 필수이기 때문에 그 외 상단메뉴에서 사용하고 싶은 메뉴들을 체크합니다. 지도, 서재, 메모, 태그는 부가 메뉴로 상단 메뉴 오른쪽에 게시되는 메뉴입니다.

메뉴사용 관리				
메뉴명	사용	대표메뉴	설명	관리
프롤로그	☑	◉	원하는 글 목록으로 꾸밀 수 있는 대문입니다.	프롤로그 관리 ›
블로그	필수	○	기록하고 공유하는 기본메뉴입니다.	카테고리 관리 ›
지도	☑	○	위치정보가 첨부된 글을 지도 위에 보여줍니다.	
서재	☑	○	글감이 첨부된 글을 서재안에 보여줍니다.	
메모	☑	○	메모 게시판 입니다. (현재 글쓰기/수정이 불가합니다.)	메모게시판 관리 ›
태그	☐		글을 쓰면서 작성한 태그만 모아 볼 수 있습니다.	태그 관리 ›

2. 상단메뉴에 보이고 싶은 메뉴를 지정합니다. '블로그 카테고리'에 있는 카테고리 명을 클릭하고 **선택** 버튼을 클릭합니다. 그러면 오른쪽 '선택한 메뉴' 항목에 카테고리가 나타납니다. 상단메뉴에 지정할 수 있는 카테고리는 최대 4개입니다.

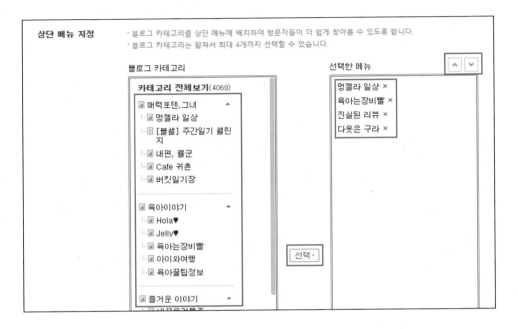

'선택한 메뉴'에서는 화살표 버튼으로 카테고리 순서를 조정할 수 있습니다. 삭제를 하고 싶을 때는 카테고리명의 ×를 클릭하면 선택 해제됩니다.

이렇게 상단메뉴에 노출하고 싶은 순서대로 카테고리를 배치해주고 **확인**을 클릭하면 상단메뉴에 적용됩니다.

[4] 효과적인 프롤로그 사용법

PC에서 블로그에 들어가면 어떤 블로그는 대문에서 글이 먼저 보이는가 하면, 어떤 블로그는 섬네일 이미지가 먼저 보이기도 합니다.

이것은 블로그의 '대표메뉴'를 무엇으로 설정했느냐에 따른 것입니다. 대표메뉴 하나로 블로그의 분위기를 변신시킬 수 있습니다. 내 블로그가 좀 더 전문적인 느낌이 나도록 하기 위해서는 어떤 대표메뉴를 사용하는 게 좋을까요?

대표메뉴를 '블로그'로 설정한 경우

대표메뉴를 '프롤로그'로 설정한 경우

　　포스팅 글이 많지 않다면 '블로그'를 대표메뉴로 설정하는 것이 좋습니다. 작성한 글이 많지 않은 상태에서 프롤로그 형태로 하면 너무 빈약해 보이기 때문입니다. 어느 정도 글감이 쌓였다면 '프롤로그'를 대표메뉴로 설정하면 전문성 있는 블로그의 느낌을 줄 수 있습니다. 1개월 정도 지나서 30여 개의 글이 쌓였을 때 메인화면을 프롤로그형으로 변경해보면 내 블로그가 제법 그럴싸해 보일 것입니다.

1) 프롤로그를 대표메뉴로 설정하기

내 메뉴 → 관리 → 메뉴·글·동영상 관리 → 상단메뉴 설정에 들어갑니다. 대표메뉴를 **프롤로그**를 선택하고 하단의 **확인**을 클릭하면 프롤로그가 대표메뉴로 설정됩니다.

메뉴사용 관리				
메뉴명	사용	대표메뉴	설명	관리
프롤로그	☑	◉	원하는 글 목록으로 꾸밀 수 있는 대문입니다.	프롤로그 관리 ›
블로그	필수	○	기록하고 공유하는 기본메뉴입니다.	카테고리 관리 ›

위 화면에서 **프롤로그 관리**를 클릭하면 프롤로그 화면을 설정할 수 있습니다. 보기 설정 형태에 '글 강조'와 '이미지 강조'가 있습니다. 원하는 형태를 선택하고 설정합니다.

〈글 강조〉

'글 강조'형은 '메인목록'은 필수로 보여야 하며, '이미지목록'과 '글목록'을 설정할 수 있습니다.

이때 '카테고리/메뉴선택'에서 원하는 카테고리가 메인에서 보이게끔 설정할 수 있습니다. 그리고 노출수를 조정해줍니다. 글 강조형은 필수인 '메인목록'은 3줄 정도로 노출하는 게 예쁘게 나옵니다. '이미지목록'은 글감이 많다면 최대 6줄까지도 보이게 할 수 있으므로 자신의 주요 분야를 보여주는 것도 좋습니다.

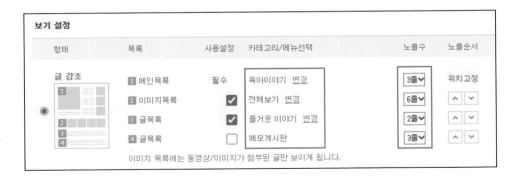

〈이미지 강조〉

'이미지 강조'형은 '메인 이미지목록'은 필수이며, '글목록'을 자신이 원하는 카테고리로 설정하고 노출 수를 설정해주면 됩니다.

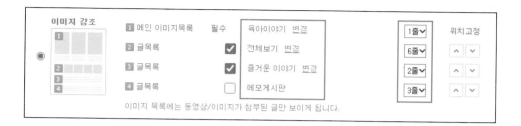

이렇게 원하는 대로 설정하면 블로그 메인화면은 프롤로그형으로 멋지게 변신하게 됩니다.

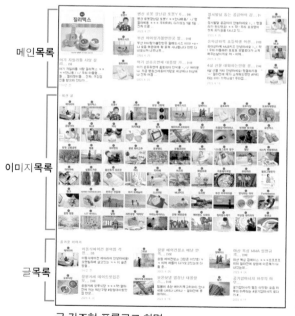

글 강조형 프롤로그 화면

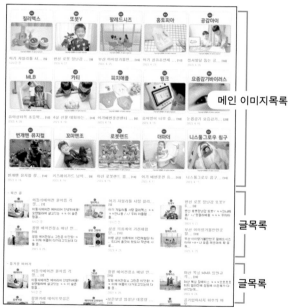

이미지 강조형 프롤로그 화면

07 퍼스나콘 설정하기

퍼스나콘(Personacon)은 개성(Personality)과 아이콘(icon)의 합성어로, 네이버 블로그에 댓글이나 방명록에 글을 남길 때 별명 앞에 표시되는 작은 이미지 아이콘을 말합니다. 퍼스나콘이 표시되도록 하기 위해서는 **관리 → 꾸미기 설정 → 세부 디자인 설정**을 클릭한 후 리모콘 도구의 **'글·댓글 스타일'**에서 **'댓글 스타일'**을 **'퍼스나콘'**으로 설정해줘야 합니다.

1 퍼스나콘 사용하기

1. 내 블로그에서 **관리 → 꾸미기 설정 → 아이템 설정 → 퍼스나콘**을 클릭합니다. 그리고 **무료 퍼스나콘 전체 보기**를 클릭합니다.

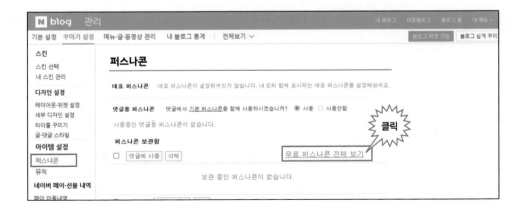

2. 왼쪽에서 소재별, 감정별, 캐릭터별 보기로 원하는 아이콘을 선택하거나 검색을 통해서 이미지를 찾을 수 있습니다. 원하는 퍼스나콘의 **담기**를 클릭합니다.

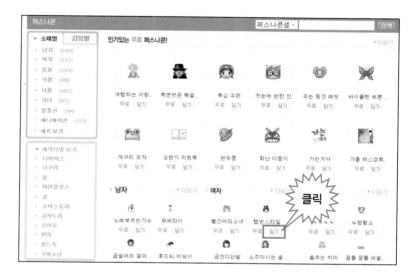

3. 세트 메뉴인 경우 원하지 않는 것은 체크 해제하면 됩니다. **블로그에 담기**를 클릭합니다.

4. **대표퍼스나콘으로 설정**을 클릭합니다. **확인**을 클릭합니다.

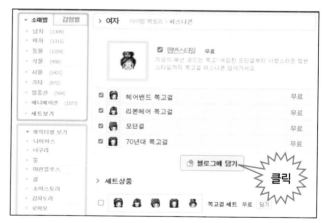

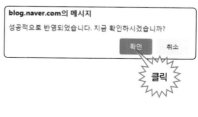

5. 퍼스나콘이 등록된 것을 확인할 수 있습니다.

❶ '대표 퍼스나콘'은 프로필의 별명 앞에 표시됩니다. '댓글용 퍼스나콘'은 댓글을 달 때 표시됩니다.

❷ '댓글용 퍼스나콘'에서 '사용'을 선택하면 댓글 입력창에서 콤보박스를 클릭하여 기본으로 제공하는 퍼스나콘도 함께 볼 수 있습니다.

❸ '퍼스나콘 보관함'에서 퍼스나콘을 선택하고 '대표 설정'과 '댓글에 사용'을 설정할 수 있습니다.

❹ '대표 퍼스나콘'은 설정하지 않고 댓글용 퍼스나콘만 사용하고 싶다면 '대표 퍼스나콘 해제'를 클릭한 후 '퍼스나콘 보관함'에서 원하는 퍼스나콘을 선택한 후 '댓글에 사용'을 클릭하면 됩니다. 그러면 프로필의 별명 앞에는 퍼스나콘을 사용하지 않고 댓글에만 사용할 수 있습니다.

6. 퍼스나콘이 적용된 것을 확인할 수 있습니다.

• 퍼스나콘이 표시되려면 리모콘 도구의 '글·댓글 스타일'에서 '댓글 스타일'이 '퍼스나콘'으로 설정되어 있어야 합니다. '프로필'이나 '심플'로 되어 있으면 댓글에 퍼스나콘이 적용되지 않습니다.

댓글을 달 때 퍼스나콘의 콤보박스를 클릭하여 댓글용 퍼스나콘을 선택 지정할 수 있습니다.

08 홈페이지형 블로그 만들기

요즘 정말 예쁜 디자인의 블로그가 많습니다. 일반적인 블로그와는 레이아웃이나 스킨이 달라 얼핏 보면 블로그인지 홈페이지인지 구분하기 힘든 블로그도 많습니다. 블로그 타이틀이 화면 전체에 걸쳐 보이기도 하고, 직접 만든 스킨에 여러 가지 배너가 붙어 있기도 합니다. 이렇게 마치 웹사이트처럼 꾸민 블로그를 '홈페이지형 블로그'라고 합니다.

기본적으로 디자인을 좀 할 줄 아는 사람이라면 누구나 내 블로그를 나만의 개성 넘치는 홈페이지형 블로그로 꾸밀 수 있습니다. 크몽 같은 프리랜서 마켓에서는 돈을 지불하고 블로그 디자인을 의뢰하는 블로거들이 많이 늘고 있습니다. 누구에게나 제공되는 제한된 틀로 만든 블로그가 아닌, 홈페이지형 블로그로 좀 더 특별하고 전문적인 나만의 블로그를 만들어보세요.

홈페이지형 블로그를 꾸미는 방법은 크게 두 가지가 있습니다. **스킨배경을 이용하는 방법**과 **타이틀을 이용하는 방법**입니다.

홈페이지형 블로그는 내가 직접 만든 상단 이미지를 스킨배경으로 등록하고, 투명위젯을 이용하여 바로가기 메뉴 배너를 만들면 됩니다.

홈페이지형 블로그를 만드는 과정은 다음과 같습니다.

① 레이아웃 1단으로 설정하기 → ② 스킨 이미지 파일 만들기 → ③ 스킨배경 등록하기 → ④ 투명위젯 배너 등록하기

1 전체 스킨과 위젯을 활용하여 만들기

다음과 같은 홈페이지형 블로그를 만들어보겠습니다. 상단 스킨 이미지는 가로 화면 전체에 걸쳐 있고, 그 아래에 배너형 위젯 5개가 구성되어 있습니다. 배너를 클릭하면 링크 설정한 페이지로 이동하도록 되어 있는 블로그입니다.

1) 1단 레이아웃 설정하기

홈페이지형 블로그를 만들면서 상단 타이틀 영역 바로 아래에 바로가기 메뉴(위젯 배너)를 달기 위해서는 레이아웃이 1단 구성이어야 합니다. 2단과 3단 레이아웃에서는 사이드바 영역에만 위젯을 달 수 있습니다. 블로그 화면 좌우측 사이드바에 위젯을 게시하고자 한다면 2단과 3단 레이아웃으로 해도 상관없지만, 홈페이지형 블로그는 타이틀 영역 아래에 바로가기 메뉴가 있는 것이 더 보기에 좋습니다. 많은 홈페이지형 블로그가 1단 구성을 사용하고 있습니다.

1. 내 블로그에서 **관리 → 꾸미기 설정 → 디자인 설정 → 레이아웃·위젯 설정**을 클릭합니다. 그리고 **1단 레이아웃**을 선택합니다.

프로필 영역 등 메뉴와 위젯들은 모두 드래그하여 글 영역 아래 하단으로 이동하고 상단에는 '타이틀'과 '메뉴 형태'(블로그 메뉴)가 오게 합니다. 이후 '메뉴 형태'와 '글 영역' 사이에 위젯을 만들어 바로가기 링크를 넣을 것입니다. 이렇게 자신이 원하는 형태로 1단 레이아웃을 구성하고 **적용**을 클릭합니다.

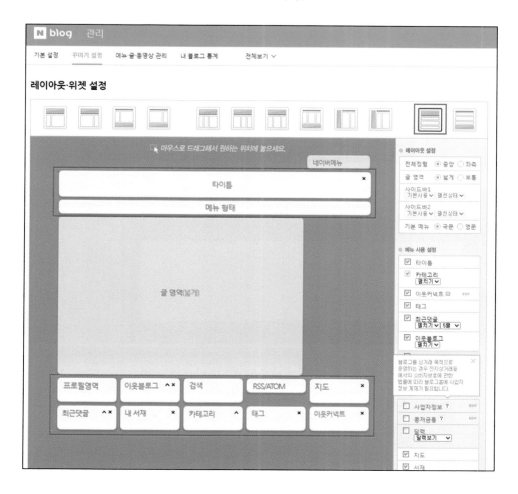

2) 스킨 이미지 파일 만들기

상단 영역에 들어갈 스킨 이미지를 제작합니다. 사이즈는 가로 2500~3000px(최대) 정도로 하면 됩니다. 이 정도로 하면 어떤 모니터에서 봐도 잘릴 위험이 없기 때문입니다. 이미지 작업은 포토샵, 일러스트레이터, 포토스케이프, 미리캔버스 등 이미지를 편집할 수 있는 프로그램에서 하면 됩니다. 여기서는 포토샵에서 작업했습니다.

1. 포토샵에서 **파일 → 새로 만들기**를 클릭한 후 폭 2500픽셀, 높이 640픽셀을 입력하고 **확인**을 클릭합니다.(블로그의 '타이틀 영역'의 높이 최대 사이즈가 600픽셀이고, 여기에 화면 맨 위에 있는 '네이버 메뉴'가 차지하는 공간 40픽셀까지 포함하여 640픽셀로 지정했습니다.)

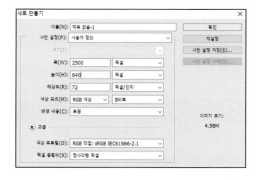

2. 새로운 창이 열립니다. 이 빈 캔버스에 블로그 스킨으로 사용할 이미지를 만들 것입니다. 여기서는 미리 준비한 이미지를 열어 복사하여 이 파일에 붙여넣었습니다.

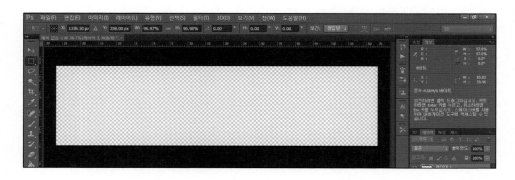

3. 파일을 붙여넣고 화면 좌측 도구 메뉴에서 '이동 도구(V)'를 선택한 후 이미지의 크기와 위치를 조정합니다.

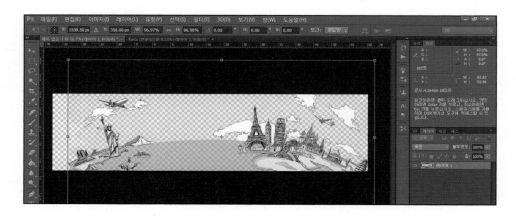

4. '수평 문자 도구(T)'를 선택하여 블로그명(제목)을 입력합니다. 스킨은 블로그명도 함께 삽입하여 제작하는 것이 좋습니다. 그래야 이미지와 어울리는 서체를 원하는 곳에 배치할 수 있습니다. 블로그 주제나 강조 문구 등도 함께 입력하고, 글꼴과 크기, 자간, 글자색 등 서체를 디자인해줍니다. 서체는 무료 서체나 사용 권한이 있는 서체를 사용해야 합니다. 기타 다른 이미지 작업이나 효과를 주어 디자인을 완성합니다.

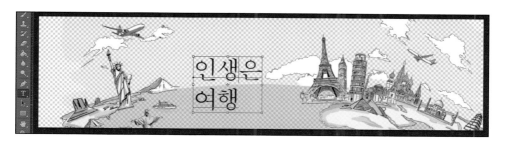

5. 작업한 파일을 저장합니다. 먼저 **파일 → 저장**을 클릭하여 PSD 파일 형식으로 저장을 해줍니다. 이렇게 레이어가 살아 있는 원본 파일을 보관해놓고 다음에 수정 작업이 필요할 때 불러와 사용하면 편리합니다. 그리고 블로그 스킨으로 사용할 파일을 만들기 위해 **다른 이름으로 저장**을 클릭하여 png나 jpg 파일 형식으로 저장합니다.

블로그 스킨배경으로 사용할 png 파일

3) 스킨배경 설정하기

내 메뉴 → 세부디자인 설정 → 리모콘 도구를 열어 스킨배경을 등록하고 설정합니다.

1. 리모콘 도구에서 **타이틀**을 선택합니다. 만들어놓은 스킨배경 이미지에 블로그 제목이 들어가 있으므로 '블로그 제목' 표시의 체크는 해제합니다. '영역 높이'는 최대인 600픽셀로 지정합니다.(스킨배경 이미지의 높이에 맞게 설정합니다.)

그리고 타이틀 영역을 '투명'으로 만들어 스킨배경이 보이게 하기 위해서 '컬러'에서 왼쪽 제일 위에 있는 투명 스타일을 클릭합니다.

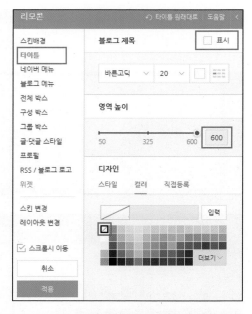

2. 이제 스킨을 등록하기 위해 **스킨배경**을 선택하고 **직접등록** 탭을 클릭합니다. 그리고 '상단 영역'의 **파일 등록** 버튼을 클릭해 만들어놓은 스킨배경 이미지를 선택하고 '열기'를 클릭합니다.

'하단 영역(패턴)'은 **컬러**를 선택해 흰색으로 설정했습니다.

스킨이 등록된 것을 확인하고 **적용**을 클릭하면 스킨이 적용됩니다.

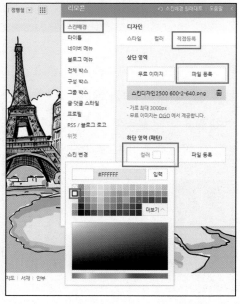

3. 스킨 이미지가 화면 전체에 걸쳐 적용된 것을 확인할 수 있습니다.

4) 배너 위젯 만들기

이제 상단 이미지 바로 아래에 위젯을 이용하여 바로가기 배너 이미지를 넣어줄 것입니다. '메뉴 형태'를 '타이틀' 영역 위로 옮기고자 한다면 **관리 → 꾸미기 설정 → 레이아웃·위젯 설정**에서 '메뉴 형태' 박스를 드래그하여 '타이틀' 박스 위로 옮깁니다.

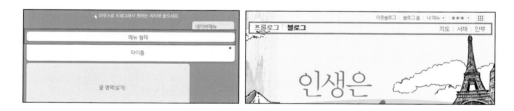

1. 이제 상단 이미지 아래에 사용할 배너 위젯을 만듭니다. 위젯은 '글 영역(넓게)'로 설정하면 한 줄에 5개, '글 영역(좁게)'로 설정하면 4개까지 추가할 수 있습니다. 위젯은 가로 170px, 세로 최대 600px까지 가능합니다. 여기서는 포토샵에서 다음과 같은 가로 170px, 세로 60px의 위젯 배너 이미지를 5개 만들었습니다.

2. 앞서 '배너 위젯 등록하기'에서 설명한 것처럼, 내 블로그에서 **글쓰기**를 클릭한 후 새 글을 열고 위젯 배너 이미지 5개를 불러와 앉힙니다. 그리고 상단의 **발행** 버튼을 클릭한 후 '공개설정'을 '비공개'로 선택하고 **발행**해줍니다.

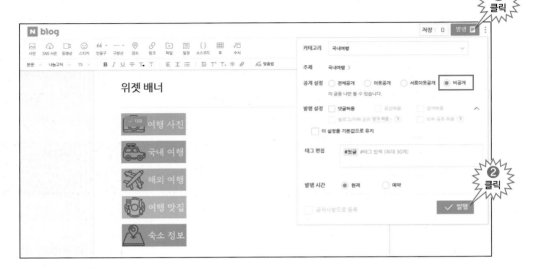

3. 각각의 위젯용 배너 이미지 위에서 오른쪽 버튼을 클릭한 후 **이미지 링크 복사**를 클릭한 후 메모장이나 워드 프로그램을 열어 붙여넣기를 합니다. 그러면 이 이미지의 링크를 알 수 있습니다. 이렇게 5개의 이미지 링크를 복사하여 붙여넣습니다.

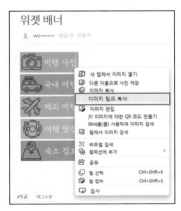

4. 이 배너에 링크를 걸어 클릭 시 이동할 수 있도록 html을 설정합니다. **내 메뉴 →** **관리 → 꾸미기 설정 → 레이아웃·위젯 설정**에서 **위젯직접등록**을 클릭합니다. 팝업창에서 '위젯명'을 입력하고 '위젯코드입력'에 HTML 코드를 입력합니다.

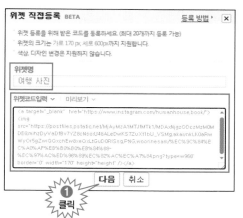
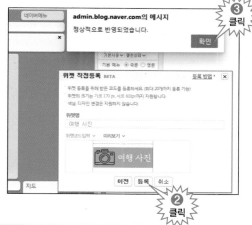

<a href="이동할 페이지 링크 주소" target="_blank"><img src="배너 위젯 이미지 주소" border="0" width="170" height " " /></a>

- 배너 위젯 이미지 주소: 메모장에 복사해놓은 이미지 주소를 입력합니다. (여기서는 '여행 사진' 배너 이미지의 주소입니다.)
- **이동할 페이지 링크 주소**: 위젯 배너 이미지를 클릭했을 때 이동할 페이지 주소를 입력합니다. 즉 랜딩페이지 주소입니다. 랜딩페이지는 내 블로그 내의 특정 카테고리로 표시할 수도 있고, 인스타그램, 카페, 쇼핑몰 등 외부 플랫폼으로 이동하게 설정할 수도 있습니다.

5. 화면 왼쪽에 '여행 사진'이라는 위젯이 생겼습니다. 이 위젯을 드래그 앤드 드롭으로 '타이틀' 메뉴 박스 아래로 위치시킵니다. 하단의 **미리보기**를 클릭하여 위젯이 적용된 모습을 확인합니다.

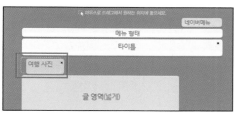

6. 앞의 4~5번의 과정으로 나머지 배너 위젯들도 만든 후 **적용 → 확인**을 클릭합니다.

7. 이렇게 '위젯직접등록'으로 내가 만든 배너 위젯을 구성했습니다. 배너 위젯을 클릭하면 설정해놓은 랜딩 페이지로 이동합니다.

8. 그런데 상단 스킨 이미지와 배너 위젯 사이의 간격이 벌어져 있습니다. 이것은 타이틀 영역의 높이 조절로 해결할 수 있습니다.(위 화면에서는 '네이버 메뉴 + 메뉴 형태 + 타이틀' 영역의 높이가 스킨 이미지인 640px보다 높아서 빈 공간이 생긴 것입니다.) **관리 → 세부 디자인 설정**을 클릭하여 **리모콘** 도구에서 **타이틀**을 선택한 후 '영역 높이'를 조절하면서 적당한 값을 찾아 **적용**해주면 됩니다.

9. 하단 영역은 현재 '컬러'가 '흰색'으로 설정되어 있습니다. 하단 영역을 내가 만든 파일로 꾸미고 싶으면 **스킨배경 → 직접등록**을 선택하고 '하단 영역(패턴)'의 **파일 등록**을 클릭하여 파일을 선택하면 됩니다. **적용**을 클릭하면 디자인 적용이 완료됩니다.

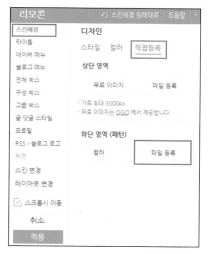
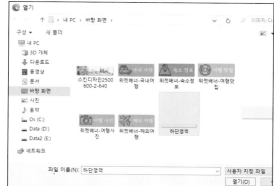

10. 완성 화면입니다. 하단 영역은 등록한 파일이 패턴으로 길게 이어져 나타납니다.

투명위젯을 활용하여 만들기 – 더 큰 스킨배경 이미지

홈페이지형 블로그의 상단 영역에 넣을 수 있는 이미지의 세로 픽셀은 최대 685~687px (네이버 메뉴 40px + 메뉴 형태 40px + 타이틀 영역 최대 600px + 영역별 간격 합 5~7px) 정도입니다. 앞서 작업한 화면은 상단 영역의 높이(687px)에 걸쳐 스킨 이미지가 구현되어 있습니다. 그리고 그 아래로 하단 영역이 이어집니다.

그런데 상단 영역의 스킨 이미지 높이를 이보다 더 크게 하고 싶을 때가 있을 것입니다. 이럴 때는 투명위젯을 활용하면 됩니다.

1) 투명위젯 만들기

1. 내 블로그에서 **관리 → 꾸미기 설정 → 디자인 설정 → 레이아웃·위젯 설정**을 클릭합니다. 그리고 **위젯직접등록**을 클릭하여 팝업창에서 위젯명과 위젯코드를 입력하여 위젯을 만듭니다. 위젯의 크기는 가로 170px, 세로 최대 600px로 만들면 됩니다.

투명위젯의 코드는 다음과 같이 입력하면 됩니다.

```
<table width="170"><tbody><tr><td width="170" height="600" /></
tr></tbody></table>
```

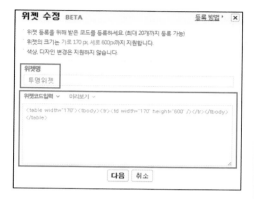

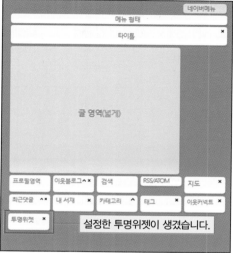

2. '타이틀' 영역 아래로 '투명위젯'을 이동하여 스킨 이미지가 구현될 공간을 마련해줍니다. 여기서는 투명위젯의 코드에 height="6oo"을 입력했기에 세로 600px만큼의 투명한 공간이 확보되었습니다.

2) 스킨 적용하기

1. 먼저 블로그 스킨으로 사용할 상단 이미지를 만듭니다. 이미지의 세로 크기를 1287px[상단 영역의 전체 높이(네이버 메뉴 + 메뉴 형태 + 타이틀) 687px + 설정한 투명 위젯의 높이 600px]로 하여 이미지 파일을 만들어 준비합니다.

2. 리모콘 도구에서 **스킨배경 → 직접등록 → 상단 영역 → 파일 등록**으로 스킨을 등록해 주면 됩니다.

투명위젯 없이 적용한 스킨

투명위젯을 이용하여 높이를 확장한 스킨

블로그 메인화면에서 마우스로 드래그를 해보면 각 영역별 표시를 알 수 있습니다.

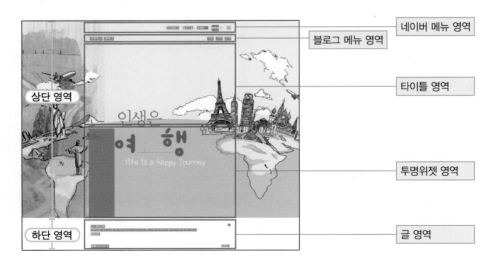

③ 타이틀을 이용한 홈페이지형 블로그 만들기

타이틀을 이용해서도 충분히 나만의 홈페이지형 블로그를 만들 수 있습니다. 다만 타이틀의 경우는 글 상자 영역의 가로 크기인 966px 정도에만 이미지가 채워지고 세로는 600px까지 적용할 수 있습니다.

타이틀 디자인을 완성한 후 위젯들을 이용해서 링크를 만들어주면 멋진 홈페이지형 블로그를 만들 수 있습니다.

1. 타이틀 디자인 이미지를 만들어줍니다. 여기서는 포토샵에서 폭 966px, 높이 550px의 파일을 만들었습니다.

2. **리모콘** 도구에서 '타이틀'을 선택하고 '영역높이'를 내가 만든 이미지 파일의 높이만큼 지정해줍니다.

'블로그 제목'의 표시는 이미지 파일 안에 블로그 제목이 들어가 있기에 체크를 해제합니다.

3. **디자인 → 직접등록 → 파일등록**을 클릭하여 내가 만든 디자인을 적용합니다.

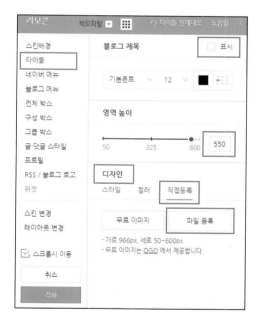

4. 위젯을 홈페이지 배너 형태로 만들어서 링크 이동이 가능하게끔 꾸밀 수도 있습니다. 위젯은 가로 170px, 세로 최대 600px까지 가능합니다.

　앞서 설명한 대로 위젯 배너 이미지를 만들고, 이미지 주소와 이동할 링크 주소를 확인합니다.

5. 내 블로그의 **관리** → **꾸미기 설정** → **디자인 설정** → **레이아웃·위젯 설정**에서 **위젯직접 등록**을 클릭하여 위젯명과 html로 링크를 설정하여 위젯을 만들어줍니다.

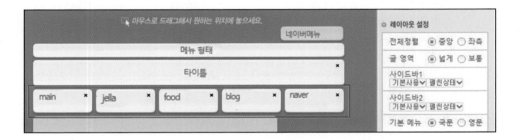

6. **적용**을 클릭하고 블로그 메인으로 가면 홈페이지형 블로그로 변신되어 있는 내 블로그를 볼 수 있습니다.

09 모바일 블로그 앱 꾸미기

그동안 많은 사용자가 PC 환경에서 블로그를 이용했는데, SNS의 발달과 함께 요즘은 모바일에서 블로그에 접속하는 사람이 많습니다. MZ세대뿐만 아니라 많은 사람이 모바일에서 정보를 얻고 있는데, 네이버 블로그도 모바일 이용자가 많기 때문에 블로그 앱을 꾸미는 것이 그만큼 중요해졌습니다.

블로그 운영자가 글을 포스팅할 때는 작업 편이성 때문에 주로 PC에서 하지만, 이용자는 실제로 모바일에서 글을 많이 읽습니다.

운영자가 블로그 앱을 이용하면 이웃과의 소통도 빠르게 할 수 있고, 실시간으로 댓글을 달 수 있어 편리합니다. 또 휴대폰에서 바로 글을 작성하여 포스팅할 수도 있어 블로그 운영에 편리합니다.

1 홈편집으로 모바일 화면 설정하기

블로그 앱은 모바일 환경에 맞게 블로그를 꾸며야 합니다. 먼저 스마트폰에서 보이는 모바일 커버 이미지를 변경하고 앱을 사용하는 방법에 대해서 알아보겠습니다.

1) 커버 이미지 설정하기

'이 블로그는 어떤 블로그다'라고 말해주는 것이 커버 이미지입니다. 커버 이미지는 블로그의 성격에 맞게 꾸며주면 됩니다.

PC 블로그의 스킨 이미지를 사용하여 통일감을 줘도 좋습니다. 그런데 모바일의 커버 영역에는 블로그명, 프로필 사진, 별명, 이웃, 카테고리 등 여러 아이콘이 자리하기 때문에 복잡해보일 수 있습니다. 그럴 때는 PC 스킨의 이미지를 단순화하거나 중요 이미지 부분만 편집하여 커버 이미지로 사용하면 됩니다.

네이버 블로그 앱은 '홈편집' 버튼 하나로 모든 것을 설정할 수 있습니다.

1. 모바일 블로그 메인화면에서 **홈편집** 버튼을 누르고 상단의 **이미지 변경**을 탭합니다.(홈편집에서 이미지 변경, 커버 스타일, 블로그명, 프로필 사진, 별명을 설정할 수 있습니다.)

2. **촬영 또는 앨범에서 선택**을 탭합니다. '기본 커버 이미지'를 선택하면 PC에서 보이는 기본 커버 이미지를 선택할 수 있습니다.

3. '폴더' 아이콘에서 앨범에 있는 이미지를 선택하여 적용하거나 '카메라' 아이콘을 탭하여 카메라로 바로 찍어 사용할 수 있습니다. 'GIF' 아이콘을 탭하면 여러 장의 사진이나 동영상을 선택해 '움짤 만들기'를 하거나 '움짤촬영'을 탭하여 직접 움짤을 만들어 커버 이미지로 사용할 수 있습니다.

만약 직접 꾸민 디자인을 넣고 싶다면 가로 980px, 가로 세로 3:4의 비율로 만들면 좋습니다. 이미지는 사용 기기의 해상도에 맞는 크기로 변환되어 보여집니다. 커버 이미지를 디자인할 때는 블로그명에 가려지는 부분을 고려해서 디자인합니다.

커버 이미지를 선택하고 **다음 → 적용**을 탭하면 커버 이미지가 변경됩니다.

4. 위 화면에서 상단에 위치한 **커버 스타일**을 누르면 8가지의 커버 형태가 제공됩니다. 원하는 스타일로 변경할 수 있습니다. 프로필 사진이나 별명, 혹은 홈 이미지에 맞도록 커버 스타일을 변경하면 됩니다.

2) 프로필 이미지 설정하기

1. 블로그 앱에서 **홈편집**을 탭하면 프로필 이미지에 카메라 모양의 아이콘이 생기는 것을 확인할 수 있습니다. 탭하면 프로필 이미지를 변경할 수 있습니다.

2. 휴대폰 사진 폴더, 카메라, GIF 탭에서 이미지를 선택할 수 있습니다. 원하는 사진을 선택하고 **다음**을 탭합니다.

3. 이미지를 편집할 수 있습니다. 원 안의 프로필 이미지 영역에 원하는 이미지 부분이 들어가도록 손가락으로 드래그하여 조정합니다. **완료**를 탭합니다.

4. 프로필 이미지가 변경된 것을 확인할 수 있습니다. 상단의 **적용**을 탭하면 설정이 완료됩니다. (**취소**를 탭하면 변경사항을 적용하지 않고 나갈 수 있습니다.)

3) 블로그 전시 화면 설정하기

홈편집 버튼을 터치하여 블로그 전시 화면을 설정할 수 있습니다. 소개, 모먼트, 인기글/대표글, 외부채널, 외부채널 글 등을 보여주거나 숨길 수 있으며, 배치 순서도 조정할 수 있습니다. 운영하는 블로그의 목적에 맞게 전시 화면을 설정하면 됩니다.

블록 추가

1. **홈편집** 버튼을 누른 후 **+** 버튼을 탭하면 '추가할 블록을 선택하세요.' 창에 소개, 모먼트, 인기글/대표글, 외부채널, 외부채널 글 등 추가할 수 있는 항목이 나타납니다. 나타나지 않는 항목은 현재 사용하고 있는 것입니다.(여기서는 '외부채널'을 탭했습니다.)

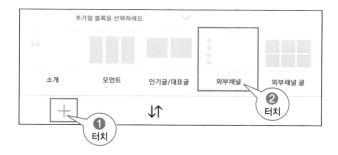

2. 연결할 채널을 선택하고 링크를 입력한 후 **확인**을 탭합니다. 채널 확인 후 **적용**을 탭하면 초기화면에 채널이 노출됩니다. 이렇게 원하는 항목을 추가할 수 있습니다.

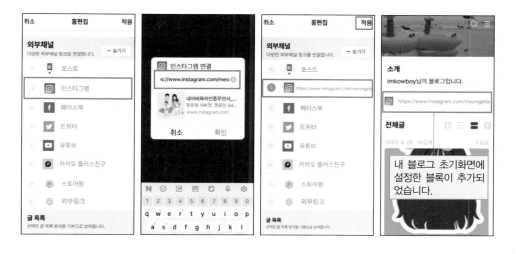

숨기기

화면에 전시되는 블록 항목을 숨기고자 할 때는 해당 항목에서 **숨기기** 버튼을 탭하고 **적용**을 탭하면 됩니다.

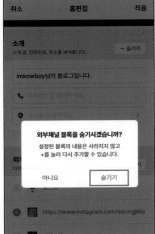

숨긴 항목을 다시 보이게 하고 싶을 때는 **홈편집** → + 버튼을 탭한 후 추가할 블록을 탭합니다. 그러면 숨기기한 항목이 나타납니다. **적용**을 탭하면 됩니다.

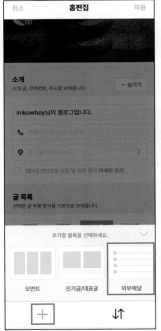

이동

추가한 항목들의 순서를 변경하고자 할 때는 **홈편집**을 탭한 후 상하 화살표(↕) 버튼을 눌러 순서를 배열할 수 있습니다.

현재 전시되고 있는 항목들이 나오는데, 항목을 위아래로 드래그해서 원하는 위치로 이동한 후 ∨ 버튼을 탭합니다. **적용**을 탭하면 완료됩니다.

4) 인기글/대표글 설정하기

홈편집 → ＋ 버튼을 누른 후 '인기글/대표글'을 선택하여 블록을 추가해줍니다.

이미 항목이 추가되어 있다면 '인기글/대표글' 항목이 나타나지 않습니다. ∨를 탭하여 닫고 화면을 아래로 내려 '인기글/대표글' 항목에서 노출 설정을 해주면 됩니다.

'인기글'은 내 블로그의 인기글을 자동으로 추출해서 보여줍니다. 주간 인기글이 무엇인지 10위권까지 자동으로 나타내어 줍니다.

'대표글'로 설정하면 내가 원하는 글을 지정해서 보여주기가 가능합니다.

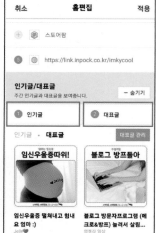

두 가지 모두를 설정해도 되고, 대표글을 통해서 내 블로그의 대표글만 보이게 설정해도 됩니다.

대표글로 추가하고 싶은 글은 '글 추가하기' 버튼을 눌러 선택해주고, 배열 순서도 설정하면 됩니다.

5) 글 목록 방식 변경하기

홈편집 → + 버튼을 누른 후 '글 목록' 항목에서 화면에 전시되는 글 목록 방식을 설정할 수 있습니다.

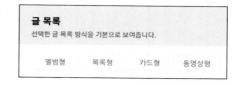

글의 개수가 많다면 '앨범형'이 좋습니다. 앨범형은 마치 사진첩을 보는 듯한 느낌을 줍니다. 글 개수가 적다면 '카드형'이나 '목록형'을 추천합니다.

하나씩 눌러보면서 내가 원하는 대로 구성을 변경할 수 있습니다. 요즘은 '동영상형'이 추가되어 글 안에 동영상이 추가되어 있다면 동영상들만 모아 볼 수 있는 구성도 가능해졌습니다.

| 앨범형 | 목록형 | 카드형 | 동영상형 |

이렇게 게시글들을 앨범형, 목록형, 카드형, 동영상형으로 구성을 변경해보면서 나의 블로그 분위기에 어울리는 것이 어떤 것인지 선택하면 됩니다. 글감의 목록이 적을 때는 목록형이나 카드형으로 하다가 목록이 많아지면 한눈에 딱 보기 쉬운 앨범형으로 하는 것을 추천합니다.

② 내 블로그 첫 화면 메뉴 살펴보기

블로그의 첫 화면에는 **홈편집, 카테고리, 안부글, 이웃목록, 통계, 공유** 버튼이 있습니다. 하단에는 **이웃새글, 추천, 글쓰기, 내소식, 내 블로그** 버튼이 있습니다. 상단의 **더 보기** 버튼을 누르면 나오는 여러 메뉴 가운데 주로 사용하는 메뉴를 첫 화면에 모아 보여주고 있습니다.

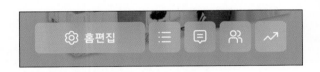

1 카테고리

내 블로그의 전체글과 카테고리, 메모글을 확인할 수 있습니다. 설정(기어 모양)을 눌러 카테고리를 수정, 삭제할 수 있으며, 카테고리 설정의 + 버튼을 클릭하여 새로운 카테고리를 추가할 수 있습니다.

2 안부글

안부글을 확인할 수 있습니다. 안부글 권한 설정은 PC 화면에서 **관리 → 기본설정 → 댓글·안부글 권한**에서 할 수 있습니다. 비밀글 쓰기만 허용하거나 내가 맺은 이웃만 쓸 수 있게 해서 스팸 글을 차단할 수 있습니다.

3 이웃목록 👥

내가 맺은 서로이웃과 이웃 목록이 보입니다. 검색창에서 블로그명이나 별명으로 이웃을 검색할 수 있습니다. 이곳에서 내가 맺은 이웃과 나를 추가한 이웃들의 목록을 관리할 수 있습니다.

내가 추가한 목록에서는 이웃추가순/이웃별명순/업데이트순/이웃그룹순으로 나누어 이웃목록을 볼 수 있습니다.

이웃의 별명을 누르면 이웃의 블로그로 이동합니다. 이웃 별명의 세로 점 세 개를 클릭하면 이웃의 새로운 소식을 앱 알림으로 받을 수 있도록 설정할 수 있고, 이웃새글의 소식받기 유무, 그룹이동, 이웃취소를 할 수 있습니다. 이렇게 이웃관리를 모바일 앱에서도 할 수 있습니다.

나를 추가한 목록에서는 나를 추가한 사람들을 바로 '이웃추가'를 할 수 있는 버튼이 있습니다. 세로 점 세 개 버튼을 누르면 이웃 '차단하기'를 할 수 있습니다.

4 통계 📈

블로그 첫 화면의 '통계' 아이콘을 누르면 '더 보기' 메뉴에 있는 통계 메뉴가 나타납니다. 통계에 나타난 '일간현황', '방문분석', '사용자분석' 등을 통해 조회수와 방문자 수, 체류 시간, 이용자 유입 경로, 성별 및 연령대, 인기 있는 글 등을 종합적으로 분석해보고 블로그 운영에 참조하고 개선합니다.

● **일간현황**

실시간 오늘 조회수, 방문횟수, 조회수 순위, 유입경로, 성별/연령별 분포의 일간 지표를 확인할 수 있습니다. 아래로 내려오면 주간, 월간 분석도 확인할 수 있습니다.

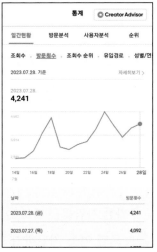

'일간현황'에서 아래로 내려오면 **블로그 예상수익 확인, 블로그 평균 데이터 확인, 모먼트 데이터 분석, 동영상 통계 분석** 탭이 있습니다.

① 블로그 예상수익 확인

블로그나 포스트를 운영하면서 애드포스트에 가입하면 광고로 인한 수익을 올릴 수 있습니다. **블로그 예상수익 확인** 버튼이나 상단의 Creator Advisor를 누르면 '크리에이터 어드바이저(Creator Advisor)' 화면으로 이동합니다. **리워드** 항목에서 블로그와 포스트의 채널별 예상 수익, 영역별 수익 등 다양한 통계를 확인할 수 있습니다.

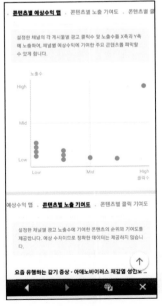

크리에이터 어드바이저는 네이버의 다양한 채널에서 일어나는 통계에 관한 통합 서비스입니다. 내가 관리하는 채널의 통합 데이터를 보여주며, 유입분석, 트렌드, 광고 예상 수익 및 광고 노출 수, 클릭수에 대한 통계를 보여줍니다.

② 블로그 평균 데이터 확인

활동 중인 전체 블로그, 상위 활동 블로그, 내 블로그의 평균 데이터를 확인할 수 있습니다. '비교지표'에서는 전체 블로그와 상위 5만 개 블로그, 내 블로그의 조회수, 방문횟수, 순방문자수, 평균사용시간 등에 관한 평균 데이터를 비교하여 보여줍니다.

'조회수', '게시물 평균사용시간', '시간대 분포', '성별, 연령별 분포', '기기별 분포' 탭에서는 주제별 게시물 상위 1천 개에 대한 평균 데이터를 보여줍니다.

이러한 데이터를 바탕으로 사용자가 어떤 게시글을 많이 보는지, 주제별 평균사용시간과 시간대, 사용기기를 파악하여 블로그 운영에 참조하면 됩니다.

자신이 운영하는 블로그와도 관련하여 주제의 조회수, 게시물 평균사용시간, 시간대, 성별, 연령별, 기기별 분포를 조사한 후 블로그 운영에 참조하면 됩니다.

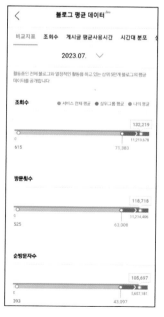
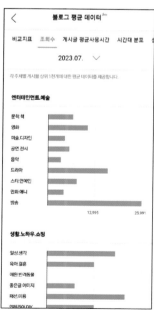
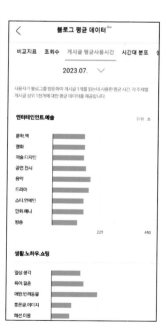

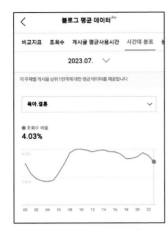
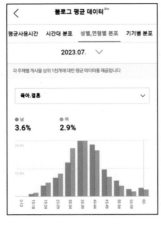
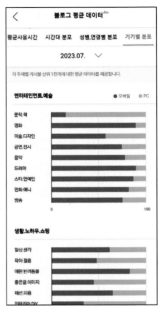

③ 모먼트 데이터 분석

해당 메뉴를 탭하면 크리에이터 어드바이저로 연결됩니다. 블로그 글과 모먼트를 포함한 게시물 전체에 대한 조회수, 방문횟수 등의 데이터를 확인할 수 있습니다.

④ 동영상 통계 분석

해당 메뉴를 탭하면 크리에이터 어드바이저로 연결됩니다. 내 블로그 글에 삽입되어 있는 동영상과 모먼트 콘텐츠에 대한 재생수, 재생수순위, 재생시간, 시청자수, 성별연령별 재생수 데이터를 확인할 수 있습니다.

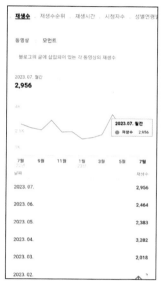

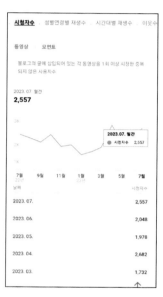

● 방문분석

일간, 주간, 월간 방문기록을 보여줍니다.

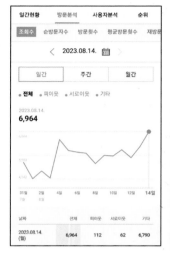

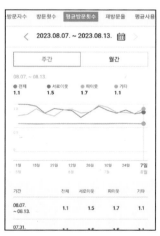

- 조회수: 내 블로그를 방문한 사람이 몇 개의 글을 조회했는지를 보여줍니다.
- 순방문자수: 실제로 내 블로그를 방문한 사람의 수입니다. 중복 방문은 제외됩니다.
- 방문횟수: 사람들이 내 블로그를 방문한 전체 방문횟수입니다.
- 평균방문횟수: 주간/월간 평균 방문횟수입니다.
- 재방문율: 주간/월간 재방문율과 재방문 수를 보여줍니다.
- 평균사용시간: 내 블로그를 방문한 사람들의 평균 체류 시간입니다. 체류 시간을 통해 내 블로그와 글에 대한 방문자의 관심도를 판단할 수 있습니다.

● **사용자분석**

방문자들이 어떤 경로로 들어오게 됐는지 알 수 있습니다. 어떤 시간에 주로 내 글을 읽는 건지 연령대와 성별은 어떤지를 살펴볼 수 있는 곳입니다. 유입분석, 시간대분석, 성별연령별분포, 기기별 분포, 이웃방문현황, 이웃증감수, 이웃증감분석, 국가별 분포 등을 알 수 있는 곳입니다.

▶ **유입분석**: 방문자가 내 블로그에 들어오기 바로 전에 머물렀던 사이트와 경로별 유입비율을 보여줍니다. 이것으로 방문자가 어떤 경로를 통해 내 블로그에 많이 유입되는지를 알 수 있습니다. '검색 유입'에서는 어떤 검색어를 통해 유입되었는지를 확인할 수 있습니다.

유입분석의 자료를 통해 내 블로그의 핵심 키워드를 분석할 수 있고, 어떤 기기에서, 어떤 글을 통해 유입되었는지를 알 수 있습니다.

화면에서 보는 것처럼 대부분의 경우 '네이버 통합검색_모바일'을 통해 유입되고 있습니다.

▶ **시간대분석**: 전체 조회수 분포, 시간대별 조회수, 시간대별 유입경로, 성별, 연령별 분포, 조회수 순위 등을 보여줍니다. 이 통계를 바탕으로 내 블로그에 가장 많은 사람이 모이는 시간대를 파악할 수 있습니다. 그 시간대에 맞춰 글을 발행하면 많은 고객에게 글을 노출할 수 있고 체류 시간도 늘릴 수 있습니다.

▶ **성별연령별 분포**: 내 블로그 고객의 성별과 연령별 분포를 확인할 수 있습니다. 방문자에 대한 통계를 통해 목표로 한 고객이 실제로 내 블로그에 많이 들어오는지를 확인하고 목표 고객을 수정 및 확장할 수 있습니다.

육아 블로그를 운영하면서 여성 고객이 많은 줄 알았는데, 실제로는 아빠인 남성 고객도 적지 않게 들어온다면, 목표 고객을 확장하여 아빠들의 육아에 관한 포스팅 글도 늘리면서 더 많은 방문자의 유입을 유도할 수 있습니다.

▶ **기기별 분포**: 모바일 사용자와 PC 사용자의 분포를 보여줍니다.

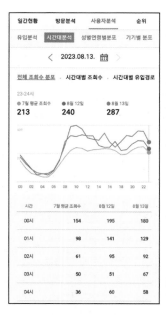
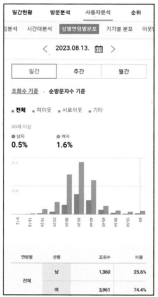
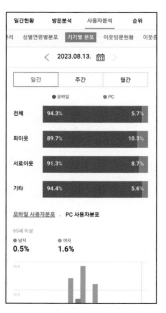

▶ **이웃방문현황**: 이웃과 피이웃의 방문현황을 보여줍니다.

▶ **이웃증감수/이웃증감분석**: 이웃의 증감 현황을 보여줍니다.

● **순위**

　게시물의 순위를 조회수, 공감수, 댓글수별로 확인할 수 있습니다. 100위까지를 보여줍니다. 이것을 통해 내 블로그의 인기글이 무엇인지 알 수 있고, 왜 그런 결과가 나왔는지를 분석해볼 수 있습니다. '주제'를 누르면 어떤 주제로 쓴 글이 많이 클릭되었는지를 통계로 확인할 수 있습니다.

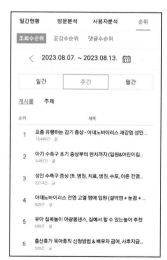  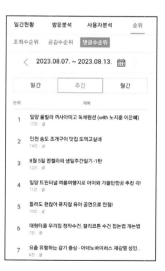

공유 아이콘

공유 아이콘을 누르면 공유하기 화면이 나타납니다.
내 블로그의 URL을 복사할 수 있고, 카카오톡, 라인,
문자, 밴드로 내 블로그의 링크를 보내 초대할 수 있습
니다.

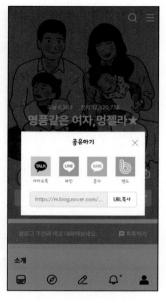

6 **내 블로그**

버튼을 누르면 내 블로그 홈으로 이동합니다.

7 **내소식**

종 모양 버튼을 누르면
'내소식' 화면이 나타납니
다. 여기서 내 블로그의 활
동 소식을 확인할 수 있습
니다.

'알림'에서는 이웃을 신
청한 블로거 수를 확인할
수 있고, '활동'에서는 댓
글, 공감 활동 등을 확인
할 수 있습니다.

'안읽음 보기'를 활성화
하면 읽지 않은 소식만 볼
수 있습니다.

8 글쓰기

연필 모양의 글쓰기 버튼을 누르면 글 작성 화면이 나타납니다. 모바일 화면에서도 PC 화면에서 사용할 수 있는 거의 모든 기능을 사용하여 글 작성을 할 수 있습니다.

① **제목**: 제목을 입력합니다.

② **위치 추가**: 탭하여 장소 검색을 통해 위치 정보를 넣을 수 있습니다.

③ **카메라**: 스마트폰에 저장되어 있는 사진, 동영상, 움짤을 넣을 수 있고, 카메라로 직접 찍어 올릴 수 있습니다.

④ **텍스트**: 문단 서식, 서체, 글자 크기, 정렬, 굵기, 기울기, 밑줄, 글자색, 목록, 글자 배경색, 인용구, 링크, 취소선 등 글자에 다양한 서식을 설정할 수 있습니다.

⑤ **정렬**: 문단 정렬을 왼쪽, 가운데, 오른쪽, 양쪽 정렬로 선택할 수 있습니다.

⑥ **더 보기**: 구분선, 장소, 링크, 파일, 글감 등 더 많은 컴포넌트를 확인할 수 있습니다.

⑦ **저장**: 누르면 작성 글이 임시 저장됩니다. 오른쪽의 숫자는 임시 저장된 글 개수입니다. 누르면 임시 저장 글을 불러올 수 있습니다.

⑧ **스티커**: 스티커를 삽입할 수 있습니다.

⑨ **인용구**: 문단 서식을 인용구로 설정합니다. 여러 개의 인용구 서식을 설정할 수 있습니다.

⑩ **구분선**: 구분선을 입력합니다.

⑪ **장소**: 장소 첨부를 할 수 있습니다.

⑫ **링크**: 글 속에 링크를 삽입할 수 있습니다.

⑬ **파일**: 휴대폰에 있는 파일이나 네이버 MY BOX에 있는 파일을 첨부할 수 있습니다.

⑭ **글감**: 사진, 책, 영화, TV, 공연·전시, 음악 등 글감을 추가할 수 있습니다. 글감을 추가하면 '발행 옵션'에서 카테고리의 '주제 분류'가 자동으로 변경됩니다.

⑮ **템플릿**: 블로그 글 작성을 위한 템플릿을 선택할 수 있습니다. 추천 템플릿, 부분 템플릿, 내 템플릿이 있습니다. 추천 템플릿에는 협찬·리뷰, 여행, 리뷰, 지식·정보, 일기, 순위, 영화, 뷰티, 서평, 육아 등 주제에 따른 글 쓰기 템플릿을 제공합니다.

⑯ **맞춤법 검사**: 탭하면 작성한 글의 맞춤법을 검사할 수 있습니다. 오류가 있는 곳을 표시해주고 바로 수정할 수 있습니다.

⑰ **내 모먼트**: 내가 만든 모먼트를 글 속에 삽입할 수 있습니다.

⑱ **음성 입력**: 탭하고 마이크를 눌러 말을 하면 내용이 텍스트로 입력됩니다.

⑲ **톡톡**: 운영자와 톡톡을 할 수 있는 네이버 톡톡 배너를 삽입합니다. 글 속에 포함된 배너를 탭하면 네이버 톡톡 창이 열립니다.

💬 궁금할 땐 네이버 톡톡하세요!

⑳ **카테고리명·전체**: 글 작성 완료 후 상단의 '카테고리 명·전체'를 탭하면 '발행 옵션' 화면이 열립니다. 여기서 카테고리, 공개 설정, 글쓰기 설정, 태그 편집 등 발행 옵션을 설정합니다.

▶ **카테고리**: 발행할 글의 카테고리를 선택합니다.
카테고리의 맨 아래에는 '주제 분류'가 있습니다. 주제는 선택한 카테고리에 설정해놓은 주제가 자동으로 나타납니다. 주제 분류를 확인하고, 설정해놓지 않았거나 해당 글과 맞지 않다면 **주제 분류**를 눌러 알맞은 주제로 설정해줍니다.

주제 분류는 사용자의 검색 시 노출에 영향을 미치므로 구체적으로 설정해주는 것이 좋습니다. 스페인 여행에 관한 글을 쓰면서 주제 분류를 '주제 선택 안 함'으로 했을 때보다 글의 주제에 맞게 '세계여행'이라고 설정해놓으면 검색 알고리즘에 의해 노출에 유리하게 작용합니다.

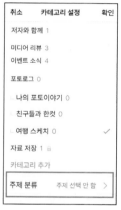

▶ **공개 설정**: 네이버 검색 결과에 글이 노출되어야 하기 때문에 '전체'를 선택합니다. 해당 글의 발행 목적에 따라 전체, 이웃, 서로이웃, 비공개로 설정하면 됩니다.

▶ **글쓰기 설정**: 댓글, 공감, 검색, 외부 공유 허용 등 발행 글에 대한 사용 허용 여부를 설정할 수 있습니다. 특별한 경우가 아니라면 허용으로 설정합니다.

▶ **이 설정을 기본값으로 저장**: 활성화해놓고 글을 발행하면 현재 설정값이 새로운 글을 발행할 때의 기본값이 됩니다.

▶ **태그 편집**: 발행 글의 핵심 키워드를 입력합니다. 최대 30개까지 가능합니다. 태그도 사용자의 검색 시 노출에 영향을 미치는 요소이므로 해당 글과 관련된 핵심 키워드를 입력합니다.

▶ **공지사항으로 등록**: 활성화하면 해당 글이 공지사항에 등록됩니다.

㉑ **등록**: 설정을 완료한 후에 '등록'을 누르면 글이 등록됩니다.

③ 더 보기 메뉴 살펴보기

블로그 화면 상단의 '더 보기' 버튼을 누르면, 앞서 설명한 블로그 첫 화면 메뉴들뿐만 아니라 블로그를 운영하는 데 필요한 많은 메뉴가 있습니다.

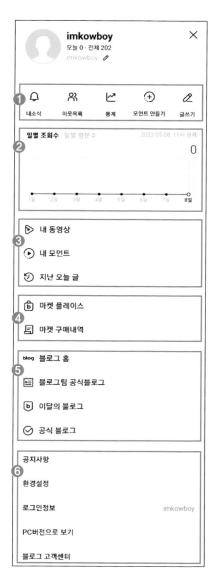

① **상단 메뉴**: 상단 첫 번째 영역에는 자주 쓰임이 있는 '내소식', '이웃목록', '통계', '모먼트 만들기', '글쓰기' 메뉴가 버튼으로 구성되어 있습니다.

② **조회수/방문수**: 8일 단위로 '일별 조회수'와 '일별 방문수'를 볼 수 있는 그래프 지표로, 증감 현황을 한눈에 파악할 수 있습니다.

③ **콘텐츠 영역**: 내 블로그의 동영상이나 모먼트를 볼 수 있고, 오늘 날짜에 쓴 이전 글을 볼 수 있습니다.

④ **마켓 플레이스 영역**: '마켓 플레이스'에서는 블로그 마켓의 제품을 볼 수 있고, 구매내역을 확인할 수 있습니다. '마켓구매내역'을 탭하면 네이버페이의 결제내역으로 이동하여 구매내역을 확인할 수 있습니다.

⑤ **블로그 연관 영역**: '블로그홈', '블로그팀 공식블로그', '이달의 블로그', '공식 블로그'의 바로가기 메뉴입니다.

⑥ **앱 관리 영역**: '공지사항'에서는 업데이트 및 블로그 앱과 관련된 주요 공지사항을 확인할 수 있습니다. '환경설정'에서는 글쓰기와 관련된 설정부터 카테고리 설정, 알림 등을 설정할 수 있습니다. PC화면보다는 디테일하지는 않지만 필요한 것들은 충분히 앱에서도 할 수 있습니다.

4장

네이버
검색 알고리즘을
알고 시작하자

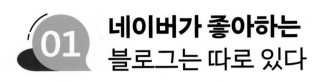

01 네이버가 좋아하는 블로그는 따로 있다

여러분은 왜 네이버 블로그를 하려고 하나요? 누구는 개인의 일상을 기록하기 위해, 누구는 내 물건이나 가게를 홍보하는 공간으로 활용하기 위해, 또 누구는 공식 블로그로서 우리 기업이나 기관을 알리기 위해… 기타 등등 여러 가지 이유가 있을 것입니다. 그런데 이 모든 것은 '노출'이 되어야만 가능합니다. 노출이 되는 블로그는 네이버가 좋아하는 블로그입니다.

1 블로그는 어떻게 노출되는가

사람들은 어떻게 내 블로그를 알고 찾아오는 걸까요? 사용자가 내 블로그로 들어오는 방법은 보통 3가지 경우입니다. 검색, 링크, 브랜딩을 통해서입니다.

검색을 통한 유입

네이버 검색창에 검색어를 입력하여 검색 결과에서 노출되는 글을 클릭해 들어옵니다. 이렇게 유입되는 비율이 가장 높습니다. 대부분의 블로그가 '통계'에서 유입 비율을 살펴보면 검색을 통한 것이 가장 높습니다. 이렇게 사용자의 검색에 노출되어 유입되게 하려면 내 글이 검색 결과 상위에 노출되어야 합니다.(그동안은 VIEW 탭에서 카페 글과 블로그 글이 같이 상위노출 경쟁을 했는데 2024년 2월부터 블로그와 카페 탭으로 분리되어 내 블로그 글이 상위노출 될 확률이 조금 더 높아졌습니다.)

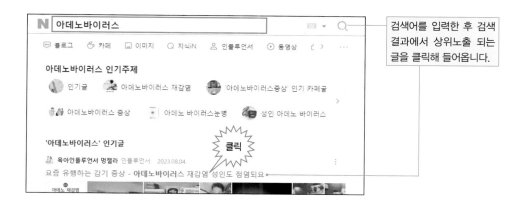

검색어를 입력한 후 검색 결과에서 상위노출 되는 글을 클릭해 들어옵니다.

링크를 통한 유입

내 블로그나 글의 주소를 타 플랫폼에 공유하면 링크를 타고 들어옵니다. 인스타그램, 페이스북, 카페, 트위터 등에 링크를 남길 수도 있고, 네이버 지식in에 올라온 질문에 답변을 달면서 내 블로그의 링크를 남길 수도 있습니다. 이렇게 블로그 링크 주소를 널리 알리고 공유해서 사용자가 유입되게 하는 것입니다.

브랜딩을 통한 유입

내 블로그가 인기가 있고 유명해져 브랜딩이 되면 많은 사람이 나를 기억하고 찾아옵니다. 브랜딩이 되면 '이웃추가'를 한 방문자가 수시로 내 블로그를 방문합니다.

제 블로그도 '멍젤라'라는 별명을 검색해서 들어오는 비율이 꽤 높습니다. 제 블로그의 주소를 몰라도 네이버 통합검색에서 멍젤라를 검색하면 제 블로그가 나오고 이것을 클릭하여 들어옵니다. 이것은 '멍젤라'라는 내 별명이 브랜딩이 되었기 때문에 가능한 것입니다. 브랜딩이 되면 사용자가 알아서 내 블로그를 찾아옵니다.

숏폼(숏클립)을 통한 유입

동영상의 인기에 발맞춰 네이버도 검색엔진의 메인에서 숏폼이라는 짧은 동영상을 보여주기 시작했습니다. 현재는 기수별로 모집하여 그 기수들의 숏폼 영상을 네이버 메인에 노출해줍니다. 2기에 지원하여 합격한 어떤 블로거는 영상이 메인에 노출되자 하루 방문자 수가 2천 명대에서 7천 명대로 늘어났다고 합니다.

숏폼 크리에이터가 되려면 운영 중인 SNS 채널에서 짧은 영상(블로그 모먼트, 인스타그램 릴스, 유튜브 쇼츠 등)을 꾸준히 올리면서 신청을 하면 됩니다.

 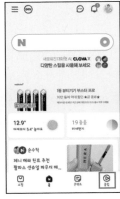 

이상의 방법 중에서 가장 많은 비중을 차지하는 것이 '검색을 통한 유입'입니다. 여기서는 어떻게 하면 내 글을 검색 결과에서 상위노출 할 수 있는지를 알아봅니다.

2 네이버 글은 어떻게 검색되는가?

블로그 글은 어떻게 검색되는 걸까요? 네이버가 좋아하는 블로그가 있는 걸까요?

우리가 네이버에서 검색을 하면 네이버 알고리즘이 수많은 데이터를 분석하여 검색어와 가장 연관도가 높고 적합한 데이터부터 상위에 노출합니다. 따라서 내 블로그 글을 상위에 노출하기 위해서는 네이버 알고리즘이 원하는 것이 무엇인지를 알고, 그것에 맞게 글을 작성하면 됩니다. 그렇다고 네이버 검색 엔진에만 너무 신경 써 의도적으로 키워드만 남발하면서 내용 없는 글을 쓴다면 오히려 검색 엔진에 걸려 노출에서 걸러지게 됩니다.

알고리즘(algorithm)은 문제를 해결하기 위한 방법이나 절차, 명령어들을 모아놓은 것을 말합니다. 네이버 '검색엔진 알고리즘'은 어떠한 검색이 주어졌을 때 어떤 방법이나 순서에 의해 어떻게 결과물을 내놓으라고 네이버가 미리 정해놓은 것입니다. 그 알고리즘이 우리의 글을 판단하는 것입니다.

'검색엔진의 알고리즘'은 대체 어떻게 구성되어 있길래 어떤 사람의 글은 항상 검색이 잘되어 상위노출이 되는 걸까요? 12년 넘게 블로그 글쓰기를 하면서 터득한 것은 블로그 글은 일반적인 글쓰기와는 다른 기술이 필요하다는 것입니다. 글을 잘 쓴다고 해서 블로그 글도 잘 쓴다는 보장은 없습니다. 블로그는 블로그만의 글쓰기 전략이 필요합니다.

네이버가 좋아하는 블로그가 있습니다. 네이버 검색에서 내 글이 잘 노출되게 하는 방법은 어떤 것들이 있는지 이제부터 자세히 알아보겠습니다.

3 블로그 지수를 높이는 방법

블로그 상위노출에 관심 있는 사람이라면 '블로그 지수'라는 말을 많이 들어 봤을 겁니다. 저도 꾸준히 블로그를 운영하면서 최적화 블로그 지수라는 말을 많이 들어 봤고 알고는 있지만, 정확하게 딱 이것이라고 결론지을 수는 없습니다.

네이버에서는 '최적화 블로그'라는 말은 없는 것이라고 말합니다. '저품질'이라는 단어 또한 없는 것이라고 하면서 말입니다. 그에 따라 최적화된 블로그 지수를 높이는 방법 또한 정확하게 밝혀진 것은 없다고 말합니다. 물론 공식적으로 있다고 하더라도 네이버에서는 절대 외부로 유출하지 않을 것입니다. 그렇기에 우리는 대략적으로 유추해볼 수는 있을 뿐 확실하게 딱 꼬집어 말할 수는 없습니다.

요즘은 블로그 지수를 확인해주는 유·무료 프로그램이나 사이트, 앱도 많이 있습니다. 이러한 프로그램은 지수 공식들을 이용하여 방문자 수나 페이지 뷰, 체류 시간

등과 같은 통계자료들을 분석해서 지수를 매깁니다. 이러한 데이터는 참고 자료 정도로만 활용하는 것이 좋을 것입니다.

제가 블로그를 운영하면서 깨달은 블로그 지수라는 것은 '노력에 의한 결과물'의 지표라는 것입니다.

**네이버 블로그 서비스는
많은 이용자들이 함께 모여 소통하는 공간으로,
열린 커뮤니티를 지향합니다.**

1. 네이버 블로그는 나를 표현합니다.
· 네이버 블로그는 나의 생각, 느낌, 관심 등을 기록하여 일상 속의 내 모습을 온라인 공간을 통해 표현하는 개인 공간 서비스입니다.

2. 네이버 블로그는 이웃과 함께 합니다.
· 네이버 블로그는 개인의 성향과 관심사를 표현함으로써 이웃 블로거와 교류할 수 있으며, 보다 다양한 이웃들과 커뮤니케이션하며 친밀하고 건전한 관계를 만들어가는 공간입니다.

3. 네이버 블로그 이용자는 온라인 에티켓을 준수합니다.
· 네이버 블로그에 공개된 수많은 게시물은 네이버 이용자 모두에게 제공되므로, 서로의 취향과 의견을 존중하고, 공개된 게시물에 대한 매너를 지켜주세요.

네이버 블로그 서비스 운영정책(http://blog.naver.com/post/blog_use.htm)

네이버 블로그는 나에 대한 이야기를 쓰는 곳, 이웃과 함께 소통하는 곳, 그리고 온라인 에티켓을 준수하는 곳이라고 말합니다. 이 운영정책 속에 블로그 지수를 높이는 방법이 있습니다. 운영정책은 네이버가 지향하는 바이며, 그 정책에 맞게 쓴 글을 네이버는 좋아합니다. 따라서 운영정책에 맞게 쓴 글에는 높은 지수를 부여하고 검색 결과에서 상위노출을 해줍니다.

상위노출을 위해서는 기본적으로 위의 3가지, 나만의 특색이 있는 이야기를 하는 블로그, 이웃과 소통하는 블로그, 온라인의 에티켓을 준수하는 블로그여야 합니다.

지수를 높이기 위한 방법은 여러 가지가 있는데, 블로그의 **활동성＋인기도＋신뢰성,** 이 모든 것이 높을수록 지수는 높아지게 됩니다.

활동성은 **블로그 운영기간, 포스팅 빈도수, 최신 포스팅**으로 평가됩니다.
인기도는 **블로그의 인기도, 포스팅 주목도**를 말합니다.
신뢰성은 **내용의 충실함, 소통 능력, 활동의 신뢰**들로 이루어집니다.

이러한 지수를 높이기 위해서는 '1일 1포스팅'의 발행뿐만 아니라, 얼마나 좋은 글을 발행하는지가 중요합니다. 내가 포스팅한 글에 얼마나 많은 사람이 머물다가 갔는지, 한 번 방문해서 내 블로그 글들을 얼마나 읽고 갔는지가 중요합니다.

내 블로그에 많은 사람이 방문하고 댓글과 답글을 달면서 소통하면 자연스럽게 내 블로그 지수는 올라갑니다. 많은 블로거가 그것을 알기에 일명 '블로그 품앗이'라고 하여 서로의 블로그에 방문하고 답방을 해주기도 합니다.

네이버 카페에서 검색을 해보면 품앗이와 관련된 글들이 무수히 올라옵니다. 요즘은 카카오 단체톡방들이 운영되면서, 서로의 글에 체류 시간을 늘려주고 공감, 댓글을 달아주면서 품앗이 활동을 하는 경우도 많습니다.

내 블로그가 이웃도 많고, 방문자도 많고, 인기도 좋아 많은 소통이 잘 이루어지면 좋겠지만, 그렇지 못한 경우 블로그 품앗이를 통해 지수를 높이는 방법도 고려해볼 만합니다. 또 내 블로그를 방문해줄 만한 블로그를 찾아 먼저 방문을 하고 댓글로 방문을 부탁하는 것도 좋습니다.

이러한 다양한 노력을 통해 블로그 소통을 하면서 지수를 높일 수 있습니다. 물론 그 전에 내 블로그를 알차고 좋은 내용의 콘텐츠로 구성하는 것이 필수입니다. 그래야만 한 번 방문한 고객이 계속해서 방문하게 될 것입니다.

같은 내용의 글을 포스팅하는 경우, 블로그 지수가 높은 블로그의 글이 상위노출됩니다.

4 좋은 글과 나쁜 글

네이버에서 좋아하는 글과 싫어하는 글은 분명히 있습니다. 좋은 글을 담아내는 블로거에게 높은 지수를 부여하여 상위노출이라는 특혜를 줍니다.

> **ⓘ 좋은 문서**
>
> 네이버 검색이 생각하는 좋은 문서를 설명합니다. 네이버는 다음과 같은 문서들이 검색결과에 잘 노출되어 사용자는 검색 결과에 유용한 정보를 얻고 콘텐츠 생산자는 노력에 합당한 관심을 받을 수 있도록 하기 위해 노력하고 있습니다.
>
> - 신뢰할 수 있는 정보를 기반으로 작성한 문서
> - 물품이나 장소 등에 대해 본인이 직접 경험하여 작성한 후기 문서
> - 다른 문서를 복사하거나 짜깁기 하지 않고 독자적인 정보로서의 가치를 가진 문서
> - 해당주제에 대해 도움이 될 만한 충분한 길이의 정보와 분석내용을 포함한 문서
> - 읽는 사람이 북마크하고 싶고 친구에게 공유/추천하고 싶은 문서
> - 네이버 랭킹 로직을 생각하며 작성한 것이 아닌 글을 읽는 사람을 생각하며 작성한 문서
> - 글을 읽는 사용자가 쉽게 읽고 이해할 수 있게 작성한 문서

네이버 공식 블로그인 네이버 다이어리(https://blog.naver.com/naver_diary)에 나오는 '네이버 검색이 생각하는 좋은 문서! 나쁜 문서?'의 내용입니다.

'좋은 문서'의 내용이 네이버가 추구하는 글의 방향성이라고 보면 됩니다. 위의 사실을 바탕으로 보면 **'내가 직접 경험하고 느낀 것, 신뢰할 수 있는 정보를 담은 글'**을 네이버는 좋아한다는 것을 알 수 있었습니다. 즉 네이버가 말하는 좋은 문서는 직접 경험한 내용을 바탕으로 쓴 글이며, 사람들이 글을 읽고 도움을 받을 수 있는 유익한 글을 말합니다.

'나쁜 문서'는 유해문서와 스팸·어뷰징 문서를 말합니다. 네이버가 싫어하는 글은 의도적인 글쓰기 방법으로 이득을 추구하기 위해 쓴 기계적인 글입니다.

인간관계에서도 그렇듯 블로그의 세계에서도 신뢰도는 하나의 중요한 덕목입니다. 네이버의 문서를 신뢰할 수 없다면 그것은 검색 포털사이트인 네이버의 존폐를 위협하는 문제가 될 것입니다. 따라서 네이버는 끊임없이 로직을 발전시키면서 거짓 정보를 걸러내고 신뢰할 만한 정보를 상위노출로 올려주고 있습니다.

어뷰징 문서

네이버는 매일 수백만 건 이상이 발행되는 UGC(User Generated Contents, 사용자 창작 콘텐츠) 문서 중에서 스팸과 어뷰징 문서를 걸러내기 위해 검색 노출 기준을 강화하고 있습니다. 네이버 UGC 검색(VIEW, 리뷰, 블로그, 포스트, 카페 등)에서는 **C-Rank와 D.I.A., 유사문서판독시스템** 등 여러 알고리즘을 적용하여 결과를 보여줍니다.

심한 어뷰징 문서는 검색에서 자동으로 미노출 처리하고 있으며, 해당 문서가 삭제되었더라도 페널티 이력이 검색 노출에 영향을 주도록 하고 있습니다. 이처럼 어뷰징 문서는 내 블로그의 품질을 떨어뜨려 결국은 글이 노출되지 않게 만듭니다. 의도적이지 않더라도 나도 모르게 어뷰징 문서를 발행할 수도 있으니 주의해야 합니다.

다음은 네이버 알고리즘이 의심하는 어뷰징 문서의 대표적 특성입니다.

① **기계 생성으로 의심되는 문서**: 기계적으로 대량의 글을 생산한 경우나 내용상 앞뒤 문맥이 전혀 맞지 않는 자동 생성기를 사용한 경우 검색 결과 노출이 제한됩니다.

② **본문 내 숨겨진 키워드가 삽입된 문서**: 숨김 태그 속 키워드를 반복 삽입하거나 본문 내 화이트 폰트 등을 반복 입력한 경우 검색 결과 노출에 불이익을 받거나 노출이 제한됩니다. 이 경우 정상적으로 입력한 다른 본문까지 어뷰징으로 의심을 받을 수 있습니다.

③ **비정상적으로 보이는 반복 요소가 삽입된 문서**: 제목과 본문 내에 과도하게 키워드를 반복 입력한 경우 검색 결과 노출에 불이익을 받거나 노출이 제한됩니다. 또 정보성이 없는 단순 배너형 콘텐츠를 도배할 경우도 사용자 선호도가 떨어지니 자제하는 것이 좋습니다. 단, 정상적인 글쓰기 패턴에서 나타날 수 있는 링크된 배너 사용은 크게 문제가 되지 않습니다.

④ **비체험 원고 문서**: 업체에서 전달받은 원고를 편집해 본인이 직접 체험한 것처럼 올리는 행위는 검색 결과 노출에 불이익을 받을 수 있으며 경우에 따라 노출이 제한됩니다. 공정거래위원회에서는 경제적 대가를 받고 작성된 리뷰글에는 대가 관계가 있음을 표시하도록 권고하고 있습니다.

⑤ **매매/대여 등 비정상적 출처에서 생산된 문서**: 그 외 각 개별 서비스의 제공 취지와 부합하지 않는 목적으로 사용된 문서들은 검색 결과 노출이 제한됩니다.

(출처: https://blog.naver.com/naver_search/221570404745)

02 네이버 검색 랭킹
알고리즘

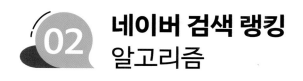

우리가 알고 있는 네이버 알고리즘은 크게 네 가지가 있습니다. 이 알고리즘은 무분별한 광고성 글을 차단하고 사람들이 좋아하는 양질의 글을 보여주기 위해 만들어졌습니다. 광고성, 스팸성 글을 걸러내고 사용자의 검색 의도에 맞는 정확하고 유용한 정보를 보여주기 위해 네이버 검색 랭킹 알고리즘은 계속해서 발전하고 있습니다.

네이버
검색 알고리즘

C-RANK 출처의 신뢰도를 분석[Creator Rank]
+
D.I.A. 문서의 정보성을 분석[Deep Intent Analysis]
+
D.I.A.+ D.I.A.에서 사용자들의 의도에 더 부합하는 정보를 찾아내기 위해서 업그레이드한 알고리즘
+
에어서치 인공지능(AI) + 검색(Search)의 합성어로, 개인 맞춤형 검색 결과를 제공하는 알고리즘

현재 네이버 검색에는 크게 네 가지 알고리즘이 적용되고 있습니다.

알고리즘	분석 대상	분석 내용	상위 랭킹
C-Rank	출처(블로그)	출처의 신뢰도	신뢰도가 높다고 판단된 출처
D.I.A.	개별 문서(콘텐츠)	문서의 정보성	더 많은 정보를 포함하고 있는 문서
D.I.A.+	사용자 선호도가 높은 좋은 문서	키워드별 사용자 선호도	사용자의 구체적인 의도에 맞는 더 정확한 진성 정보의 문서
에어서치	사용자 선호도가 높은 좋은 문서	키워드별 사용자 선호도와 숨은 의도를 세분화하여 분석	연관도 높은 콘텐츠를 스마트블록으로 묶어서 제공

데이터의 양이 늘어나면서 좋은 정보를 찾기 위해서는 출처를 명확히 표시하는 것이 중요해졌습니다. 그래서 네이버는 블로그, 카페, 포스트 등 UGC 문서의 검색에서 주제별 좋은 문서를 생산한 창작자와 출처를 우대해주고 있습니다. 검색 결과에서 출처의 위치를 상단에 나타나게 하여 강조하고 있고, 네이버 통합검색에서 관련 키워드의 인플루언서의 글이 검색 결과에 나타나게 하고 있습니다.

1 검색 모델

네이버 검색 랭킹 알고리즘을 이해하기 전에 먼저 알아야 할 것이 '검색 모델(search model)'입니다.

이용자가 키워드 검색을 했을 때 시스템이 모든 문서를 검토해서 좋은 문서와 나쁜 문서를 판단하는 것이 어렵기에, 이를 평가할 수 있는 기준이 되는 다양한 정보와 패턴이 필요합니다. 이것을 바탕으로 이용자가 찾고자 하는 문서와 그렇지 않은 문서의 표본을 구성한 것이 '검색 모델'입니다.

이 검색 모델을 기준으로 하여 네이버 검색 랭킹이 작동합니다. 네이버 검색 랭킹은 문서에서 파악할 수 있는 요소를 바탕으로 각각의 조건별 가중치를 부여하고, 그 값을 기준으로 순서를 정합니다. 그런데 만약 문서의 표본이 되는 검색 모델이 없다면 의도와는 전혀 다른 결괏값이 나올 것입니다.

예를 들어 '김치'라는 단어는 이용자가 '김치 구매' 또는 '김치 담그는 법'을 찾기 위해 많이들 검색합니다. 그런데 검색 모델을 적용하지 않는다면, 시스템은 김치 담그는 법과는 관련이 없는 단순히 글 속에 김치라는 단어가 들어간 글을 가장 상위에 노출시킬 수도 있습니다. 또 지금 '수입 김치의 유해성 논란'이 이슈라면 그것에 관련된 글이 상위에 노출되어야 하는데, 엉뚱한 결과를 보여줄 수도 있습니다.

네이버에서 '김치'를 검색하면 검색 결과에서 김치 담그는 법에 관한 글이 상위에 올라오는 것은 이렇게 검색 모델이 적용되어 알고리즘이 작동한 결과입니다.

이용자의 요구에 적합한 검색 결과를 위해서는 어떤 문서가 더 적합한 문서인지 판단할 수 있는 단서가 필요하고, 그 단서가 많을수록 더 적합한 결과를 제공할 수 있습니다. 그래서 네이버에서는 문서를 평가할 수 있는 단서와 정보를 바탕으로 만든 '검색 모델'을 적용하여 검색 랭킹의 결과를 보여주고 있습니다.

2 C-Rank

네이버는 2015년 11월부터 블로그, 포스트, 카페글, 리뷰글 등 네이버 UGC 문서의 검색 결과에 '출처의 신뢰도'를 계산해 랭킹에 반영하는 C-Rank 알고리즘을 적용하고 있습니다. 그전에는 '리브라'라는 알고리즘을 랭킹 로직에 적용했는데, 리브라는 '콘텐츠를 얼마나 많이 꾸준하게 발행했는가'에 따라 좋은 블로그와 나쁜 블로그를 구분했습니다. 따라서 콘텐츠의 품질에 상관없이 꾸준히 발행하기만 하면 좋은 블로그로 평가되어 소위 말하는 '최적화 블로그'가 되었습니다. 리브라는 문서의 정확성과 신뢰성을 판단하지 않았기에 광고성, 허위성, 저품질의 글을 상위에 노출시키는 결과를 가져왔고, 결국 사용자는 제대로 된 정확한 정보를 얻을 수 없게 되었습니다. 이에 네이버는 블로그의 신뢰성을 평가하기 C-Rank 알고리즘을 출시했습니다.

C-Rank는 검색 랭킹 로직 중에서 문서 자체보다는 **해당 문서의 출처인 '블로그의 신뢰도'를 평가하는 알고리즘으로, 신뢰도나 전문성을 바탕으로 노출도를 결정합니다.** 블로그의 신뢰도가 얼마나 높은지, 인기가 얼마나 있는지를 판단해서 순위를 평가합니다.

예를 들어 농사를 지으면서 블로그를 운영하는 농부가 쓴 농사에 관한 글은, 좀 더 전문적이고 경험에 의한 사실적인 글이라 여겨질 것입니다. 그러다 보니 글에 대한 반응도 좋고 구독자의 댓글도 많이 달리게 됩니다. 반면 엑셀 실무에 관한 글을 주로 포스팅하는 블로그에서 농사에 관한 글을 포스팅한다면 어떨까요? 좀 생뚱맞을 것입니다. 이 경우 C-Rank 알고리즘만 가지고 따진다면 주제에 부합하는 글을 꾸준히 써온 농부의 블로그에 더 높은 점수가 부여되어 농부의 글이 상위노출 됩니다.

C-Rank는 글의 출처(블로그)를 평가하여 점수를 매겨서 순위를 결정하는 것입니다. 동급의 블로거가 같은 주제의 글을 쓰더라도 C-Rank 점수가 더 높은 블로그의 글이 상위노출 될 확률이 높아집니다.

C-Rank는 '좋은 창작자가 쓴 좋은 글과 연결된 소비와 생산'입니다. 얼마나 좋은 글에 많은 반응이 보이는지를 판단해, 인기 있는 블로그인지를 계산하는 알고리즘이라고 생각하면 됩니다.

C-Rank는 다음의 요소를 종합적으로 계산하여 그 결과를 검색 랭킹에 반영합니다.

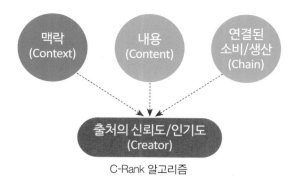

C-Rank 알고리즘

맥락(Context)

주제별 관심사의 집중도(Context)에 대한 평가입니다. 글의 전후 관계를 파악하는 것으로, 해당 출처인 블로그가 해당 글의 주제와 얼마나 연관이 있는 글을 작성하고 있는가를 살펴보는 것입니다.

내용(Content)

생산되는 정보의 품질에 대한 평가입니다. 블로그와 상관없이 문서 자체만을 가지고 평가하는 것으로, 네이버가 가지고 있는 문서와 정보를 기준으로 하여 문서의 퀄리티를 평가합니다. 복사한 문서나 잘못된 정보를 담고 있는 문서를 걸러냅니다.

연결된 소비/생산(Chain)

생산된 콘텐츠는 어떤 연쇄반응을 보이며 소비/생산되는지를 파악합니다. 콘텐츠를 본 이용자들이 어떤 행동을 하는지를 살펴봅니다. 얼마나 체류하고, 댓글을 남기고, 공유하고, 다른 글을 읽어보는지 등 콘텐츠에 유입된 이용자들의 일련의 활동을 파악합니다.

이처럼 C-Rank는 해당 블로그의 주제별 관심사의 집중도(Context), 생산되는 정보의 품질(Content), 생산된 콘텐츠의 연쇄반응과 소비/생산(Chain)을 파악해 이를 바탕으로 해당 블로그가 얼마나 믿을 수 있고 인기 있는 블로그(Creator)인지를 계산하는 알고리즘입니다.

그런데 네이버 검색 랭킹 로직이 C-Rank 알고리즘만을 반영한다면 어떻게 될까요? 그러면 C-Rank 지수가 높은 블로그의 글만 항상 상위에 노출될 것입니다. 글 자체의 품질보다는 글의 출처인 블로그의 품질이 너무 강조되면 글의 품질이 좋지 않더라도 좋은 블로그에서 작성한 글이라면 무조건 상위노출이 되는 폐해가 일어날 것입니다. 그래서 C-Rank 알고리즘은 그동안 검색 결과에 매우 제한적인 영향만 미치도록 운영되었습니다. 그러다가 2016년 네이버는 '네이버 라이브 검색'에서 라이브 검색의 서비스 특징에 맞는 일부 요소를 추가해 'C-Rank'를 외부에 공개했습니다.

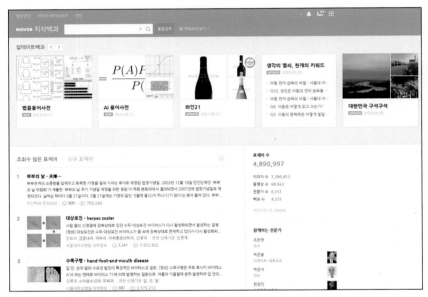

네이버 라이브 검색(https://terms.naver.com/)

'네이버 라이브 검색'은 특정 주제의 검색어에 대해 공통의 관심사를 가진 이용자 간의 정보 네트워크를 찾아내고, 그 안에서 현재 가장 주목받는 문서와 생산자(Creator)의 정보를 찾아 검색 이용자와 생산자 간의 활발한 소통을 특히 강조한 검색입니다.

네이버 라이브 검색에서는 특정 주제에 대한 관심과 집중도가 높은 블로그의 포스트가 검색 결과에서 더 잘 노출되도록 검색 랭킹에서 C-Rank 알고리즘의 결과를 높은 비중으로 반영하고 있습니다. 이렇게 함으로써 현재 이슈가 되고 관심과 집중이 되고 있는 내용의 글이 상위에 오도록 하는 것입니다.

네이버 라이브 검색에 적용된 C-Rank와 블로그 검색에 적용된 C-Rank가 같다고 할 수는 없지만, 블로그 검색에서도 점차 C-Rank의 비중을 늘려가고 있습니다.

C-Rank 알고리즘에서 블로그의 신뢰도와 인기도를 측정하는 핵심은 해당 블로그가 **'특정 주제에 관해서 얼마나 깊이가 있는 좋은 콘텐츠를 생산해내는가'**입니다. 따라서 C-Rank에서 좋은 점수를 얻으려면 의무적으로 포스팅하는 무미건조한 일상글보다는 특정 주제에 관한 전문성을 살린 글을 작성하는 것이 좋습니다. 검색 결과에 C-Rank 알고리즘 반영 비율을 높일수록 더욱 그렇습니다.

현재 블로그 C-Rank가 지수를 매길 때 참고하는 데이터는 다음과 같습니다.

항목	설명
BLOG Collection	블로그 문서의 제목 및 본문, 이미지, 링크 등 문서를 구성하는 기본 정보를 참고해 문서의 기본 품질을 계산
네이버 DB	인물, 영화 정보 등 네이버에서 보유한 콘텐츠 DB를 연동해 출처 및 문서의 신뢰도를 계산
Search LOG	네이버 검색 이용자의 검색 로그 데이터를 이용해 문서 및 문서 출처의 인기도를 계산
Chin Score	웹문서, 사이트, 뉴스 등 다른 출처에서의 관심 정도를 이용해 신뢰도와 인기도를 계산
BLOG Activity	블로그 서비스에서의 활동 지표를 참고해 얼마나 활발한 활동이 있는 블로그인지를 계산
BLOG Editor 주제 점수	딥러닝 기술을 이용해 문서의 주제를 분류하고, 그 주제에 얼마나 집중하고 있는지 계산

＊ C-Rank에서 참고하는 항목들은 알고리즘 개선을 위해 계속 변경 적용됩니다.

〈현재 블로그 C-Rank 알고리즘에서 참고하는 데이터〉

(출처: https://blog.naver.com/naver_search/220774795442)

C-Rank는 블로그 검색에 사용하는 기본적인 데이터뿐만 아니라 사이트, 인물 정보 등 다양한 데이터를 참고하여, 블로그 주제에 대한 집중도와 이용자 인기도를 계산하여 랭킹에 반영합니다.

결론적으로 C-Ranak 알고리즘에 의하면, **다양한 일상 주제에 관한 글을 포스팅하는 것보다는 특정 주제에 관한 자신만의 글을 많이 포스팅하는 것이 검색 결과에서 유리하게 작용한다고 볼 수 있습니다.** 우리가 블로그를 운영할 때 자신만의 주제를 정하고 그와 관련된 글을 쌓아가라고 말하는 이유입니다.

C-Rank는 주제를 기반으로 출처의 신뢰도와 인기도를 평가합니다. 이 과정에서 주제를 분류하고 검색에 영향을 미치도록 하고 있습니다. 현재 네이버 블로그의 주제는 총 32개가 있습니다. 우리가 블로그 글을 발행할 때 '주제 설정'에서 선택하는 32개의 주제가 그것입니다.

주제 설정

주제를 선택하면 내블로그와 블로그 홈에서 주제별로 글을 볼 수 있습니다.
주제를 선택하지 않아도 '블로그 홈 > 주제별 글보기 > 전체'에서 볼 수 있습니다.

엔터테인먼트·예술	생활·노하우·쇼핑	취미·여가·여행	지식·동향
문학·책	일상·생각	게임	IT·컴퓨터
영화	⦿ 육아·결혼	스포츠	사회·정치
미술·디자인	반려동물	사진	건강·의학
공연·전시	좋은글·이미지	자동차	비즈니스·경제
음악	패션·미용	취미	어학·외국어
드라마	인테리어·DIY	국내여행	교육·학문
스타·연예인	요리·레시피	세계여행	
만화·애니	상품리뷰	맛집	
방송	원예·재배		

작성한 블로그 글은 딥러닝 기술을 통해 글의 제목과 내용을 바탕으로 어떤 주제에 해당하는지 판단하여 주제가 부여됩니다. 이렇게 문서마다 부여된 주제를 통해 해당 블로그가 어떠한 주제에 대해 꾸준히 글을 작성해 왔는지를 파악하여 알고리즘은 출처의 신뢰도 지수를 매깁니다.

■ C-Rank 알고리즘 글쓰기

C-Rank 알고리즘과 관련하여 글쓰기 요령은 다음과 같습니다.

▶ 단순히 포스팅 수가 많다고 좋은 건 아닙니다. **주제와 관련된 좋은 글을 발행하는 것이 중요합니다.**

▶ **하나의 블로그에 여러 주제의 글을 써도 괜찮습니다.**

하나의 블로그에서 여러 가지 주제에 관한 글을 포스팅하면 다양한 주제의 블로그가 될 수 있습니다. 하지만 너무 많은 주제를 다루는 것은 지양하는 것이 좋습니다. 좋은 콘텐츠를 생산하는 블로그들은 특정 주제에만 집중하는 경우가 많습니다. 저는 처음에는 '뷰티/패션'을 주제로 글을 써다가 지금은 '육아'에 관한 글을 포스팅하고 있습니다. 이렇게 한 블로그에서 여러 주제의 글을 지속적으로 포스팅하면 모든 주제에서 C-Rank 점수가 높아집니다.

▶ **처음 쓰던 주제와 다른 주제의 글을 써도 상관없습니다.**

하지만 갑자기 새로운 주제로 바꾸어 짧은 기간에 많은 글을 작성하면 어뷰징 행위로 인지될 수 있습니다. 이럴 때는 전에 사용하던 주제에 관한 글도 간간이 포스팅하면서 점차 새로운 주제에 관한 글의 비중을 높여가면 됩니다.

이처럼 C-Rank 알고리즘의 핵심은 '특정 주제에 관한 양질의 글을 꾸준히 포스팅하면서 소통하는 것'입니다. 그러면 내 블로그의 C-Rank 점수가 높아지고, 내가 발행하는 글이 상위에 노출될 것입니다.

3 D.I.A.

출처의 신뢰도를 검색 결과 랭킹에 반영하는 C-Rank를 보완하기 위해, 문서 자체의 경험과 정보성을 분석해 랭킹에 반영하는 로직이 D.I.A.(Deep Intent Analysis, 다이아) 로직입니다.

D.I.A.는 네이버의 데이터를 기반으로 키워드별로 사용자가 선호하는 문서들에 대한

점수를 랭킹에 반영합니다. 문서의 주제 적합도, 경험 정보, 정보의 충실성, 문서의 의도, 상대적인 어뷰징 척도, 독창성, 적시성 등의 여러 요인이 복합적으로 반영됩니다.

D.I.A.는 문서 하나하나를 분석하여 검색자에게 도움이 되는 정보가 상위에 노출되도록 합니다. **문서가 그 주제와 적합한 글인지, 경험한 내용이 충분히 담겼는지, 실제로 사용한 정보를 바탕으로 쓴 것인지, 자신만의 독창적인 글인지를 판단하는 로직이라고 생각하면 됩니다.**

예를 들어 제왕절개 출산에 관한 글을 포스팅하면서 글 내용에 셀카 몇 장과 병원 사진만 보여준다면 사람들의 반응이 어떨까요? 산모들은 제왕절개 수술을 하기 전에 겪는 것들, 아픔의 정도, 회복 속도, 수술 시간 등등 제왕절개 수술에 대한 정보와 실제 겪은 후기가 궁금해서 검색을 했는데, 그러한 내용이 없다면 바로 이탈해버릴 겁니다. 이런 글은 D.I.A.에서 좋은 점수를 받지 못합니다. 이처럼 D.I.A. 로직은 사람들의 선호도가 이 문서에 얼마큼 적용되느냐를 생각하면서 점수를 부여하게 됩니다.

D.I.A. 로직은 검색한 사람에게 도움이 되는 좋은 정보가 많은 문서를 좀 더 상위에 노출합니다. 또 검색어에 따라 검색 시점, 문서 작성 날짜에 랭킹이 더 민감하게 반응하기도 합니다.

D.I.A.와 C-Rank는 검색 랭킹에서 상호 보완적인 역할을 하면서 더 신뢰할 수 있는 문서를 상위에 노출하고 있습니다. 따라서 C-Rank 점수가 조금 부족한 블로그에서도 좋은 문서를 작성해 D.I.A. 점수를 높인다면 상위노출이 가능합니다.

〈질의별 C-Rank와 D.I.A. 점수 사이의 관계〉

(출처: https://blog.naver.com/naver_search/221297090120)

4 D.I.A.+

D.I.A. 알고리즘에서 좀 더 업그레이드한 것으로, 검색자의 의도를 좀 더 세밀하게 분석해서 검색되게끔 하는 로직입니다.

기존의 D.I.A. 모델에 사용자의 구체적인 의도에 맞는 더 정확한 진성 정보와 출처를 찾아내기 위해 딥 매칭과 패턴 분석, 동적 랭킹 등이 반영되었습니다. D.I.A.+ 알고리즘에서는 검색 의도에 맞는 문서를 먼저 보여줍니다.

D.I.A.+ 알고리즘은 다음과 같이 작동합니다.

- **질의 의도 분석기**: 의미 기반 클러스터링과 학습을 통해 질의 패턴을 분석합니다.
- **문서 패턴 분석기**: 문서의 구조, 본문 텍스트, 이미지 정보 등으로부터 추출된 새로운 패턴 피처들을 D.I.A.+ 랭킹 로직에 활용합니다.
- **문서 확장 모듈**: 의미적으로 대체가 될 만한 단어를 문서에 추가함으로써 문서와 검색어의 매칭 확률을 높이고 검색품질을 높입니다.
- **D.I.A.+ 랭킹**: 다양해진 패턴 피처들과 사용자 피드백을 통해 질의 의도에 적합한 문서인지 유동적으로 파악해 다채로운 검색 결과를 제공합니다.
- **피드백 반영**: 계속 새로운 데이터를 반영해 학습되고 개선됩니다.

네이버의 검색은 사용자들의 경험, 의견, 리뷰를 잘 보여줄 수 있도록 알고리즘이 적용되고 있는데, D.I.A.+에서는 이러한 사용자 질의에서 더 좋은 검색 결과를 제공하기 위해 기존보다 강화된 질의 의도 분석 결과가 사용되고 있습니다. 즉, '무엇을 찾는 질의인가'에 더하여 '그 질의가 검색에서 다루는 경험, 의견, 리뷰에 포함되는가'라는 사용자들의 질의 의도가 추가로 분석됩니다.

D.I.A.+는 검색어와 매칭된 결과를 제공하는 것을 넘어서, 사용자 의도를 깊게 분석하여 더 구체적이고 정확한 내용을 포함한 믿을 수 있는 문서와 출처를 보여주기 위한 알고리즘입니다.

5 에어서치와 스마트블록

2021년 10월, 네이버는 그동안 사용해오던 검색 시스템인 '통합검색'의 비중을 줄이고 AI를 기반으로 하는 검색 시스템인 '에어서치(AiRSEARCH)'를 출시했습니다. 핵심 내용은 개인 맞춤형 검색 결과 제공이라고 할 수 있습니다.

에어서치는 UGC, 로컬, 쇼핑 등 여러 영역에서 '스마트블록'을 제공하고 있습니다.

'스마트블록'은 사용자마다 찾고자 하는 콘텐츠가 각기 다른 검색어의 경우, 기존의 네이버 검색이 제공하던 이미지·동영상·쇼핑·지식iN 등 정형화된 컬렉션이 아닌, **탐색 의도나 추천 중심의 검색 결과를 블록으로 보여주는 것을 말합니다.** 즉 하나의 검색어에 대해 각기 다른 검색 의도를 AI로 분석해 검색 결과를 제공하는 것입니다.

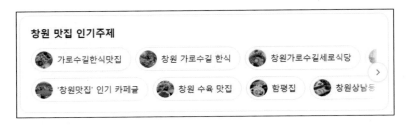

네이버에서 '창원 맛집'을 검색하면 네이버는 검색자의 의도를 조금 더 빨리 파악하고 주제를 세부적으로 나누어 제시해줍니다. 한 영역에서 그 키워드를 세밀하게 나누어 검색자들이 원하는 분야가 무엇인지 보여주는 것입니다. 창원 맛집이라는 검색어 안에는 음식의 종류에 따라 세부 주제가 나누어질 수 있습니다. 그러한 검색자의 의도를 파악하여 그 검색어를 검색하는 사람들이 진짜 궁금해할 하위 카테고리들을 쉽게 클릭해서 검색할 수 있도록 주제를 세분해서 제시합니다.

스마트블록의 세부키워드는 다양한 키워드와 검색자들의 의도를 파악하고 대응하면서 수시로 노출 결과가 변경됩니다. 그리고 검색하는 사람에 따라서 다른 결과를 보여주기도 합니다. 성별이나 현재 위치, 연령 등을 고려해 에어서치를 적용하고 있습니다.

스마트블록은 초보 블로거에게는 반가운 소식입니다. 그동안 잘나가는 일부 블로거가 거의 독점하다시피 하던 키워드 검색 결과 영역에서, 스마트블록은 키워드 세분화와 개인 맞춤형 검색 결과를 제공함으로써 더 많은 블로거에게 노출의 기회를 주고 있습니다.

블로그를 운영하는 우리는 그 분위기에 맞춰 발빠르게 대응하고 적응해야 합니다. 예전에는 대표키워드 하나에만 집중했다면, 지금은 네이버에서 대표키워드를 검색해서 '인기 주제' 스마트블록이 제시하는 세부 주제를 핵심키워드로 삼아 글을 쓰면 됩니다. 이 키워드를 제목이나 본문에 넣어 글을 작성하여 스마트블록의 세부 주제에서 내 글이 상위노출이 되게 하는 것입니다.

키워드마다 스마트블록에서 제시하는 세부키워드의 개수는 천차만별입니다. 스마트블록이 적용되지 않는 키워드도 있습니다. 네이버는 이러한 페이지들을 통합페이지에서 보일 수 있도록 스마트블록을 점차 확대해나가고 있습니다.

또 통합검색의 연관검색어처럼 '함께 많이 찾는' 주제도 스마트블록으로 보여주고 있습니다.

함께 많이 찾는 ⓘ		
창원 용호동 가로수길 맛집	창원 성산구 상남동 맛집	창원 중동 어반브릭스 맛집
귀산 맛집	창원 가로수길 한식 맛집	창원상남동맛집 윌슨988

네이버는 검색자들의 편의를 위해 새롭게 변화하고 있습니다. 블로거는 여기에 발맞추어 다양한 키워드에서 내 블로그가 노출될 수 있도록 고민하며 글을 써야 합니다.

5장

키워드 찾기와
상위노출 전략

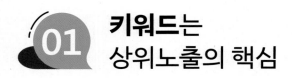

01 키워드는 상위노출의 핵심

네이버 블로그의 통계를 보면 '검색을 통한 유입'이 가장 많은 것을 알 수 있습니다. 이 검색에 사용하는 단어가 '키워드'인데, 온라인 마케팅에서 키워드는 기본으로 알아야 하는 중요한 요소입니다.

사용자가 검색창에 입력하는 키워드를 내 글 속에 포함해야 내 글이 검색에 노출되고 사용자가 유입됩니다. 이 키워드를 어떻게 잡느냐에 따라서 내가 쓴 글의 클릭수가 달라집니다.

1 키워드의 정의와 종류

키워드는 '데이터를 검색할 때, 특정한 내용이 들어 있는 정보를 찾기 위해 사용하는 단어나 기호'를 말합니다. 우리가 무언가를 찾을 때 검색창에 입력하는 모든 것이 키워드가 됩니다. 예를 들면 물건 구매와 장소 찾기, 궁금점 해결 등을 위해 검색창에 입력하는 '원피스', '찢어진 청바지', '어린이 장난감', '키즈풀빌라', '소풍도시락' 등도 키워드이고, 인스타그램의 태그 #홍대맛집, #강남성형 등도 키워드가 됩니다.

네이버 블로그는 검색을 기반으로 노출되기에, 어떤 키워드를 내 글에 접목하고, 그 키워드를 가지고 본문을 어떻게 꾸며내느냐에 따라서 방문자 수가 달라집니다.

키워드는 그 성격에 따라 '대표키워드'와 '세부키워드'로 나눠볼 수 있습니다.

대표키워드는 '전체를 대표하는 포괄적이고 일반적인 키워드'를 말합니다. 검색량이 많고 경쟁이 치열한 키워드입니다.

세부키워드는 대표키워드에서 더욱 '세분화된 구체적인 키워드'를 말합니다. 대표키워드보다 검색량이 적고 경쟁 정도가 낮은 키워드입니다.

핵심키워드는 여러 개의 세부키워드 중에서도 '콘텐츠와 관련해 중심이 되는 좋은 키워드'를 말합니다. 핵심키워드는 판매나 노출 등에 직접 영향을 미치는 키워드로, 어느 정도의 검색량은 있지만 경쟁 정도는 대표키워드만큼 높지 않은 키워드입니다. 글의 중심 내용을 말해주는 키워드로 내 블로그 글을 상위에 노출시키기에 좋은 키워드라고 생각하면 됩니다.

이렇게 대표키워드, 핵심키워드, 세부키워드를 잘 찾아서 글 속에 녹여내어야 내 글을 상위노출시킬 수 있습니다.

제목	창원 스시맛집 추천해요	남친을 위한 시원한 여름 청반바지
대표키워드	창원맛집	청바지
핵심키워드	창원스시맛집, 창원일식집	남성여름청바지, 청반바지, 시원한청바지
세부키워드	창원상남동맛집, 창원밥집	남성청바지, 찢어진청바지, 스판청바지, 남자스판청바지, 편한청바지

② 키워드를 어떻게 사용할 것인가

네이버 블로그에서의 키워드는 무엇일까요? 일단 많은 사람이 궁금해서 네이버 검색창에 입력하는 단어를 생각하면 됩니다. 블로그에 글을 쓰고 제목을 지을 때는 '내가 만약 검색자라면' 어떤 단어로 검색할지 생각해보면 됩니다.

맛집 후기를 쓰려고 하는데 키워드를 어떻게 잡아야 할까요?

월간검색수를 보고, 많은 사람이 검색하는 '창원맛집'이라는 키워드를 써야겠다고 마음먹을 수 있습니다. 하지만 이제 막 블로그를 시작

전체추가	연관키워드 ②	월간검색수 ②	
		PC ⏷	모바일 ⏷
추가	창원맛집	7,470	81,900
추가	상남동맛집	2,800	27,100
추가	창원밥집	270	3,540
추가	상남동밥집	350	3,670

했다면, 블로그에 채워진 글 수가 아직 현저하게 적다면, 최적화된 블로그가 아니라면 저렇게 경쟁력이 높은 키워드로 글을 썼을 때 내 글이 과연 노출될까요?

지금 최적화가 되어 있는 제 블로그에서도 '창원맛집'이라는 대표키워드로만 글을 쓰면 1페이지 노출을 장담할 수 없습니다. 그렇다면 내 글을 조금이라도 많은 사람이 클릭하게 하려면 어떤 키워드를 잡는 게 좋을까요?

이 경우 키워드를 조금 더 세분화해 잡을 필요가 있습니다. '창원상남동밥집', '창원스시맛집', '창원스시추천' 등 경쟁력이 약한 세부키워드로 발행하는 것이 좋습니다. 그러면 '창원맛집'이라는 경쟁력 높은 키워드에서의 싸움보다 훨씬 더 내 글이 노출될 확률이 높아집니다. 만약 내 글이 창원 상남동에 있는 스시집에 관한 글이라면 '창원스시맛집', '창원일식집', '창원스시추천' 등이 '핵심키워드'가 될 수 있을 것입니다.

물론 핵심키워드를 선정할 때는 키워드의 검색량과 경쟁 정도(검색량 대비 발행물 수)를 잘 고려해서 결정해야 합니다. 이 중에서 저는 경쟁 정도에 좀 더 중점을 두라고 말하고 싶습니다. 아무리 검색량이 많은 키워드라 하더라도 내 글이 노출되지 않으면 아무도 못 보지만, 검색량이 적더라고 누군가가 검색하는 키워드에서 노출된다면 내 글을 읽는 사람이 있기 때문입니다.

인기 있는 키워드를 사용하면 방문자 수가 늘어날 것이라는 착각에 빠져서는 안 됩니다. 오히려 아무 키워드에도 노출되지 않아 세부키워드를 사용했을 때보다 효과가 떨어집니다. 따라서 대표키워드와 핵심키워드, 세부키워드를 적절히 사용해야 상위노출을 노려볼 수 있습니다. 검색량이 적은 키워드를 사용한다고 해서 방문자가 아예 없는 것은 아닙니다. 분명히 그 키워드로 검색하는 사람이 있고, 그러면 내 글이 그 키워드에서 상위에 노출될 것입니다.

어떤 키워드를 전략적으로 사용하여 쌓아나가느냐가 기술입니다. 경쟁력이 적은 키워드부터 쌓아나가다 보면 조회수도 늘고 방문자 수도 늘어날 것입니다. 그렇게 시작된 블로그는 점차 신뢰를 얻게 되고, 최적화 블로그의 문턱을 넘게 될 것입니다.

처음부터 잘되는 블로그는 없습니다. 모든 것은 노력의 결과입니다. 처음에는 경쟁력이 낮은 키워드에서 시작해 내 글이 상위노출이 계속해서 이어진다면, 그때는 한 단계 업그레이드해서 대표키워드도 노려볼 수 있을 것입니다.

③ 키워드 분석방법

키워드를 분석할 수 있는 사이트가 있습니다. 이들 사이트에서는 키워드의 월간 검색량과 콘텐츠 발행 수, 경쟁 정도 등 여러 지표를 확인할 수 있습니다.

1) 네이버 검색광고

1. 네이버 초기화면 하단에 있는 **비즈니스·광고 → 광고 → 검색 광고**를 클릭하면 '네이버 검색광고' 페이지(https://searchad.naver.com/)가 나타납니다. 네이버의 광고를 집행할 수 있는 곳인데, 광고를 진행하지 않더라도 이곳에서 블로그 운영에 필요한 키워드를 서치할 수 있으니 가입하는 것을 추천합니다.

2. 네이버 검색광고 페이지에서 **광고플랫폼 → 도구 → 키워드 도구**를 클릭합니다.

3. 키워드 도구 화면에서 원하는 키워드를 조회할 수 있습니다. '키워드' 항목에 키워드를 입력하고 **조회하기** 버튼을 클릭하면 조회 결과가 나옵니다.

4. 조회한 키워드와 비슷하거나 연관된 키워드를 보여주고 있어서 키워드를 선택하는 데 많은 도움을 받을 수 있습니다. 이곳에서 검색을 해보면서 제목에 사용할 1차 키워드와 2차 키워드를 잡을 수 있습니다.

다음은 '아기주방놀이'를 조회한 화면입니다. 여기서 '월간검색수'를 '모바일' 높은 순서대로 정렬해서 많이 검색하는 키워드가 무엇인지 파악합니다.

전체추가	연관키워드	월간검색수		월평균클릭수		월평균클릭률		경쟁정도	월평균노출광고수
		PC	모바일	PC	모바일	PC	모바일		
추가	아기주방놀이	270	4,210	0.8	5	0.30%	0.13%	높음	15
추가	원목주방놀이	420	6,160	2.3	76.5	0.55%	1.30%	높음	15
추가	주방놀이	1,780	24,400	3.9	298.3	0.23%	1.24%	높음	15
추가	심대케노피	410	3,670	3.9	51.3	0.99%	1.52%	높음	15
추가	피에스타주방놀이	720	1,200	3.7	109.8	0.52%	1.02%	높음	15
추가	주방놀이세트	540	7,310	1.5	98.3	0.28%	1.41%	높음	15
추가	아기행거	210	3,320	0.6	46.5	0.29%	1.51%	높음	15
추가	컬러타일	590	490	0.5	0.3	0.10%	0.07%	높음	15
추가	손인형	360	2,000	3.1	13.5	0.90%	0.72%	높음	15
추가	DIY장난감	20	100	0	0	0.00%	0.00%	높음	3
추가	원목소꿉놀이	50	670	0.2	8.3	0.39%	1.28%	높음	15

월간검색수, 월평균클릭수, 경쟁 정도 등의 정보를 확인할 수 있습니다. 여기에 나오는 통계 자료는 네이버가 광고 영역의 정보를 기반으로 한 것입니다.

- 월간검색수: 통합검색 기준으로 최근 한 달간 네이버에서 해당 키워드를 검색한 횟수
- 월평균클릭수: 최근 한 달간 사용자가 해당 키워드를 검색했을 때 통합검색 영역에 노출된 광고가 받은 평균 클릭수
- 월평균클릭률: 최근 한 달간 해당 키워드로 통합검색 영역에 노출된 광고가 받은 평균 클릭률(클릭수÷노출수 = 클릭률(%))
- 경쟁 정도: 최근 한 달간 PC 통합검색 영역 기준 광고의 경쟁 정도
- 월평균노출광고수: 최근 한 달간 사용자가 해당 키워드를 검색했을 때, PC 통합검색 영역에 노출된 평균 광고 개수

이러한 자료를 블로그 글쓰기에도 참고하고 적용할 수 있습니다. 네이버가 운영하는 검색 사이트이기 때문에 신뢰도가 높으며, 가장 먼저 검색을 해봐야 하는 곳입니다.

5. 내가 쓰고자 하는 글과 관련 없는 키워드도 보일 것입니다. 오른쪽에 있는 **필터 → 필터 만들기**를 클릭합니다. 그러면 조건에서 내가 원하는 단어를 '포함'하거나 '제외'하면서 원하는 키워드만 볼 수 있습니다. 여기서는 '주방놀이' 연관키워드를 '포함'하는

필터를 설정하고 '적용'을 클릭했습니다.

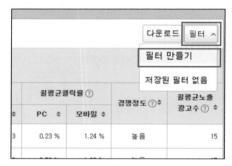
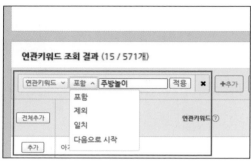

전체추가	연관키워드 ⑦		월간검색수 ⑦	
			PC ◆	모바일 ▾
추가	주방놀이		1,780	24,400
추가	피에스타주방놀이		720	11,200
추가	주방놀이세트		540	7,310
추가	원목주방놀이		420	6,160
추가	주방놀이소품		240	4,800
추가	스텝2주방놀이		240	4,590
추가	아기주방놀이		270	4,210
추가	주방놀이장난감		220	2,220
추가	하페주방놀이		60	1,310
추가	주방놀이추천		80	1,190
추가	피에스타원목주방놀이		50	770
추가	유아주방놀이		80	630
추가	어린이주방놀이		60	550
추가	아기원목주방놀이		< 10	120

'월간검색수'를 '모바일'순으로 살펴봅니다. 그중에서 내가 쓰고자 하는 글과 관련 있는 적절한 키워드를 1차 키워드로 잡습니다. '경쟁 정도'가 높을수록 광고비가 비싼 키워드이며, 관련 글도 많이 올라온다는 뜻입니다.

2차 키워드는 경쟁력은 높지 않지만 검색수는 적절히 이루어지는 키워드로 잡는 것이 좋습니다. 위의 결과를 바탕으로 제가 제목을 짓는다면 이렇게 짓겠습니다.

'원목 주방놀이 장난감 추천 아기가 좋아해요!'

　　이렇게 여러 가지의 연관키워드를 조합하여 제목을 지으면, 여러 가지 키워드로 들어올 확률이 높아집니다. 하지만 이제 막 블로그를 시작한 초보라면 기억할 건 한 가지입니다. '한 놈만 노리자!'입니다. 앞에서 말씀드린 것과 같이 높은 검색량을 나타내는 키워드는 그만큼 경쟁 정도가 높고 블로그 글도 많습니다. 따라서 경쟁이 심한 키워드는 버리고 핵심키워드를 딱 하나만 잡도록 해봅니다. 큰 욕심을 부리지 말고 하나만 잘 잡자라는 마음으로 글을 쓰는 것입니다. 제가 초보자라면 이렇게 쓰겠습니다.

'아기 원목주방놀이 너무 좋아해요!'

2) 키워드마스터

　　키워드마스터(https://whereispost.com/keyword/)에서 '아기주방놀이'와 '유아주방놀이'를 검색한 화면입니다. 키워드마스터라는 사이트에서는 PC와 모바일의 한 달 검색량과 총조회수, 블로그 문서수를 확인할 수 있습니다.

　　위의 결과를 보면 '아기주방놀이'의 경우 총 조회수는 4,480이지만 문서수는 148,260입니다. 이에 반해 '유아주방놀이'의 경우 총 조회수는 710이지만 문서수는 68,698입니다. 여기서 내 글이 상위노출 되기 위해서는 조회수와 문서수를 비교해봤을 때 경쟁력이 낮은 키워드를 핵심키워드로 잡고 글을 쓰면 노출에 유리하다는 걸 알 수 있습니다. '아기주방놀이'가 '유아주방놀이'에 비해 경쟁력이 낮은 편입니다.

　　'엑셀 다운로드' 버튼을 클릭하면 자료를 엑셀 파일로 다운로드할 수 있습니다. 엑셀 파일에서 정렬을 바꿔가며 비교해보면서 내가 원하는 키워드를 선정하면 됩니다.

3) 블랙키위

블랙키위(https://blackkiwi.net/) 사이트에서 '아기주방놀이'를 검색한 결과입니다.

이 사이트에서는 키워드의 '최초 등장일'부터 '월간 검색량', '월간 콘텐츠 발행량', '월 예상 검색량', '콘텐츠 포화지수', '연관 키워드', '섹션의 배치순서', '뷰탭 혹은 스마트블록의 주제별로 톱 7위까지의 콘텐츠' 등을 보여줍니다.

'연관 키워드'에서는 해시태그를 원하는 형식으로 추출하여, 붙여넣기를 하여 바로 사용할 수 있습니다.

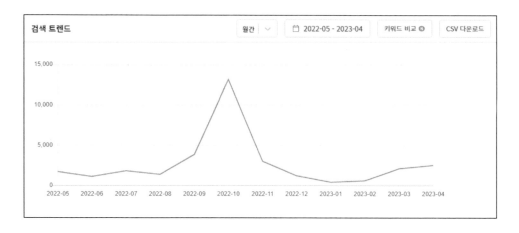

블랙키위는 필요한 데이터를 여러 사이트에서 검색하면서 취합해야 하는 수고를 덜 수 있는 사이트입니다. 키워드에 대한 세부적인 분석이 필요할 때 편리한 사이트입니다.

또 이곳의 장점은 월별 인기키워드를 확인할 수 있어서, 1년 중 어느 달에 어떤 키워드로 글을 발행할지에 대한 참고 자료를 얻을 수 있습니다.

위 화면은 '창원축제'라는 키워드를 검색해본 결과인데, 1년 중 10월에 검색량이 가장 많은 것을 알 수 있습니다. 그렇다면 '창원축제 Best5'라는 제목의 글을 검색량이 높아지기 직전인 8월 말쯤부터 10월 사이에 미리 작성을 해두면 좋습니다. '창원축제'라는 키워드는 방문자를 늘리기에 좋은 황금키워드가 됩니다.

4) 그 외 키워드 참고 사이트

그 외 다양한 키워드 사이트가 있습니다. 여러 가지 사이트에서 자신이 원하는 데이터를 찾아 글쓰기에 참고하면 됩니다.

▶ **카똑똑**

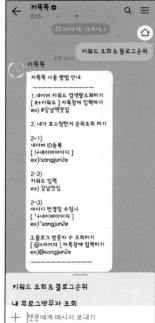

카카오톡에서 '카똑똑' 검색 후 '친구추가'를 한 후 채팅방에서 궁금한 키워드를 #○○○이라고 입력하면 네이버에서의 검색량을 바로 알려줍니다. 그 외에 나의 포스팅 순위 조회 및 블로그 방문자 수도 조회할 수 있습니다.

▶ **키자드** https://keyzard.org/

▶ **마피아넷** https://www.ma-pia.net/keyword/keyword.php

▶ **아이템스카우트** https://www.itemscout.io/

02 나만의 키워드 찾기

아무리 좋은 키워드라도 나와 어울리는 게 있고, 그렇지 않은 것이 있습니다. 검색량이 많고 경쟁자가 적은 키워드라 하더라도 내가 사용할 수 없다면 그림의 떡입니다. 반면 검색량이 적더라도 발행물이 많지 않고, 내 글에 사용할 수 있는 키워드라면 나에게는 좋은 키워드가 될 것입니다.

내 글에 사용할 수 있고, 사용자의 검색에서 내 글을 상위노출 해줄 수 있는 키워드가 좋은 키워드입니다.

1 내가 사용자라면?

앞서 키워드를 분석하고 찾는 방법에 대해서 설명했습니다. 그런데 사실 키워드를 찾을 때 가장 먼저 생각해야 할 것은 이것입니다.

'내가 만약 검색을 한다면 뭐라고 할까?'

하루에도 수십 번, 네이버 포털사이트를 열어가면서 나는 어떤 단어를 검색하고 있는지 검색 내역을 확인해봅니다. 그곳에 키워드가 숨겨져 있습니다. 나의 검색 패턴은 어떻게 되는지 잘 생각해보고 분석해보면 내가 쓰는 글의 방향도 잡힐 것입니다.

둘째 아이가 분유를 너무나 안 먹어서 힘들었던 시기가 있었습니다. 아이가 안 먹으니 영양이 부족해져 수북하던 머리카락은 마치 골룸처럼 빠지기 시작했습니다. 하루에 보통 800~1000ml의 분유를 먹어야 하는 시기에 겨우 500ml를 그것도 잘 때 억지로 겨우겨우 먹여야 했습니다. 속상해서 블로그에 육아 일기를 쓰게 되었는데, 저와 같은 고민을 하는 엄마들이 많다는 걸 알았습니다.

'분유 안 먹는 아기'로 한동안 검색량이 꾸준히 있었고, 엄마들의 댓글이 많이 달렸습니다. 지금은 어떤지, 지금은 잘 컸는지, 건강한지에 대한 질문을 해오는 엄마들이 여전히 있습니다.

이처럼 제목을 지을 때나 글을 쓸 때 '나라면 어떻게 검색할까'를 생각해보고 글을 작성하면 좋습니다. 내가 궁금한 것은 남들도 궁금해하기 때문입니다.

어렵게 생각할수록 고민은 점점 더 산으로 가고, 글은 하루에 하나씩 쓰기가 어려워만 집니다. 편안하게 마음먹고 내가 오늘은 어떤 글을 검색했는지, 어제는 또 어떤 단어를 검색했는지 돌아보고 그것에 관한 정보들을 담아보기 바랍니다.

2　인플루언서 키워드 노리기

네이버가 좋은 글과 사진, 우수한 정보를 제공하는 네이버 블로그 우수자에게 부여하던 '파워블로거'라는 호칭이 사라진 지도 많은 시간이 흘렀습니다.(네이버 파워블로거는 2008년부터 2014년까지 시행했으며, 이제는 선정하지 않습니다.)

그러면서 네이버는 '인플루언서'라는 이름으로 관심 분야별 전문 창작자들에게 전문 블로거의 지위를 부여하고 있습니다. 그들에게 전문적인 키워드로 전문적인 글을 생산해내도록 하는 것입니다. 인플루언서는 최신성을 바탕으로 전문화된 글에 순위를 매기면서 좋은 콘텐츠 창작을 독려하고 있습니다.

관심 분야별 전문 창작자인 인플루언서가 되기 위해서는 해당 분야의 주제에 관한 글들만 꾸준히 쓰면서 블로그를 채워 나가야 합니다. 인플루언서가 되면 네이버가 제시하는 그 분야의 키워드에 도전하여 글을 쓰는 '키워드 챌린지'에 참여하여, 내가 그 인플루언서 사이에서 얼마큼의 영향력을 가졌는지 내 글의 순위를 확인할 수 있습니다.

인플루언서들은 제목을 지을 때 요즘 '키워드 챌린지'에 어떤 키워드가 등장하는지 먼저 검색해보고 짓습니다. 육아를 예로 들면 글을 쓰는 현재, 육아 키워드는 4200여 개가 등록되어 있습니다. 이 중 내가 쓰고자 하는 글과 관련된 키워드는 1개에서 많게는 5~6개까지 선택해 등록할 수 있습니다.

얼마나 적절하게 제목을 짓느냐에 따라, 얼마나 제목과 연관성 있게 본문 글을 쓰는지에 따라서 키워드 챌린지의 순위가 결정됩니다.

예를 들어 육아 분야 키워드 챌린지의 '참여하기' 버튼을 눌러 검색란에 '장난감'이라는 키워드를 검색해봅니다. 그러면 장난감과 관련된 각종 키워드를 네이버에서 육아 인플루언서에게 미리 제시해준 목록이 보입니다. 그 중에서 내가 쓰고자 하는 본문과 관련된 키워드가 어떤 것인지 결정하여 글을 쓰면 도움이 됩니다.

만약 내가 쓰고자 하는 키워드가 없다면 키워드를 직접 제안할 수도 있습니다.

'키워드 제안하기'로 제안하고 검토 후 오픈이 되면 내가 제안한 키워드로 키워드 챌린지에 참여할 수 있습니다.

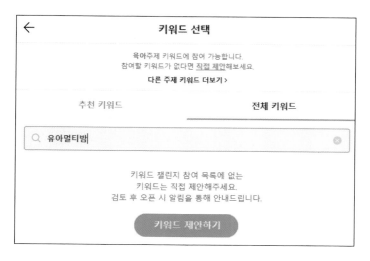

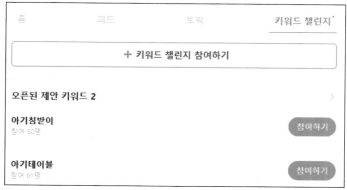

인플루언서는 현재 12개의 대카테고리 안에 20개의 세부카테고리로 주제가 나뉘어져 있습니다.

여행 / 스타일(패션, 뷰티) / 푸드 / 테크(IT, 자동차) / 라이프(리빙, 육아, 생활건강) / 게임 / 동물펫 / 스포츠(운동레저, 프로스포츠) / 엔터테인먼트(방송연예, 대중음악, 영화) / 컬처(공연 전시예술, 도서) / 경제비즈니스 / 어학교육

인플루언서로 선정되기 전이라도 키워드 인플루언서홈(https://in.naver.com/keywords)에서 분야별 키워드를 검색해보면 내가 쓰고자 하는 글과 관련된 키워드를 확인할 수 있습니다.

인플루언서는 내가 속한 대카테고리의 키워드 챌린지에 참여할 수 있습니다. 예를 들어 내가 육아 인플루언서라면 육아 키워드뿐만 아니라, 대카테고리인 '라이프' 분야의 '리빙', '생활건강' 키워드에도 참여할 수 있습니다. 키워드챌린지는 블로그 글처럼 등록만 하면 노출되는 것이 아니라, 내가 쓴 글로 직접 참여해야만 노출 경쟁이 시작됩니다. 인플루언서로 뽑힌 사람들만의 경쟁이라 상위노출이 비교적 블로그 탭보다 쉽긴 하지만, 그만큼 쟁쟁한 경쟁자가 많아 오랜 시간 머무르지 못한다는 단점이 있습니다. 키워드 챌린지의 글은 통합검색의 '인플루언서' 탭에 노출되며, 상위 1~3위에게는 금·은·동 왕관 표시가 붙습니다.

여기서 네이버가 어떤 키워드들을 제시해주는지, 그리고 인플루언서들은 어떤 것을 주제로 잡고 글을 쓰는지를 파악해보고, 내가 쓸 글의 제목과 주제, 키워드를 결정하면 됩니다.

03 최적화 블로그로 끌어올리자

최적화, 최적화하는데 도대체 최적화 블로그는 어떤 블로그일까요? 최적화(最適化)란 '어떤 것에 가장 알맞게 만들다'는 뜻으로, 네이버 최적화 블로그는 네이버 블로그가 원하는 것에 가장 알맞게 운영되고 있는 블로그라는 뜻입니다.(물론 '최적화 블로그'라는 말은 공식적인 말은 아닙니다.) 굳이 말하자면 C-Rank 등 네이버 검색 로직에서 좋은 점수를 얻는 블로그라고 할 수 있습니다.

1 네이버 알고리즘의 변화에 대처하자

'최적화 블로그'라는 말은 '리브라' 검색 알고리즘이 적용되던 시기(2012년~2015년)에 나왔습니다. 리브라는 '꾸준한 포스팅 여부'를 평가 근거로 삼았기 때문에 한두 달 정도 지속해서 글을 발행하면 어렵지 않게 최적화 블로그가 될 수 있었습니다. 그때는 최적화 블로그가 되면 무슨 글을 쓰든 어렵지 않게 상위노출 시킬 수 있었습니다. 네이버가 글의 정확성이나 신뢰성은 평가하지 않았기 때문입니다.

이로 인해 네이버 검색 결과는 신뢰성을 잃게 됩니다. 그래서 네이버는 2015년 11월, C-rank라는 새로운 알고리즘을 발표했습니다. 리브라가 단순히 '얼마나 많은 글을 꾸준히 포스팅했느냐'를 보는 것이었다면, C-rank는 '같은 카테고리(주제)에 얼마나 집중해서 글을 썼느냐'를 평가했습니다. C-rank가 적용되면서 최적화 블로그라는 말도 사라졌다고 볼 수 있습니다. 그 후 문서 자체의 퀄리티를 평가하는 D.I.A.와 D.I.A.+

알고리즘이 나오면서, 네이버의 검색 로직은 좀 더 정확하고 신뢰성 있는 검색 결과를 만들어 내었습니다.

2019년 말에는 검색 결과에 AI를 적용한 '에어서치'가 등장했습니다. 그것을 기반으로 기존의 통합검색의 결과 화면을 2023년부터는 '스마트블록'화하고 있습니다.

현재 네이버는 C-Rank, D.I.A., D.I.A.+, 에어서치 검색 알고리즘을 적용하여 **블로그 자체의 신뢰도 + 개별 콘텐츠의 품질 + 트렌드 반영 + 사용자 맞춤형** 검색 결과를 제공하고 있습니다. 이제는 소위 말하는 최적화 블로그라고 해서 무조건 상위노출이 되는 것은 아닙니다.

네이버는 소수의 콘텐츠 창작자가 키워드를 독식하는 것을 바라지 않습니다. 다수의 창작자가 더 다양한 키워드에서, 더 전문적인 내용으로 경쟁하면서 플랫폼을 풍성하게 만들기를 바랍니다. 그런 방향으로 검색 로직을 계속 개선하고 있습니다.

블로거는 이러한 네이버의 검색 랭킹 알고리즘을 이해하고 발빠르게 대처해야 합니다. 상위노출은 결국 네이버의 로직이 해주는 것입니다.

우리가 편의상 말하는 '최적화 블로그'는 지금까지의 블로그 활동을 통해 네이버로부터 신뢰를 얻고 있는 블로그입니다. 사용자들에게 인기를 얻고 있는 블로그이기 때문에 글을 쓰면 상위에 노출될 확률이 높아집니다.

그러면 네이버에 최적화된 블로그는 어떤 블로그일까요. 어떻게 해야 내 블로그가 최적화 블로그가 될 수 있을까요?

기본적으로 최적화 블로그를 만들기 위해서는 ① **네이버가 좋아하는 글**, ② **검색 사용자들이 좋아하는 글**을 ③ **꾸준히 포스팅**해야 합니다.

글을 지속적으로 포스팅하되, 블로그 주제와 키워드에 맞는 글을 포스팅해야 합니다. 사용자가 좋아하는 글인지는 체류 시간, 댓글, 공감, 스크랩 등 사용자들의 활동을 바탕으로 네이버 알고리즘이 판단합니다. 즉 블로그가 인기가 있고 신뢰가 있어야 최적화 블로그가 됩니다.

2 블로그도 사람 사는 곳

블로그를 오래 운영하다 보면 나와 같이 하루에 하나씩 꾸준히 글을 쓰는 사람이 많다는 것을 알게 되고, 그들과 끈끈한 유대관계가 형성되는 것을 느낄 것입니다. 각 주제에 맞는 단체 톡방도 많이 있고, 여러 정보를 주고받으며 서로가 온오프라인에서 연결되어 새로운 인간관계가 형성됩니다. 저는 블로그 덕분에 지금의 남편을 만나 결혼까지 하게 되었습니다.

네이버 블로그는 이웃과의 정이 정말로 중요한 곳입니다. 내 블로그의 인기 지수에 영향을 주고, 블로그의 신뢰도를 높일 수 있는 가장 중요한 요소가 사람이기 때문입니다. 애정 이웃들이 많아지고 그들과 꾸준히 소통하면, 서로 상생하며 블로그를 최적화 단계로 끌어올리는 좋은 경험을 하게 될 것입니다.

새로운 블로그에 쓴 첫 글과 이웃들의 댓글

저는 운영하던 블로그가 저품질에 빠져 삭제하고 지금 운영 중인 블로그를 새로 개설했습니다. 그 당시 이전 블로그에서의 애정 이웃들이 새로운 블로그에 바로 찾아와 주고 댓글과 공감, 체류 시간을 늘려준 덕분에 금세 최적화 단계까지 끌어올릴 수 있었습니다.

1) 이웃 vs 서로이웃

'이웃'과 '서로이웃'의 차이는 무엇일까요? **이웃**은 자신의 선택만으로 추가할 수 있습니다. 관심 블로그를 즐겨찾기 해놓는 것과 같습니다. 원하는 사람의 글을 구독하고 볼 수 있도록 이웃 추가를 하는 것은 상대방의 허락을 받지 않아도 됩니다.

하지만 **서로이웃**은 상대방의 동의가 필요합니다. 서로이웃은 신청과 동의 절차를 통해 맺어지는 관계입니다. 서로이웃 신청을 했을 때 상대방 블로거가 나를 서로이웃으로 수락해줘야만 서로이웃이 됩니다. 서로이웃이 되면 나와 상대방 블로거가 서로 이웃이 되는 것입니다. 인스타그램으로 친다면 이웃은 팔로우라고 생각하면 되고, 서로이웃은 맞팔로우라고 생각하면 됩니다. 서로가 서로를 '이웃'으로 추가한다고 해서 서로이웃이 되는 것은 아닙니다. 서로의 블로그를 즐겨찾기한 것과 같을 뿐입니다.

블로그 글은 이웃 관계에 따라 공개 범위를 설정할 수 있기 때문에 가까운 사이의 블로거들끼리 서로이웃을 맺게 됩니다. '이웃 공개'로 설정한 글은 '내가 이웃으로 추가한 블로거'에게 공개되고, '서로이웃' 공개 게시글은 '내가 서로이웃으로 추가한 블로거'에게 공개됩니다.

네이버 블로그는 이웃과 서로이웃, 그리고 내가 이웃 신청 중인 사람을 포함하여 최대 5천 명까지 추가할 수 있습니다. 만일 이웃의 수가 5천 명을 넘어 관리가 필요할 때는 나를 추가한 이웃을 차단하면 됩니다. PC에서 내 블로그에서 **관리 → 기본 설정 → 이웃 관리 → 나를 추가한 이웃**에서 해당 이웃을 선택하고 **차단**하면 됩니다.

이웃은 억지로 늘리려 하지 않아도 열심히 글을 채워나가면서 활동하면, 내 글을 구독하는 이웃 수가 늘어나고, 서로이웃을 신청해오는 사람도 자연스럽게 늘어납니다.

이웃은 나와 비슷한 주제를 가진 사람들과 이웃을 맺은 커뮤니티에서 구할 수도 있고, 차근차근 늘려갈 수 있으니 이웃 맺는 일에 너무 스트레스를 받지 않아도 됩니다.

2) 이웃커넥트 위젯으로 관리하기

이웃을 한눈에 편리하게 관리할 수 있도록 내 블로그 메인에 위젯을 설치할 수 있습니다.

내 블로그 → **관리** → **꾸미기 설정** → **레이아웃·위젯 설정**에 들어갑니다. **메뉴 사용 설정**에서 **이웃커넥트**를 선택하고 원하는 위치에 위젯을 설치하면 블로그 메인에서 확인할 수 있습니다. 이웃커넥트에 있는 **EDIT**를 눌러서 위젯의 설정을 내가 원하는 대로 바꿀 수 있습니다. 설정 후에는 **저장**을 클릭합니다.

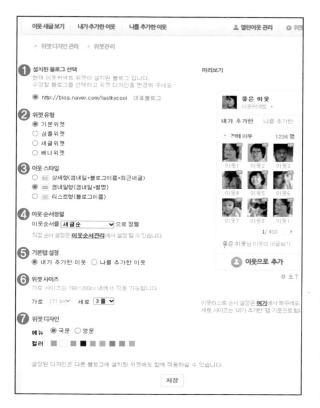

① **설치된 블로그 선택**: 위젯이 설치된 블로그를 선택합니다. 대표블로그가 주로 선택되어 있습니다.

② **위젯 유형**: 위젯 디자인 유형을 선택할 수 있습니다.

③ **이웃 스타일**: 이웃목록이 어떻게 보이게 할 것인지를 선택합니다.

④ **이웃 순서정렬**: 이웃이 보여지는 순서를 새글순/가나다순/등록일순/직접 설정순으로 선택할 수 있습니다.

⑤ **기본탭 설정**: 내가 추가한 이웃을 먼저 보이게 할 것인지, 나를 추가한 이웃을 먼저 보이게 할 것인지를 정할 수 있습니다.

⑥ **위젯 사이즈**: 가로 크기와 세로 줄 수를 지정할 수 있습니다. 가로는 170px 정도가 적당합니다. 세로는 2줄에서 10줄까지 지정할 수 있는데, 옆 위젯들의 사이즈를 고려해서 지정해주면 됩니다.

⑦ **위젯 디자인**: 메뉴를 한글, 영문으로 할 것인지, 컬러를 어떤 색으로 할 것인지를 지정합니다.

3 챌린지 프로그램 놓치지 않기

네이버는 챌린지 프로그램을 진행하면서 블로그나 모먼트를 꾸준하게 운영할 수 있는 주제들을 던져주고 있습니다. 챌린지 프로그램들을 통해서 여러 가지 혜택을 주면서 참여를 유도합니다. 추첨을 통해 해외여행을 보내주기도 하고, 네이버페이를 제공하기도 합니다. 그렇게 혜택을 주면서 잠자고 있는 유저들을 깨우고 흩어져 있는 SNS 유저들을 다시금 네이버로 끌어들이고 있습니다.

이러한 챌린지에 도전하는 것도 글쓰기 습관을 기르는 방법 중의 하나입니다.

블로그를 운영하다 보면 어떤 주제로 글을 써야 할지 막막할 때가 많습니다. 이렇게 숏폼이나 주간일기 챌린지, 체크인 챌린지 등등 그때그때 열리는 네이버의 챌린지에 도전하면 글감에 대한 고민도 해소할 수 있고, 블로그 운영에도 도움이 됩니다.

챌린지 도전도 새로운 소통 방식 중의 하나입니다. 특히 초보 블로거의 경우 네이버가 제시하는 것을 잘 따라 해준다면 네이버는 더없이 좋아할 것입니다.

4 블로그 이벤트 열기

이벤트는 네이버 블로그에서 제대로 된 서로이웃을 구할 수 있는 좋은 방법입니다. 단발성이긴 하지만 방문자 수를 늘릴 수 있고 주목을 끌 수 있습니다.

저는 새 블로그를 개설하고 블로그에서 재능기부 이벤트를 진행했습니다. 홈페이지형 블로그로 꾸며주는 이벤트였는데, 생각보다 많은 사람이 참여했습니다. 그 덕분에 서로이웃을 빨리 모았고, 소통이 활발하게 이루어지면서 '찐 이웃'들을 많이 모아 활발한 블로그로 거듭날 수 있었습니다.

이벤트를 할 때는 기한을 정해두고 해당 글을 본인의 블로그로 스크랩해 가도록 조건을 겁니다. 그래야 그 블로그에 접속한 사람들이 내 이벤트

글을 볼 수 있을 테니까요. 그렇게 그들은 이벤트에 참여하면서 자연스럽게 내 블로그를 홍보해주게 됩니다.

이렇게 블로그 초창기에 빠르게 블로그를 성장시켜준 것 중의 하나가 블로그 이벤트였습니다. 이벤트를 통해 서로이웃을 많이 만들었습니다. 새로운 사람들에게 나를 알리는 쉬운 방법 중 하나가 바로 이벤트를 여는 것입니다.

재능기부도 좋지만 기프티콘이나 선물을 나눠주는 이벤트도 많은 참여를 이끌어낼 수 있는 좋은 방법입니다. 뷰티 블로거는 뷰티 제품 나눔을, 육아 블로거는 육아용품 나눔 이벤트를 진행하기도 합니다. 이런 식으로 블로그에서 이벤트를 종종 열면서 내 블로그에 활력을 불어넣는 시기를 가지면 블로그의 성장에 많은 도움이 됩니다.

5 페이지 뷰 늘리는 법

공지글에 등록하기

페이지 뷰를 늘리는 방법은 여러 가지가 있는데, 내 블로그에서 활용할 수 있는 것 중의 하나가 '공지글로 등록하기' 기능입니다. 주목해야 할 글, 혹은 방문자가 관심을 가지고 봐야 할 글이 있다면 내 블로그 상단에 고정으로 노출할 수 있습니다.

공지글로 등록하고자 하는 글의 내용 하단에 있는 **설정** 버튼을 클릭하여 **공지사항에 등록**을 클릭하면 해당 글이 공지사항으로 등록됩니다.

블로그 글을 발행할 때 바로 공지글로 등록할 수도 있습니다. 글을 쓴 후 **발행** 버튼을 누르면 **공지사항으로 등록** 항목이 있는데 여기를 체크하고 발행하면 바로 공지사항으로 등록됩니다.

SNS에 공유하기

다음으로 블로그 글을 SNS에 공유하는 방법입니다.

내가 운영하는 다양한 SNS에 블로그 글을 퍼뜨리는 것입니다. 그러면 여러 경로를 통해 유입이 일어나고 내 페이지 뷰는 늘어납니다. 자신이 운영하고 있는 트위터, 인스타그램, 페이스북 등에 내 글을 공유하여 친구의 방문을 유도하여 페이지 뷰 수를 늘려가면 됩니다. 블로그의 게시글이 많이 공유될수록 신뢰도는 점점 쌓일 것입니다.

내 블로그 글을 SNS로 공유하는 방법은 쉽습니다.

블로그 글의 하단에 보면 화살표 모양의 공유 버튼이 있습니다. 이것을 클릭하면 여러 SNS에 확산을 유도할 수 있는 '내보내기' 기능이 있는데, 카페, 라인, 트위터, 페이스북, 카카오톡, 밴드 등으로 공유가 가능합니다. 또 'URL 복사'로 본문의 주소를 복사해서 퍼가기도 가능합니다.

내 블로그 글 페이스북에 공유하기

6 오늘의 TOP에 오르는 법

네이버 메인에는 '블로그'라는 섹션이 있습니다. 블로거들의 공간입니다. 그곳에 가면 '주제별보기'에서 '주제별 TOP'을 확인할 수 있습니다. 오늘 하루 쓴 글들 중에 관심과 주목을 받은 글이 메인 상단에 노출되어 소개됩니다. 이렇게 소개되면 방문자 수나 페이지 뷰는 평소보다 좀 더 높아지는 효과가 있습니다.

내가 쓴 오늘의 글이 어떤 주제에서 주목을 받아 상단에 걸렸는지를 확인하는 재미도 쏠쏠합니다. 제 글은 이곳에 걸리는 경우가 종종 있습니다. 누군가가 확실하게 답을 내려준 것은 아니지만 제 경험에 의하면 글을 올렸을 때의 주목도가 상당히 영향을 미치는 것 같습니다. 글을 올렸을 때의 주목도와 공감수, 그리고 체류 시간이 가장 영향을 미치는 것으로 판단됩니다. 내 글에 얼마나 많은 사람이 반응을 해주는지에 따라 인기 척도가 매겨집니다. 이곳 역시 이웃들의 도움이 큽니다.

이렇게 주목을 받기 위해서는 내 블로그에 사람이 많이 들어오는 시간대를 파악해서 글을 올리는 것이 중요합니다. 내 블로그의 유입 시간을 파악해서 글을 쓰는 것도 블로그 TOP에 오를 수 있는 하나의 방법입니다.

7 상위노출 성공 사례

1) 네이버 메인 소개

상위노출이 되거나 네이버 메인에 노출되면 일명 '떡상' 하는 경우가 생깁니다. 평소 몇백씩만 들어오던 방문자가 어느 날 몇만이 찍히는 경험을 하게 되는데, 그런 경우 상위노출에 성공했다고 할 수 있습니다. 주로 네이버 메인에 글이 실리면 많이 경험하게 되는데, 저도 메인에 실렸을 때 많은 사람이 블로그를 방문했습니다.

네이버 메인에 실린 저자의 글

네이버 메인은 주로 진솔한 이야기에 관한 글을 좋아하고 노출해줍니다. 제품 이야기나 리뷰는 소개되는 경우가 거의 없다고 보면 됩니다. 사람 사는 이야기, 삶에 관한 소소한 이야기를 실어주는 경우가 많습니다.

네이버의 '뭐하지'판이 2023년 1월부터는 '요즘여기'판으로 바뀌었는데, 여기서는 아이들과 친구, 연인과 방문하기 좋은 여행지를 소개하는 경우 메인에 실리는 경우가 있습니다. 최근 제 글이 이 판의 메인에 실린 적이

있었는데, 네이버 메인에서의 유입이 꽤 있었던 날이었습니다.

'리빙'의 경우 인테리어나 생활 속 지혜들이 자주 메인에 소개되곤 합니다. 이렇게 메인에 오르게 되면 많은 사람이 이웃 신청을 해오고 많은 댓글이 달리게 됩니다. 새로운 방문자들이 오기 때문에 그만큼 스팸성 광고 댓글이나 이웃 추가가 늘어나기도 하지만, 확실히 이웃을 늘릴 수 있는 좋은 방법입니다.

2) 이슈되는 키워드를 노려라

계절마다, 달마다 사람들이 많이 찾는 키워드가 있습니다. 그 시기에 사람들이 많이 검색하는 키워드를 사용하여 글을 쓰면 방문자 수를 늘릴 수 있습니다.

저도 특정 시기에 이슈가 되는 키워드를 사용해 혜택을 본 적이 있습니다. 아이들 질병 관련 키워드였습니다. 아이들이 유치원을 다니면서 단체 생활을 하다 보니 그때 유행하던 여러 바이러스에 걸리게 되었고, 그 경험을 솔직하게 적은 후기를 올렸습니다. 아이들을 돌보느라 고생은 했지만 하루하루의 증상과 호전되는 과정을 사진과 함께 포스팅했습니다. 글을 본 엄마들은 안심이 된다며 좋은 정보를 올려줘서 감사하다는 댓글을 달아줬습니다. 공감과 댓글, 체류 시간이 늘어났고 글은 엄청난 인기를 얻었습니다. 이슈가 되는 키워드를 사용하여, 실질적인 경험을 담은 진정성 있는 글을 올린 덕분이었습니다.

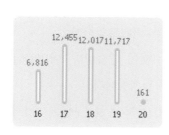

유입경로				
메인 유입경로			상세 유입경로	
네이버 통합검색_모바일	75.88%		아데노바이러스	37.65%
네이버 뷰검색_모바일	11.18%		눈꼽감기	8.24%
네이버 검색_스마트블럭	4.71%		아데노바이러스 눈꼽	2.94%
네이버 플레이스_모바일	2.35%		육아휴직 급여	1.76%
네이버 이미지검색_모바일	1.18%		감기	1.18%
네이버 인플루언서검색_모바일	1.18%		눈꼽 바이러스	1.18%

방문자의 대부분은 모바일 통합검색에서 이슈가 되는 키워드를 검색해 들어온 것을 확인할 수 있습니다. 그때 유행하던 아기 눈꼽감기, 열감기가 '아데노바이러스' 감

염에 의한 것이 많아 이슈 키워드가 된 것입니다. 당시에 많이 검색하던 '아데노바이러스', '눈꼽감기' 등 이슈 키워드를 사용함으로써 방문자 수가 자연스럽게 늘어났습니다. 더불어 애드포스트의 수입 또한 늘어났습니다.

이렇게 사람들이 관심 있어 하는 키워드를 캐치하여 글을 쓰면 많은 방문자를 유입시킬 수 있습니다.

★ 매월 이슈가 되는 키워드

1월	새해 인사말, OO년 공휴일, 최저시급,
2월	유치원 & 어린이집 준비물, 설날, 설특선영화, 지방 쓰는 법, 설인사, 밸런타인데이, 밸런타인데이 선물, 졸업선물
3월	입학선물, 입학준비물, 화이트데이, 화이트데이 선물
4월	벚꽃개화시기, 벚꽃축제, 봄꽃 명소, 봄꽃 축제
5월	어린이날, 어버이날, 스승의날, 선물추천, 선물, 여행지추천
6월	장마, 장마기간, 수족구, 수족구증상
7월	복날, 삼계탕, 여행지추천, 가족 펜션
8월	여름방학, 여름휴가, 휴가지추천, 휴가지, 가볼만한곳
9월	단풍시기, 축제, 태풍
10월	추석, 추석특선영화, 지방 쓰는 법, 지역축제, 처음 학교로, 유치원
11월	빼빼로데이, 수능
12월	크리스마스, 스키장, 축제, 새해인사말, 연말인사말, 연말파티, 선물

이 외에 공휴일이나 국경일과 관련된 키워드도 인기 있는 키워드입니다. '국기게양법'이라든지 '국기게양시간' 등도 클릭률을 증가시킬 수 있는 키워드입니다.

시즌 키워드는 해당 시즌이 오기 전에 포스팅을 해두는 것이 좋습니다. 어버이날 선물을 사람들은 당일보다는 일주일쯤 전에 미리 생각하고 검색합니다.

내가 궁금해하는 것은 다른 사람들도 궁금해합니다. 이런 정보성 글을 매월 주기적으로 포스팅하면 조회수를 올리는 데 도움이 됩니다.

6장

결국 상위노출은
글쓰기에 달렸다

01 블로그 글쓰기를 위한 준비

블로그의 생명은 '꾸준함'이란 것을 누구나 알고 있지만 실천하기란 쉽지 않습니다. 바쁘다는 핑계를 대는 사람도 있겠지만, 무엇을 써야 할지 몰라서, 글감이 부족해서 못 쓰는 경우가 많습니다. 그것은 블로그 글쓰기를 너무 어렵게 생각하고, 특별한 글을 써야겠다는 의욕이 앞서서입니다.

생각만 하다가 아무것도 못 하는 것보다 조금 부족하더라도 시작해보는 것이 낫습니다. 짧은 글이라도 주기적으로 포스팅을 하다 보면 글 쓰는 요령도 생기고, 글에 대한 평가를 확인할 수 있게 됩니다. 그러면서 주제와 소재에 대한 아이디어도 얻게 됩니다. 그러한 것이 쌓이면 습관이 되고, 글쓰기에 자신감이 붙을 것입니다. 꼭 1일 1포스팅일 필요는 없지만, 2~3일에 1개, 적어도 1주일에 1개는 포스팅을 해야 합니다.

1 1일 1포스팅 습관 잡기의 기술

강의를 하다 보면 많은 학생이 '블로그는 만들었는데, 어떤 글을 써야 할지 모르겠어요' 하면서 고민을 이야기합니다.

1일 1포스팅, 매일 글을 써서 올린다는 건 쉽지 않은 일입니다. 하지만 꾸준히 하다 보면 익숙해지고 습관이 될 것입니다. 요일별 계획과 함께 글 쓰는 시간을 정해놓고 시작하는 것이 좋습니다.

요일별 계획 잡기

무슨 글을 써야 할지 모르겠다면 요일별로 미리 어떤 주제의 글을 쓸지 계획을 세워놓고 시작합니다. 요일마다 주제를 정해놓으면 소재에 대해 좀 더 구체적으로 접근할 수 있고 계획적인 글쓰기를 할 수 있습니다.

월	화	수	목	금	토	일
지역글 (맛집, 카페)	육아 정보	육아 일기	육아 제품 리뷰	육아 정보	지역글	육아 제품 리뷰

요일별 주제 예시

글 쓰는 시간 정하기

블로그에 집중할 수 있는 시간을 하루 중 언제로 할 것인지 정해두는 것만큼 좋은 게 없습니다. 하루 일과 중 가장 편하게 오롯이 집중해서 글을 쓸 수 있는 시간이 언제인지를 생각해보고, 그 시간에 글을 쓰도록 습관을 들이면 됩니다.

이렇게 글쓰기 시간을 정해놓으면 만약 다른 일정이 생기더라도 '예약 발행'으로 하루에 1포스팅을 꾸준히 유지할 수 있습니다. 시간이 충분한 날에 일정 때문에 차질이 생기는 날의 글을 미리 써서 예약 발행을 걸어두면 됩니다. 저는 아이들이 갑자기 아프거나 예상치 못한 상황들이 자주 생기기 때문에 평소에 시간이 있을 때 글을 넉넉하게 작성하여 예약을 걸어두는 편입니다.

2 무서운 저품질을 피해 가자

자고 일어났더니 방문자 그래프가 바닥을 친 경험이 있습니다. 이름하여 '저품질'이라는 것입니다.

저품질에 대해서는 여러 가지 이유가 있다고 말하는데, 어쨌든 저품질은 '내 글이 사라졌다'는 것입니다. 저품질에 빠지면 이전에 작성해서 노출되고 있던 글과 새로운 글들 모두가 노출이 제대로 되지 않습니다. 오늘 쓴 글만 노출이 되지 않고 이전 글들은 노출이 잘되고 있다면 저품질은 아닙니다. 그런 경우는 그냥 '누락'이라고 보면 됩니다.

노출되던 글들이 떨어지기 시작하면 방문자 수도 곤두박질칩니다. 기존에는 네이버 검색을 통해 들어오는 유입량이 주를 이루었다면 저품질에 빠지고 나면 다음, 구글, 카카오 등 타 사이트를 통한 유입이 증가하는 모습을 보이기도 합니다.

그렇다면 어떤 것들 때문에 저품질이라는 현상이 일어날까요?

네이버에 문의해보면 저품질이라는 단어 자체는 없다고 말합니다. '최적화', '저품질'이라는 단어 자체는 존재하지 않고, C-Rank가 잘 적용된 블로그는 있다고 이야기합니다. 스팸 필터와 복잡한 랭킹 로직이 적용되어 검색 결과가 나타난다고 말합니다.

출처: 네이버 검색 블로그 운영정책 게시글 '최적화 블로그'와 '저품질 블로그'?
(https://blog.naver.com/naver_search/220766056734)

그런데 결과가 있으니 분명히 원인이 있을 것입니다. 네이버에서 '저품질'이라는 개념의 말은 없다고 하더라도, 아무리 해도 내 글이 노출되지 않는 현상이 있으니 분명 이유가 있을 것입니다. 저품질의 원인에 대해서 많은 블로거가 이야기하고 있는 것을 정리해보면 대충 이렇습니다.

① 무분별한 IP 접속과 스팸 문서 유통

정상적인 블로거라면 IP 주소를 신경 쓸 필요는 없습니다. 일상 생활에서 충분히 일어날 수 있는 IP 주소의 변경은 별다른 영향을 주지 않습니다. 하지만 몇 초 사이에 무분별하게 변동되는 IP 주소라면 의심을 받습니다. 서울, 부산, 해외 할 것 없이 갑작스러운 접속 변동과 함께 스팸 문서들이 등록되는 등의 특징적인 패턴이 결합하였을 땐 영향을 줍니다.

스팸 문서는 저품질의 원인이 되니 스팸 문서는 등록하지 말아야 합니다.

광고글이나 기자단을 너무 자주 등록하는 것도 위험도를 높입니다. 자신이 직접 이용하고 쓰는 후기가 아닌 누군가가 쓴 사진이나 원고를 그대로 받아서 등록하는 경우에는 운영하는 블로그의 톤앤매너가 달라집니다. 무분별한 광고글이나 기자단 글은 지양해야 합니다.

② 질 낮은 링크 계속 달기

네이버가 매우 싫어하는 것이 네이버를 이탈하여 타 사이트로 이동하는 것입니다. 요즘 N잡으로 많이 하는 쿠팡 파트너스, CPA, CPS와 같은 제휴 마케팅 관련 링크처럼 타사 사이트로 이동하게 하는 글을 매일 같이 발행하면 좋지 않습니다.

그리고 유사 문서나 주제와 본문이 일치하지 않는 질 낮은 글을 계속해서 재생산해서 발행하는 것도 좋지 않으니 주의해야 합니다.

③ 과도한 홍보글

무분별한 광고글만 올라오면 이용자가 싫어하니 당연히 네이버도 싫어합니다. 과도하게 쓴 반복된 홍보글은 이용자를 곧바로 이탈하게 하는 원인이 되기도 합니다. C-Rank 알고리즘은 체류 시간도 중요하게 체크하고 있습니다. 그리고 글 속에 키워드를 남발하게 되면 도배글이나 광고글로 인식하니 주의를 요합니다.

④ 쓰지 말아야 할 키워드들을 남발하는 경우

네이버 블로그를 운영할 때 조심해야 할 키워드가 있습니다. 그런 키워드를 남발하면 검색 누락으로 이어집니다. 조심해야 할 키워드는 다음과 같습니다.

상업성 용어

글의 문맥에 따라 사용 가능하지만, 예를 들어 상업 + 상업1 + 상업2 + 상업3의 조합이 된다면 글이 누락될 확률이 높습니다. 또한 상업 + 금지어의 조합도 누락이 될 수 있습니다. 금지어 + 금지어는 말 안 해도 되겠죠?

병원	의사	진료	임신	임산부	영양제	통증
치료	환자	언니들 · 니들	영양	전문의 · 문의	최저	완전
발암	의료	교정	수술	피부	효과	미네랄
성형	통증	완치	신진대사	치과	탈모	주름
시술	여드름	초음파	림프	레이저	혈액순환	수면제 · 면제
다이어트	마사지	독소	체험	성분	추출물	배출
천연	효능	영양	첨단	노폐물	보톡스	
흡연	담배	다음주 · 음주	사기	보험	노출	불법
이자	대출	신용	상한	금리	파산	카드
원가	강도	알선				
휴대폰	휴대전화 · 전화	가입	보장	복구	복원	양도
이메일	연락처	전화	문의	판매	상담	수수료
최신	함유	특별	엄청	할인	1위	원가
가장	무조건	최대	제일	최상	최고	추천
최저	완전	유일한	완벽	무료	결코	프리미엄
명품	후기	최고가 · 고가	공짜	최초	하시다면 · 시다	

⊖ 금지어 ⊖

사용하면 절대 안 됨. BUT 문맥상 꼭 들어가야 하는 단어는 씁니다. 다만 잦은 반복은 피해주세요.

유두	애널리스트 · 애널	음모	고환	팬티	생리혈	야시장 · 야시
구멍	에로	성기	삽입	성교	성행위	오르가즘
자위	여하	야해	처음부터 · 음부	젖병 · 젖	정액	성생활
클럽	낙태	성매매	음란	성추행	포르노	콘돔
성폭행	조루	비아그라	성욕	호모	젖꼭지 · 젖	포경
항문	유방	성인	빨아	섹스	엉덩이	
살인	호로	시체	자살			
왕따	대머리	대마	마약			
전염병 · 염병	새끼	씹는다, 씹어먹는의 '씹'	리조또 · 조또	고르곤졸라 · 졸라	시발	

출처: 네이버 카페 '엄빌리버블' 콤마님의 글

네이버는 직접 경험한 내용을 바탕으로 쓴 글, 열정을 쏟아부은 글을 좋아합니다. 쉽게 가려는 사람들에게 절대 상위노출이라는 선물은 주어지지 않습니다. 진정성 있는 글을 차곡차곡 쌓아가야 합니다.

02 블로그 글, 어떻게 써야 하는가?

블로그는 PC와 모바일 등 온라인 화면에서 봅니다. 온라인 독자는 이탈하기가 쉽습니다. 오랜 시간을 할애하지도 않습니다.

블로그 글은 방문자가 흥미를 잃지 않도록 사진, 동영상, 스티커 등 여러 가지 장치를 삽입하고, 궁금점을 해결할 수 있는 정보를 담아야 합니다. 그것이 자기 경험에서 우러난 것이라면 더할 나위 없이 좋습니다.

1 글의 주제와 소재

글에 있어 주제(主題)는 작가가 말하고자 하는 중심 생각이나 사상을 말합니다. 그 주제를 이야기하기 위해 사용되는 재료가 소재(素材)입니다. 블로거들이 흔히 말하는 '글감', 즉 글을 쓰는 데 바탕이 되는 모든 재료가 소재입니다.

예를 들어 '아이와 함께 하는 안전한 물놀이'라는 주제의 글을 쓴다면 물놀이 장소, 수영복, 물놀이 장난감, 구명조끼, 음식 등 물놀이를 위한 여러 가지가 글의 소재가 될 수 있습니다. 이런 글은 소재가 여러 가지인 글이 됩니다. 소재 중에서도 주제와 밀접하게 연관 있는 것을 '중심 소재'라고 합니다. 이 글의 경우 '구명조끼'가 중심 소재가 될 수 있을 것입니다.

하나의 주제에는 여러 개의 소재가 있을 수도 있고, 하나의 소재만 있을 수도 있습니다. 예를 들어 '여름 아기 선글라스 추천'이라는 글을 쓸 때 A사의 특정 제품 하나만을 소재로 하여 글을 쓸 수도 있습니다.

글을 쓸 때는 주제를 정하고 소재를 찾기도 하지만, 소재에서 주제를 끌어내기도 합니다. 흔히 글감이 부족해서 고민이라고 이야기하는데, 블로거는 늘 생활 속에서 글감을 찾고 메모를 해두는 습관을 들여야 합니다. 자신 주변의 일상뿐만 아니라 사회, 경제, 문화 현상에 눈과 귀를 열어놓고 트렌드를 읽을 줄 알아야 합니다. 그래야 사람들의 시선을 끌 수 있는 글감으로 클릭을 부르는 글을 쓸 수 있습니다.

2 소재를 찾는 방법

블로그의 주제는 자신의 일상이나 주변에서 일어나는 일들, 취미 활동, 관심 분야 등 다양한 것에서 찾을 수 있습니다. 그런데 그 주제는 내 블로그와 맞는 것이어야 합니다. 즉 내 블로그 방문자가 관심을 가질 만한 주제이거나 누구나 관심을 가질 만한 트렌드나 이슈에 관한 것이어야 합니다. 그래야 방문자가 모이고, 내 글에 공감하게 됩니다.

주제와 소재는 꼭 어느 것이 먼저일 필요는 없다고 말씀드렸습니다. 주제를 먼저 생각하고 그에 맞는 소재를 찾아도 되고, 소재를 먼저 찾고 그것으로 이야기할 수 있는 주제를 떠올려도 됩니다.

블로그 글쓰기에서 주제와 소재는 곧 키워드입니다. 키워드가 주제가 되고, 소재가 되고, 글이 됩니다. 따라서 좋은 키워드(글감의 핵심 단어)만 찾는다면 좋은 글을 쓸 수 있을 것입니다.

나에게 좋은 키워드란 내 블로그 주제와 관련이 있고, 많은 사람이 관심을 가지는 (검색을 많이 하는), 그러면서 발행된 글은 아직 많지 않아 경쟁 정도가 약한 키워드입니다.

1) 데이터랩의 검색어트렌드

네이버 데이터랩(https://datalab.naver.com/)은 네이버 통합검색에서 검색된 검색어와 검색횟수를 기간별, 기기별(PC, 모바일), 연령별, 성별로 데이터를 제공하고 있습니다. 특정 검색어가 얼마나 많이 검색되었는지 조회하고, 사람들의 관심도를 파악하면서 나에게 맞는 트렌드 키워드를 찾으면 됩니다.

검색어 트렌드, 쇼핑 인사이트, 지역 통계, 댓글 통계 데이터를 제공합니다. 네이버는 점유율 60% 이상의 포털 사이트이고, 네이버 쇼핑은 국내 최대 이커머스 사이트입니다. 여기에 모이는 데이터를 분석함으로써 트렌드와 사람들의 관심사를 파악해볼 수 있습니다.

쇼핑 인사이트에서는 다양한 분야에서 클릭이 발생한 검색어의 클릭량 추이 및 연령별/성별 정보를 조회할 수 있습니다. 여기에서 내 블로그와 관련 있는 분야별 키워드의 클릭량과 인기검색어를 확인합니다. 관련 '인기검색어 TOP500'을 살펴보면서 내 블로그에서 사용할 수 있는 키워드와 글감에 대한 영감을 얻을 수 있습니다.

검색어트렌드에서 키워드의 경향을 확인할 수 있습니다.

　예를 들어 아이를 키우는 육아 블로거가 아이 선글라스 구매와 사용 후기를 쓴다고 할 때, 데이터랩의 검색어트렌드에서 '아이 선글라스'의 검색량 트렌드를 확인해볼 수 있습니다. 아이 선글라스에 관한 검색량은 3월 중순부터 상승하여 4~7월에 피크를 찍고 8월부터 서서히 줄어드는 것을 확인할 수 있습니다. 기간을 설정하여 최근 3년 간의 동향을 봐도 이러한 추세를 확인할 수 있습니다.

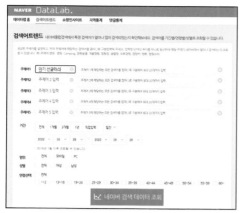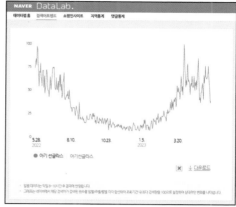

검색어트렌드에서는 최대 5개의 키워드를 한꺼번에 비교할 수 있습니다. 또 키워드별로 하위 주제어를 입력하면 입력한 하위 키워드를 하나로 합산하여 해당 키워드가 얼마나 검색되는지를 보여줍니다.

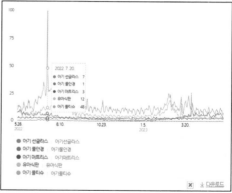

이렇게 인기검색어와 트렌드 자료의 분석을 통해 키워드를 발굴하고, 어떤 키워드로 언제 글을 포스팅하면 좋을지를 결정하면 됩니다. 검색이 많이 일어나는 시기에 해당 키워드를 주제나 소재로 하여 글을 쓰면 많은 방문자를 유입시킬 수 있습니다.

2) 크리에이터 어드바이저

네이버 크리에이터 어드바이저(https://creator-advisor.naver.com/)는 크리에이터들이 더 스마트한 창작 활동을 할 수 있도록 데이터 분석 통계 자료를 제공하는 사이트입니다. 내 블로그와 포스트에 대한 유입검색어, 게시물 조회수 순위, 조회수, 방문횟수 등 다양한 데이터를 확인할 수 있습니다.

'트렌드' 탭에서는 검색어 트렌드를 확인할 수 있습니다. 주제별 인기검색어를 살펴보면서 내 블로그에 사용할 만한 키워드를 확인하고 글감에 대한 힌트를 얻을 수 있습니다. '주제 설정' 버튼을 클릭하여 내 블로그 주제와 관련된 주제를 설정할 수 있습니다. 주제 설정은 8개까지 할 수 있습니다.

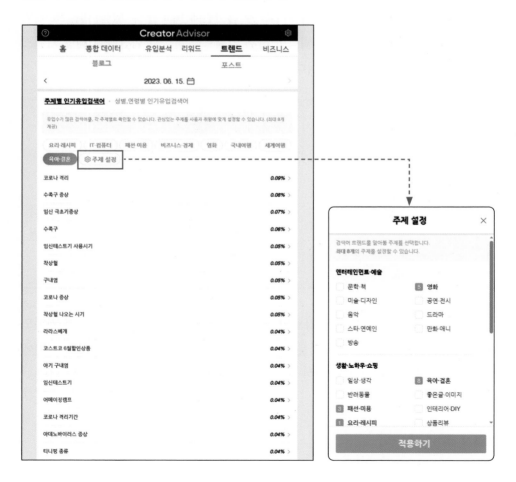

3) 네이버 검색광고 키워드 도구

네이버 검색광고(https://searchad.naver.com/) 키워드 도구에서 키워드 검색량과 연관 검색어를 찾아볼 수 있습니다.

예를 들어 '아기 매트리스'에 관한 글을 쓰려고 할 때 키워드를 검색해보니 '아기매트', '유아매트'의 검색량이 많은 것을 확인할 수 있습니다. 이럴 때는 '아기 매트리스'보다는 '아기매트'를 대표키워드로 잡아 글을 쓰면 됩니다. 무심코 '아기 매트리스'라고 생각했는데, 실제로 네이버 이용자들은 '아기매트', '유아매트'로 많이 검색하는 것을 알 수 있습니다. 블로그는 모바일 이용자 수가 많기 때문에 '월간검색수'를 확인할 때는 모바일 '내림차순'으로 하여 검색수가 많은 것을 기준으로 하는 것이 좋습니다.

이렇게 내가 생각한 키워드의 검색량과 연관검색어를 분석해봄으로써, 내가 정한 키워드가 쓰고자 하는 글과 적합한 최적의 키워드인지, 더 나은 키워드는 없는지를 살펴볼 수 있습니다.

4) 네이버 연관검색어

네이버 통합검색에서 키워드를 검색하면 화면 하단이나 우측에 '연관검색어'가 나옵니다. 연관검색어는 검색자의 검색 의도를 파악해 네이버 알고리즘이 보여주는 검색어와 관련 있는 키워드입니다. 연관검색어를 통해 이용자들의 검색 의도를 세분화해볼 수 있고, 키워드와 연관 있는 좀 더 구체적인 검색어를 찾아볼 수 있습니다.

연관검색어를 다시 검색하면 또 다른 세부키워드를 발견할 수 있습니다.

5) 네이버 자동완성어

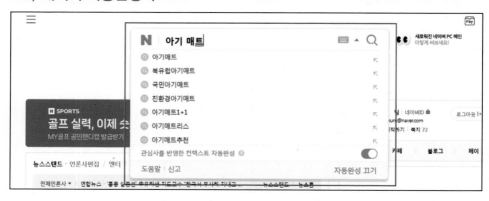

네이버 통합검색 창에 키워드를 입력하면 아래로 이용자의 관심사를 반영한 '자동완성어'가 나타납니다. 네이버의 '컨텍스트 자동완성'은 사용자 그룹의 관심사에 맞춰 검색어를 추천해주는 기능으로 시간대별, 연령별, 남녀별 관심사를 분석하여 검색 이용자의 조건에 맞춰 제공합니다. 로그인한 상태에서 검색했을 때에는 사용자가 속한

또래 그룹의 관심사에 기반해 검색어가 노출되며, 로그인하지 않고 검색했을 때는 전 세대 공통의 일반 자동완성어가 노출됩니다.

위의 경우 '아기 매트'를 치니 아래로 '아기매트', '북유럽아기매트', '국민아기매트', '친환경아기매트' 등의 자동완성어가 노출됩니다. 위에서부터 사람들이 많이 검색하는 순서입니다. 해당 화면에서 '아기 매트리스'는 보이지 않습니다. 이로써 '아기 매트리스'보다는 '아기매트'로 더 많이 찾는다는 것을 알 수 있습니다. 띄어쓰기도 화면에 나오는 대로 지켜주는 것이 좋습니다. 이 경우 제목에 '아기매트'를 넣고 본문에는 '아기매트'와 '아기 매트'를 혼용하여 사용하면 더 많은 노출을 꾀할 수 있습니다.

만일 포스팅하려는 글과 연관성이 있다면 '북유럽아기매트', '친환경아기매트'는 좋은 키워드가 됩니다.

이렇게 자동완성어와 연관키워드 검색 결과에서 내 글과 맞는 최상의 키워드를 찾을 수 있습니다.

6) 네이버 뉴스

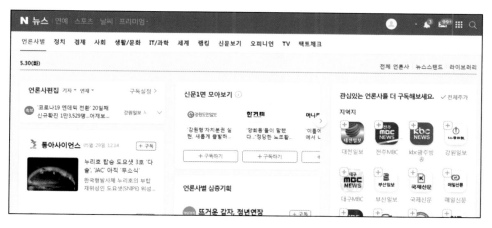

네이버 뉴스(https://news.naver.com/)에서 정치, 사회, 문화 등 우리 사회의 이슈와 관심거리, 현황을 살펴볼 수 있습니다. 분야별 세부 섹션에서 내 블로그의 글감이 될 만한 기사를 찾아볼 수 있습니다. 또 키워드 검색으로 관련 뉴스 기사를 찾아볼 수도 있습니다.

'랭킹'에서는 PC와 모바일에서 이용자의 관심을 끌었던 기사의 랭킹 결과를 확인할 수 있습니다. '많이 본 뉴스', '댓글 많은 뉴스'로 다양한 언론사의 기사 랭킹을 확인할 수 있으며, 기사를 클릭하면 '좋아요'와 댓글수도 확인할 수 있습니다.

꼭 자신의 블로그 분야가 아니더라도 분야별 주요 기사를 훑어보면서 사회 현상을 보는 안목을 키우면 블로그 글감을 찾는 데 도움이 됩니다. 블로거라면 우리 사회에서 일어나는 일들에 관심을 가지고, 매일 기본적인 뉴스 정도는 읽어야 합니다.

7) 커뮤니티 사이트

내 블로그 주제와 관련 있는 커뮤니티를 방문하여 어떤 이야기들이 오가는지를 살펴보는 것도 글감을 찾는 방법 중 하나입니다. 커뮤니티는 관심 분야가 같은 사람들이 모인 곳이기에 관심사에 관한 정보와 다양한 사례를 만날 수 있는 곳입니다.

네이버 카페 홈(https://section.cafe.naver.com/ca-fe/)에서 내 블로그의 주제 및 성격이 비슷한 카페를 찾아 가입 후 방문하면 됩니다.

'주제별'에서는 게임, 만화/애니, 문화, 예술, 영화, 여행, 반려동물/동물, 취미, 생활, 건강/다이어트, 가족/육아 등 다양한 분야별로 급상승, 멤버, 게시글 순 랭킹 Top100 카페를 확인할 수 있습니다. 또 검색을 통해 카페를 찾을 수도 있습니다.

'지역별'에서는 해당 지역을 대상으로 하는 카페를 검색할 수 있습니다. 지역에 관한 관심사를 살펴볼 수 있는 곳으로, 지역적 특색이 있는 블로그를 운영하는 사람이라면 가입하여 활동하면 좋습니다.

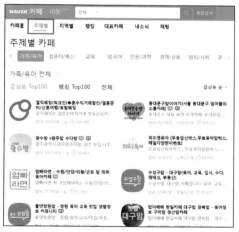 

그밖에 '랭킹'에서는 해당 등급별 랭킹 Top100 카페를 확인할 수 있고, '대표카페'에서는 주제별 대표카페를 확인할 수 있습니다.

이렇게 내 블로그 주제와 관련 있는 카페를 찾아보고, 마음에 드는 카페에 가입하여 활동하면 블로그 글감에 대한 정보를 얻을 수 있습니다. 카페에서 어떤 이야기를 하고 있고, 어떤 글이 공감을 많이 얻는지, 댓글에 달리는 내용과 생각들을 살펴봅니다. 이렇게 관련 커뮤니티를 통해 운영하는 블로그의 주제와 소재에 관한 정보를 얻을 수 있습니다.

03 상위노출을 위한 글쓰기 기술

어떻게 글을 써야 사람들이 재밌게 봐줄지에 대한 고민은 블로거라면 누구나 할 것입니다. 내 글을 클릭하고 내 블로그에 오래 머물면서 다른 글도 보게 하려면 어떻게 글을 써야 할까요? 물론 태어날 때부터 글재주가 있는 사람은 분명 있을 것입니다. 그런데 여러분이 그런 재주가 없다고 하더라도 너무 걱정할 필요는 없습니다. 블로그 글은 높은 수준의 문장력과 창작 능력을 요구하는 글이 아닙니다. 시적 함축이나 미사여구(美辭麗句), 언어의 조탁(彫琢), 풍부한 상상력을 요구하는 문예 작품이 아닙니다. 블로그 글은 경험에서 우러나는 진정성에 중점을 두는 글입니다. 그래서 조금만 노력하면 누구나 좋은 글을 쓸 수 있습니다.

글쓰기 기술을 익히기 위한 방법의 하나로 좋은 블로그 글을 벤치마킹해봅니다. 내가 즐겨보는 블로거 몇몇을 정하고 그들을 따라 해봅니다. 그들이 쓴 그대로 따라 적어보면서 이야기를 어떻게 풀어가고 구성하는지를 살펴봅니다. 제목과 첫 문장, 단락 구분, 사진 배치, 마무리, 분량 등을 체크합니다. 이런 식으로 벤치마킹하면서 내 글을 꾸준히 포스팅하다 보면 글쓰기 능력이 향상될 것입니다.

1 블로그 글, 이렇게 구성하라

블로그 글은 한 페이지 안에 한 주제의 모든 것을 담아내야 합니다. 그렇다 보니 한 페이지의 구성을 어떻게 하느냐가 관건입니다. 블로그 글에서 제목은 어떻게 짓고, 본문은 어떻게 구성하고 쓰는 것이 좋은지 제 경험을 바탕으로 이야기해보겠습니다.

블로그 글의 구성

① **제목, 대표 사진**: 흥미를 끄는 문구와 사진. 글의 주제(키워드)와 일맥상통해야 합니다. 내 글을 클릭하게끔 작성합니다.

② **서문(리드문, 주제문)**: 핵심 문장. 어떤 주제와 정보를 다룬 글인지 간단 명료하게 설명합니다. 어떤 정보가 있다는 것을 보여주고, 읽고 싶게 합니다.

③ **본문**: 서문에서 말한 내용을 구체적으로 설명합니다.

④ **결론**: 다시 한번 글의 주제와 내용을 정리해줍니다.

1) 클릭을 부르는 제목 짓기

우리나라 사람 대부분은 하루에 한 번쯤 네이버에서 검색을 합니다. 검색 결과에서 보이는 수많은 글 중에서 사람들은 무엇을 중요하게 볼까요? 바로 제목입니다. 서점 매대에서 책을 고를 때 제목과 표지를 보고 집듯이, 사람들은 블로그 제목을 보고 클릭을 합니다.

저는 12여 년간 블로그를 꾸준히 운영해왔지만 지금도 가장 어려운 것이 제목을 짓는 것입니다. 그만큼 신중해야 하고 중요한 것이 제목입니다. 같은 주제의 많은 글 중에서 내 글을 클릭하게 만드는 것이 제목입니다. 제목을 어떻게 지어야 내 글이 상위노출이 될 것인지를 고민해야 합니다.

제목은 최대 100자까지 입력할 수 있습니다. 단, 검색 결과 화면에서 다 노출되는 것은 아닙니다. 그래서 제목을 지을 때는 핵심키워드를 앞부분에 배치하는 것이 좋습니다.

핵심키워드가 드러나는 제목

제목을 지을 때는 키워드를 잘 선택해야 합니다. 글의 주제와 잘 부합하는 핵심키워드를 제목의 첫머리에 넣습니다. 글의 내용을 함축하고 있으면서 키워드를 정확하게 보여주는 제목이 좋은 제목입니다.

제목을 지을 때는 글 자체에 대한 고민은 당연하지만, 내 블로그의 전체적인 주제와 연관성을 생각하는 것도 중요합니다.

내용과 연관 있는 제목

사람들의 클릭만 부르는 자극적인 제목이 좋을까요? 그렇지 않습니다. 제목만 후킹하고 내용은 딴판이거나 부실한 경우 이용자는 바로 이탈합니다. 블로그 상위노출을 위해서는 신뢰도와 인기도가 중요한데, 이런 낚시성 글은 네이버 알고리즘한테 좋은 점수를 받지 못하고 저품질에 빠지게 됩니다.

무조건 자극적인 제목을 짓기보다는 글 내용에 맞는 적절한 키워드를 사용하여 짓는 것이 좋습니다.

2) 본문의 기본 구성

읽기 좋게 정렬하라

글은 기본적으로 문장과 문단으로 구성됩니다. 문장은 완결된 내용을 나타내는 최소 단위로, 문장의 끝에는 마침표, 물음표 등 문장부호를 찍습니다. 이러한 문장이 모여 하나의 문단이 됩니다. 문단은 하나의 글을 내용에 따라 나눌 때 하나하나의 짧은 이야기 토막을 말합니다. 하나의 문단에는 하나의 내용만을 다루는 것이 좋습니다. 그러면 의미 전달이 명확해집니다. 이러한 문단이 여러 개 모이면 하나의 글이 됩니다.

블로그 글은 텍스트만 길게 늘어놓으면 사람들이 피로감을 느낍니다. 글 중간중간에 사진이나 도표 등 이미지 자료를 넣어주면 글의 주목도가 높아지고, 내용이 명료해집니다.

블로그 글을 쓸 때는 관련 이미지를 반드시 사용하는 것을 추천합니다. 하나의 글에서 사진의 개수는 글의 길이와 내용에 따라 다르겠지만, 저는 보통 15장 이상을 삽입합니다. 좀 많다는 느낌이 들 수도 있겠지만 육아 블로그는 사진으로 내용을 보여주는 것이 텍스트보다 효과적일 수 있기 때문입니다. 자료가 부족한 경우라도 5~10장 정도는 채워주는 것이 좋습니다.

주제에 맞는 사진을 배치하고 그 아래에 내용을 적습니다. 한 개 혹은 몇 개의 문장이 모여 문단을 이루는데, 문단에는 핵심 메시지가 있어야 합니다. 한 문단은 3~4줄 정도로 구성하면 글이 간결해 보이고 좋습니다.

문단과 문단 사이는 한 줄을 뛰어주면 읽기에 편해 보입니다. 긴 글일 경우 소제목으로 내용을 구분해주고 구분선, 인용구 등도 사용하여 구성하면 읽기가 편하고 짜임새가 있어 보입니다. 블로그 글은 내용에 따라 다르지만 대략적으로 1800~2500자 정도의 분량이면 좋습니다. 하지만 너무 글자 수에 얽매일 필요는 없습니다.

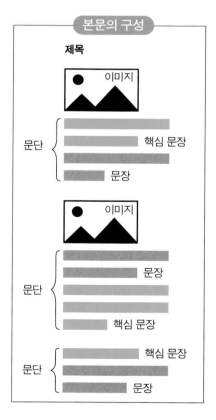

본문의 구성

제목

이미지

문단 — 핵심 문장 / 문장

이미지

문단 — 문장 / 핵심 문장

문단 — 핵심 문장 / 문장

Tip 블로그 글쓰기 요령

- 제목은 띄어쓰기 포함 25자 정도로 작성, 핵심 키워드를 서두에 배치
- 제목 및 본문 내 핵심키워드, 세부키워드 넣기 (본문에 3~10개 정도 사용합니다. 15개 이상 너무 많이 사용하면 광고글로 오해할 수 있으니 지양하는 게 좋습니다.)
- 본문 글자 수는 1800 ~ 2500자 정도
- 본문 내 이미지 15개 이상~50개 이하, 동영상 및 GIF 이미지 1개 이상 삽입

2 글을 쓰는 요령

먼저 뼈대를 만들어라

글을 쓸 때 목차를 먼저 잡듯이, 블로그 글도 본문의 구성을 어떻게 할 것인지를 먼저 생각합니다. 글의 처음과 중간, 마지막에 어떤 내용을 어떤 식으로 담을지를 구상합니다.

상품 리뷰 글의 경우 '언박싱 – 상품 상세설명 – 사용설명서 – 실제 사용후기'의 순서로 글을 구성합니다. 음식점이나 여행지에 관한 글은 시간순으로 구성합니다. 처음 그곳에 도착했을 때부터 나오는 순간까지의 시간 순서대로 구성하는 것이 좋습니다.

전체적으로 정리가 잘되지 않을 때는 중간중간에 키워드를 활용하여 소제목으로 구분해줍니다. 그러면 글이 정돈되고, 내용을 명확하게 전달할 수 있습니다.

주제는 글의 처음과 끝에 배치하라

네이버에서 검색을 하면 검색 결과 화면에 제목과 함께 본문의 앞부분이 노출됩니다. 따라서 글의 주제를 첫 시작에 적절히 배치하는 것이 좋습니다. 제목과 본문의 처음에 주제에 맞는 키워드를 삽입하여 검색 결과 화면에서 바로 글의 주제를 확인할 수 있도록 하면 이용자의 클릭을 부르게 됩니다.

블로그 글은 본문의 첫 문단에서 핵심 내용이나 결론을 말해주는 두괄식으로 구성하는 것이 좋습니다. 블로그 독자는 접속 후 자신이 원하는 정보가 나올 때까지 마냥 마우스를 스크롤 하지 않습니다. 몇 번 스크롤을 해보다가 해결이 되지 않으면 바로 나가버립니다. 따라서 첫 문단에 독자가 원하는 정보를 주고, 그 결과가 왜 그런 것인지를 궁금하게 하여 끝까지 읽게 해야 합니다.

본문은 왜 사용자가 핵심키워드를 검색했는지를 생각해보면 됩니다. 즉 키워드 검색으로 무엇을 얻고자 하는지를 생각해보고 그것을 해결해주는 내용을 담으면 됩니다. 그리고 글의 끝에서 다시 한번 핵심 내용과 결론을 정리해주는 것도 좋습니다.

위 화면은 네이버에서 '유치원 소풍도시락'으로 검색했을 때의 화면입니다. 키워드가 제목과 본문의 처음에 오도록 작성했습니다. 검색 키워드는 검색 결과 리스트에서 굵은 글씨체로 표시됩니다. 이용자가 유치원 소풍도시락을 검색했는데 제목과 본문 중에 자신이 검색한 키워드가 있으면 바로 읽어보고 클릭을 하게 됩니다. 만일 본문 2줄 안에 검색 키워드가 나타나지 않는다면 클릭을 망설일 수도 있을 것입니다.

키워드를 적절하게 배치하라

내 글이 이용자의 검색에서 상위에 노출되기 위해서는 글의 제목과 본문, 태그 등에 대표키워드, 핵심키워드, 세부키워드 등을 적절하게 배치해야 합니다.

글의 제목에는 대표키워드와 핵심키워드가 들어가게 합니다.

본문에는 이용자들이 검색하는 대표키워드와 핵심키워드, 세부키워드를 적절하게 배치합니다. 핵심키워드는 글의 처음, 중간, 끝에 적절하게 배분하여 본문에서 3~10번 정도 배치하는 것이 적당합니다. 본문 전체에 걸친 무분별한 키워드의 남발은 광고성 글로 인식할 수 있기에 좋지 않습니다. 자연스러운 문단 흐름대로 글을 쓴다면 핵심키워드가 무분별하게 반복되진 않을 것입니다. 자연스럽게 글을 쓰다가 적절한 위치에 키워드를 넣어서 문장을 만들어주면 됩니다.

제목과 연관성 있는 본문 글을 쓰라

블로거라면 자신의 글이 상위노출 되기를 바랄 것입니다. 저의 경험에 의하면 상위노출을 위한 기본은 제목에 맞는 신뢰성 있는 본문 글입니다.

'아기 빨대컵'을 메인 키워드로 잡고 글을 쓴다고 가정했을 때 좋은 예와 나쁜 예를 보도록 하겠습니다.

제목의 좋은 예: 아기 빨대컵 추천 어린이집 준비물로 좋은 (제품명)

제목의 나쁜 예: ★아기 빨대컵 (제품명) 좋아해요♥

좋은 제목의 예는 메인키워드 외에 '추천', '어린이집 준비물'과 같은 서브키워드를 배치하였고, 어순의 흐름이 매끄럽고, 간략하게 구성되어 있습니다.

나쁜 제목의 예는 의미 없는 특수문자가 조합되어 있고, 서브키워드가 포함되지 않았으며, 느낀 점이 결론으로 나와 있어 방문자들이 기대할 수 없는 제목이란 걸 알 수 있습니다.

이러한 제목으로 글을 쓴다고 가정해봅니다. 제목에 들어간 키워드들은 본문에도 적절하게 들어가야 합니다. 제목은 본문을 간략하게 나타낸 한 줄의 요약본이라고 여기면 됩니다.

메인키워드와 서브키워드를 본문 속에 잘 녹여내야만 신뢰성 있는 글이 됩니다.

제목과 본문이 얼마나 연관성 있고 신뢰성이 있는지를 네이버는 파악합니다. 메인 키워드 내용과 실사용 후기, 정보성 후기, 경험적 이야기들을 적절한 비율로 엮어 글을 쓴다면 신뢰성 높은 글이 됩니다.

간결한 문장을 사용하라

문장은 간결한 것이 좋습니다. 블로그 글은 모바일에서 보는 이용자가 많은데, 모바일에서는 오랜 시간을 할애하여 읽기가 쉽지 않습니다. 모바일에 익숙한 사람들은 조금만 글이 길어도 피로감을 느끼고 이탈합니다. 문장은 간결하게 요점만 이야기하고, 문단의 처음에서 핵심 내용을 이야기하여 바로 내용을 이해할 수 있도록 합니다. 문장이 너무 길면 집중력이 떨어집니다. 모바일에서 읽기 편하도록 본문 글자의 크기는 15포인트 이상으로 하는 것을 권장합니다.

이야기하듯 편안하게 쓰라

경직된 언어의 문어체보다 주변 사람에게 이야기하듯이 편안하게 구어체로 씁니다. 저는 육아맘 이웃에게 친근하게 다가가기 위해 구어체의 문장을, 더 나아가 일상에서 흔히 사용하는 말이나 신조어, 줄임말, 이모티콘 등도 많이 섞어 사용합니다.

주의할 것은 말하듯 편안하게 쓰라고 한다고 해서 예의를 지키지 않아도 된다는 것은 아닙니다. 비속어나 욕설, 성적인 내용 등 방문자를 얕잡아보거나 무시하는 듯한 태도, 불쾌감을 일으킬 수 있는 내용과 어투는 삼가야 합니다.

내 블로그 글은 나와 생각이 다른 수많은 사람이 봅니다. 기본적인 예의를 지키면서 친근하게 이야기하듯이 쓰면 됩니다.

블로그의 주제와 성격에 따라 문어체가 적합한 블로그도 있습니다. 일상 블로그의 경우 구어체 문장이 좋지만 IT, 부동산, 법률 등 전문 지식이나 객관적인 정보, 논리적인 글을 요하는 블로그나 기업, 관공서 등의 공식 블로그에서는 문어체를 사용하는 것이 좋습니다. 지나친 구어체의 사용은 글의 신뢰도를 떨어뜨릴 수 있기 때문입니다.

스토리가 있는 글을 쓰라

글은 재미있어야 사람들이 읽습니다. 스토리가 있으면 사람들은 흥미를 느끼고 궁금해서 끝까지 읽게 됩니다. 정보 전달에 관한 글을 쓰더라도 에피소드(글 속에 포함된 짧막한 이야기)를 넣어 스토리텔링으로 구성하면 사람들이 따분해하지 않고 재미있게 읽게 됩니다.

에피소드는 자신이 경험한 이야기면 좋지만,

주변에서 들은 이야기, 이웃의 이야기, 또 책이나 기타 매체에서 보고 들은 내용도 괜찮습니다. 이러한 것을 잘 엮어 이야기 형식으로 구성하면 됩니다.

맞춤법에 맞게 쓰라

기본적인 맞춤법 공부는 하기를 권합니다. 쉽게, 진실되게 쓰라는 것이 아무렇게나 쓰라는 말은 아닙니다. 블로그 글은 기본적으로 나에 대한 이야기, 나의 경험과 생각을 이야기하는 글이지만 나만 보는 일기와는 다릅니다. 수많은 사람이 내 글을 읽습니다. 아주 기본적인 맞춤법이 틀리거나 빈번하게 오자가 발견되면 이용자는 블로거를 신뢰하지 않게 될 것입니다.

정확한 정보를 쓰라

블로그 글을 쓰기 위해서는 자료 조사를 해야 합니다. 무턱대고 내 생각대로 써서는 안 됩니다. 블로그 글은 나뿐만 아니라 많은 사람이 봅니다. 내가 알고 있는 지식이 틀렸을 수도 있고, 이미 옛날 정보일 수도 있습니다. 특히 숫자와 관련된 데이터는 정확하게 사용해야 하며, 최신의 정보를 다뤄줘야 좋습니다. 시험에 관한 글을 포스팅하면서 시험 일자를 잘못 입력한 글을 발행한다면 큰일일 것입니다. 지역 행사의 날짜, 숙박업소의 가격 등 숫자와 관련된 것은 반드시 한 번 더 확인해야 합니다. 특히 전문지식을 전달하는 블로그에서는 더욱더 철저한 검증을 거쳐야 합니다.

상품 리뷰에 관한 글도 정직하게 써야 합니다. 협찬이라고 해서 좋지 않은 상품인데도 무조건 좋다고 이야기하면 댓글의 비난을 피하기 어렵습니다. 사용자는 더는 블로거를 신뢰하지 않게 될 것입니다. 자신이 직접 사용해보고 장단점을 진솔하게 쓰면 사용자들도 공감할 것입니다. 만약 협찬품이 정말 안 좋은 제품이라면 정중히 거절하는 것도 방법입니다.

글을 쓸 때는 자신을 너무 과신하지 말고, 철저한 자료 조사와 검증을 통해 정확한 글을 써야 합니다. 그것이 내 글을 읽어주는 방문자들에 대한 예의이고 의무입니다.

이렇게 자료 조사를 하는 과정에서 나의 지식도 늘어나고, 그만큼 쓸 이야기도 많아지게 됩니다. 블로거에게 공부가 필요한 이유입니다.

자료 조사를 하고 쓰라

자료 조사는 정보의 정확성뿐만 아니라 글을 풍성하게 합니다.

커피집에 관한 글을 쓴다고 해봅시다. 그 집을 찾아가는 방법과 메뉴 소개, 분위기, 커피 맛에 관한 글을 쓰고 몇 장의 사진을 첨부하여 글을 발행할 수 있을 것입니다. 그런데 커피에 관한 자료 조사를 한 후 글을 쓴다면 좀 더 풍성한 글을 쓸 수 있습니다. 가령 이런 글을 쓸 수 있습니다.

"커피의 맛을 결정하는 것은 여러 가지가 있는데 그중 생두의 품질과 로스팅이 큰 영향을 미칩니다. 이 집 사장님은 로스팅을 하기 전에 썩었거나 흠결이 있는 결점두를 일일이 골라내고 로스팅을 합니다. 결점두를 골라내지 않고 그대로 같이 사용하는 시중의 커피집은 썩은 결점두에서 나오는 나쁜 냄새와 맛을 없애기 위해 높은 온도에서 강하게 로스팅합니다. 그러다 보니 커피에서 쓴맛과 탄 맛이 납니다. 그런데 이 집은 결점두를 가려내고 깨끗하고 좋은 원두만을 적당한 온도에서 로스팅하기 때문에 깊고 부드러운 맛이 납니다."

이러한 글을 읽는 방문자들은 단순히 커피집을 소개하는 글인 줄 알았는데, 의외로 커피에 관한 지식도 얻게 되고, 글도 재미있게 읽게 되면서 내 블로그에 관심을 가지게 됩니다.

글은 우리가 아는 만큼 써지며 생각하는 만큼 깊어집니다. 소재에 대한 자료 조사와 공부를 통해 지식의 폭을 넓히면 한결 풍성한 글, 남들과 다른 차별화된 글을 쓸 수 있습니다.

퇴고의 과정을 거쳐라

퇴고(推敲)는 '글을 여러 번 생각하여 고치고 다듬는 것'을 말합니다. 누구나 퇴고 없이 한 번에 멋진 글을 쓸 수는 없습니다. 유명 작가들도 마찬가지입니다. 우리가 알고 있는 대문호도 모두 퇴고의 과정을 거칩니다. 헤밍웨이의 《노인과 바다》는 수백 번의 퇴고 끝에 탄생했고, 괴테는 《파우스트》를 평생에 걸쳐 고치면서 60년 만에 완성했습니다.

우리가 블로그 글을 그렇게 고칠 필요는 없습니다. 하지만 분명한 것은 글은 고치면 고칠수록 완성도가 높아진다는 것입니다.

글을 발행하기 전에 반드시 다시 한번 읽어보고 퇴고의 과정을 거치기 바랍니다. 생각나는 대로 쓰다 보면 문장이 매끄럽지 않을 수도 있고, 무슨 말인지도 모르는 글이 될 수도 있습니다. 맞춤법이 틀린 곳은 없는지, 주어와 술어의 관계가 맞는지, 의미가 모호하지는 않은지, 좀 더 매끄러운 표현은 없는지, 좀 더 구체적인 표현은 없는지, 정확한 단어를 사용했는지, 주제에 맞는 내용인지, 중언부언(重言復言)하지는 않았는지, 너무 장황하게 늘어놓지는 않았는지 등을 확인하면서 퇴고를 합니다. 퇴고의 과정을 거치면 한결 좋은 글이 될 것입니다.

상처 주는 글을 쓰지 마라

나에게는 아무렇지 않은 것이 어떤 이에게는 큰 상처가 될 수 있습니다. 독자들에게 불쾌감을 주거나 상처를 주는 표현은 삼가야 합니다. 편향되고 지협적인 사고로 세대, 젠더, 계층, 지역 갈등을 부추기는 표현은 하지 말아야 합니다.

뜻을 잘 모르고 쓰는 단어는 오해를 불러오기도 합니다. 뜻을 모를 때는 사전을 찾아보기 바랍니다.

블로그 글은 누군가에게 즐거움과 재미를 주고, 도움을 주고, 감동을 주는 글입니다. 설사 그렇지 못하다 하더라도 누군가의 기분을 나쁘게 하지는 말아야 합니다.

단정적으로 말하지 마라

블로그를 운영하다 보면 좋지 않은 댓글이 달리기도 합니다. 이것을 방지하는 방법은 단정적인 표현을 쓰지 않는 것입니다. 내가 한 말이 정답이라고 강요하면 분명히 그것에 반감을 가지는 사람이 있기 마련입니다. 세상은 살아볼수록 정답이 없다는 것을 느끼게 됩니다. 내가 정답이라고 알았던 것에도 의구심이 생기기도 합니다. 이것이 옳을 수도 있지만 저것도 옳을 수 있습니다. 단정적으로 말하기보다는 '내 생각에는~', '어떤 자료에 의하면~' 등 개인적인 생각이라고 말하거나 확실한 근거를 제공하면서 글을 쓰면 악성 댓글을 피할 수 있습니다. 그렇게 열린 마음으로 글을 쓰면 많은 이웃과 소통할 수 있을 것입니다.

3 경험을 바탕으로 쓴 글이 가장 좋다

경험담만큼 설득력 있는 글은 없습니다. 요즘 블로그 글을 보면 간혹 클릭을 받기 위해 작성한 글들이 눈에 띕니다. 여기저기서 주워들은 이야기와 인터넷에 떠도는 사진을 짜깁기하여 만든 카드뉴스형 글들이 넘쳐납니다. 물론 클릭을 받기 위해 그런 글을 쓰는 것도 하나의 방법일 수 있지만, 그런 글은 네이버 알고리즘과 이용자의 선택을 받지 못합니다. 자신이 경험한 것을 생생하게 담아내는 글이 가장 좋습니다.

저는 아이들 건강과 관련된 실제 경험담을 쓰는 일이 많습니다. 같은 일을 겪고 있을 엄마들에게 도움을 주고 싶어 증상의 발현부터 완치까지 상세하게 기록해뒀다가 포스팅을 합니다. 원인과 증상 정도만 간단하게 써놓은 글들과 비교했을 때, 저의 글은 상당히 긴 글임에도 불구하고 체류 시간과 댓글 등에서 훨씬 더 인기가 있습니다. 아이의 건강과 관련된 글은 아무리 길더라도 엄마들은 꼼꼼하게 읽어봅니다.

이렇듯 직접 체험한 내용이나 느낀 점을 적을 때는 글도 잘 써지고 글 쓰는 재미도 납니다. 글을 쓰는 사람이 재미있어야 읽는 사람도 재미있습니다.

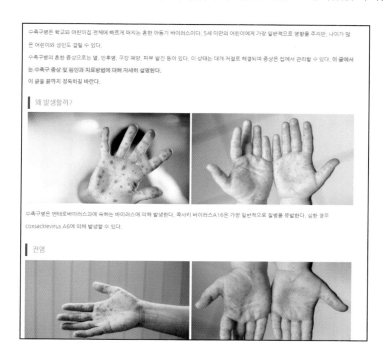

[4] 유사문서/중복문서를 피하는 방법

블로그에 글을 쓰다 보면 가끔 유사문서나 중복문서 등으로 인해 내 글이 검색에서 제외되는 것을 경험하게 됩니다. 다른 포스팅과 너무 유사하다면 검색엔진이 '표절 또는 유사'라고 인식하여 검색에서 제외합니다.

제목, 본문, 사진, 동영상이 다른 글과 비슷하거나 일정 범위 이상이 중복되면 유사문서로 분류합니다. 네이버는 먼저 쓴 글을 원본으로 인정하고 나중에 작성된 글은 유사문서로 분류해서 검색에서 누락시킵니다.

그렇다면 어떠한 것이 유사문서일까요?

- 기존 인터넷상에서 이미 업로드된 글을 그대로 인용한 경우
- 게시된 이미지 및 동영상을 그대로 포함한 포스팅
- 노래, 음악의 가사를 그대로 옮겨적은 포스팅
- 책 내용의 일부, 발표된 시의 일부분, 인터넷뉴스의 본문 등을 그대로 사용한 경우
- 자동 프로그램으로 발췌된 포스팅
- 사진의 메타데이터를 수정해 매번 재사용한 포스팅
- 체험단 운영업체에서 제공한 글, 이미지, 문장 등에 의한 유사문서
- 상업적으로 제공된 가이드에 위반된 포스팅
- 출처와 대가가 제대로 명시되지 않은 포스팅
- 기존 블로그 글을 삭제 후, 새 블로그에 그대로 업로드한 경우

대략 이러한 것을 네이버에서는 유사문서라고 합니다.

그런데 만약 피치 못해 내 글 속에 유명 저자의 글을 인용한다든지 유사 문구를 꼭 써야만 한다면 어떻게 해야 할까? 글의 내용상 책의 일부분이나 뉴스의 한 부분을 꼭 인용해야 할 때도 있습니다. 그럴 때는 블로그 글쓰기 메뉴에 있는 '인용구'를 이용해서 쓰는 것을 추천합니다. 그리고 복사해온 부분의 출처를 꼭 밝히고 인용하여 쓴다면 유사문서를 피할 수 있다고 합니다. 무분별한 복사글이 아닌 본문에 필요한 적절한 글을 퍼온다면 유사문서 때문에 누락되는 현상은 막을 수 있습니다.

그렇다면 사진의 경우는 어떨까? 만약 홈페이지에 나오는 이벤트 페이지를 캡처해서 써야만 하는 경우에는 어떻게 하는 게 좋을까? 이럴 때는 다른 블로거들도 모두

캡처해서 사용하는 사진을 그대로 쓰지 말고, 나만의 사진을 촬영하여 유사문서를 피하면 됩니다. 캡처가 필요한 화면을 휴대전화에 띄워놓고 그 화면을 카메라로 촬영하면 나만의 사진을 만들 수 있습니다.

내가 찍은 사진이라도 재사용하면 네이버는 유사문서로 판단하여 지수를 하락시킵니다. 꼭 사용해야 한다면 포토샵이나 포토스케이프에서 이미지의 일부분을 자르고 '다른 이름으로 저장'하여 사진의 '속성'(메타데이터) 정보를 변경해주는 것이 좋습니다.

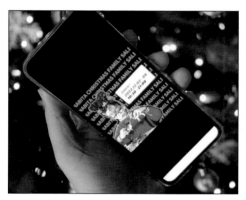

Tip 카피킬러로 유사문서 확인하기

카피킬러 사이트(https://www.copykiller.com/)에서 유사문서를 확인할 수 있습니다. 회원 가입을 하면 1일 1건 무료 검사를 할 수 있습니다.

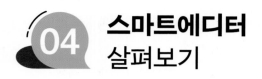

04 스마트에디터
살펴보기

스마트에디터는 네이버에서 개발한 웹 에디터로 블로그, 카페, 포스트, 스마트스토어 등 네이버에서 글쓰기가 제공되는 공간에서 사용되고 있습니다. 스마트에디터는 1.0, 2.0, 3.0, ONE으로 버전업되었고 현재는 블로그, 카페 등 주요 서비스에서 스마트에디터 ONE을 사용하고 있습니다.

스마트에디터 ONE은 다양한 컴포넌트를 이용하여 본문을 알차게 작성할 수 있고, 사진과 동영상도 편집 및 삽입할 수 있습니다. 이러한 편리한 기능을 사용하면 누구나 손쉽게 원하는 글을 작성할 수 있습니다.

1 스마트에디터 ONE 화면 살펴보기

내 블로그에서 **글쓰기**를 클릭하면 스마트에디터 ONE 화면이 나타납니다.

상단의 '기본도구 영역'과 그 아래의 '속성 영역', 오른쪽의 '사이드 패널', 하단의 '본문 영역'으로 나뉘어 있습니다. 네이버는 이 영역에서 창작에 필요한 모든 것들을 제공해주고 있습니다.

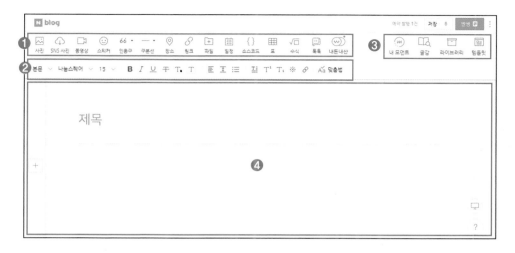

① 기본 도구 막대

　문서를 작성하고 꾸미는 데 필요한 기본적인 도구가 있습니다. 사진, 동영상, 스티커, 인용구, 구분선, 링크 등을 넣어서 본문을 편집하고 구성할 수 있습니다. 각 버튼을 선택하면 작성 중인 글을 편집하거나 새로운 요소를 추가할 수 있는 창이 열립니다.

② 속성 도구 막대

　선택한 도구에 따라 작업할 수 있는 속성 메뉴가 나타납니다. 텍스트 도구를 선택하면 서체나 글자 크기, 색상, 정렬, 줄간격, 글머리표 작업 등을 설정할 수 있습니다. 또 글자에 링크를 달 수 있고, 맞춤법 검사도 할 수 있습니다. 사진 도구를 선택하면 정렬, 사진 교체, 편집, 크기, 문단 내 배치, 링크 등 설정 도구가 나타납니다.

③ 사이드 패널

　내 모먼트, 글감, 라이브러리, 템플릿으로 본문을 더 멋지게 꾸밀 수 있는 기능이 있습니다. 네이버에서 제공해주는 사진이나 뉴스, 상품들을 찾아서 본문에 삽입할 수 있고, 템플릿을 적용하여 본문을 좀 더 예쁘게 꾸밀 수 있습니다.

④ 본문 영역

　제목과 글을 작성할 수 있는 곳입니다. 해시태그를 입력할 수 있으며, 글을 쓰면서 왼쪽에 보이는 [+] 버튼을 누르게 되면 사진이나 스티커, 구분선, 인용구를 바로 삽입할 수 있는 메뉴가 생깁니다. 여러 영역을 이용해서 본문을 예쁘고 멋지게 꾸며서 나만의 글감으로 꾸밀 수 있는 공간입니다.

1) [기본 도구 막대] 자세히 살펴보기

① **사진**: 내 컴퓨터에 저장된 사진을 삽입할 수 있습니다.

② **SNS 사진**: 네이버 MYBOX, 페이스북, 인스타그램의 사진을 연동해서 불러와 삽입할 수 있습니다.

③ **동영상**: 내 컴퓨터에 저장된 영상이나 네이버 MYBOX에 보관된 동영상을 업로드할 수 있습니다. 링크 주소로 된 영상이라면 본문 영역에 삽입하면 바로 나타납니다.

④ **스티커**: 네이버에서 제공하는 무료 스티커를 본문에 삽입할 수 있고, 네이버 OGQ마켓에서 스티커를 직접 구매할 수도 있습니다. SNS를 하는 것처럼 스티커를 활용하여 글을 풍성하게 꾸밀 수 있습니다.

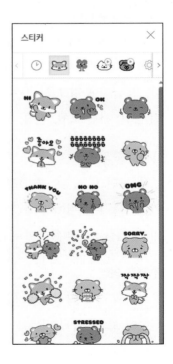

⑤ **인용구**: 인용구나 강조 문구, 소제목용으로 주로 쓰입니다. 따옴표, 버티컬 라인, 말풍선, 라인&따옴표, 포스트잇, 프레임 등의 종류가 있습니다. 크기나 스타일, 색, 배열 등을 변경할 수 있습니다.

⑥ **구분선**: 글과 글 사이에 넣어서 문단을 구분할 때 사용하거나 문장을 시작할 때 사용하기도 합니다. 자신만의 스타일로 구분 지을 때 쓰이기도 합니다. 본문을 꾸밀 때 유용합니다.

⑦ **장소**: 원하는 장소의 지도를 본문에 추가할 수 있는 기능입니다. 맛집, 여행지에 관한 이야기를 쓸 때 거의 필수로 사용됩니다. 자신의 가게를 홍보할 때 유용하게 쓰입니다. 장소는 한 번에 최대 5개까지 추가할 수 있습니다.

스마트에디터의 '장소' 기능을 이용해 위치 지도를 삽입하면, 내 글이 네이버 플레이스 검색 결과에서도 노출될 수 있습니다. '네이버 플레이스'는 내 업체의 정보를 지도상에 표시해주는 서비스로 해당 업체의 소개글, 영업시간, 휴무일, 업체 사진, 웹주소, 리뷰 등 상세정보를 보여주고, 관련된 블로그의 리뷰 글도 보여줍니다.

예를 들어 얼마 전에 다녀온 커피집에 관한 글을 포스팅한다고 해봅시다. 맛집에 대한 글을 작성하면서 본문에 '장소' 기능을 이용해 지도 표시를 했습니다. 이렇게 하면 내 블로그 글로 직접 들어오는 방문자보다 '플레이스'를 통해 들어오는 방문자가 더 많을 수도 있습니다. 특히 유명한 장소일수록 더 그렇습니다. 왜냐하면 통합검색에서 플레이스 섹션이 먼저 나오기 때문입니다.

네이버 통합검색에서 '히츠커피'를 검색하면 플레이스를 가장 먼저 보여줍니다. 클릭하여 들어가면 지도 표시와 함께 하단에 '블로그 리뷰'도 보여줍니다. 이 리뷰에 올라온 내 글을 클릭하여 내 블로그로 들어오는 것입니다. 이러한 행동은 우리가 흔히 맛집 검색을 할 때 하는 일련의 과정입니다. 이렇게 장소 기능을 이용하여 지도를 삽입하면 네이버 플레이스를 통해서도 내 블로그에 유입될 수 있습니다.

⑧ **링크**: 본문에 링크가 필요한 경우 URL을 삽입하는 공간입니다. 동영상의 링크 주소를 넣어도 되고, 쇼핑몰 바로가기 링크도 넣을 수 있습니다.
URL을 입력한 후 돋보기 버튼을 누르면 미리보기로 어떤 글인지 내용을 볼 수 있습니다.

⑨ **파일**: 내 컴퓨터에 있는 파일이나 네이버 MYBOX에 있는 파일을 첨부할 수 있습니다. 업로드는 최대 20개까지 할 수 있으며, 파일당 용량은 10MB까지 가능합니다. 구독자들이 내려받기할 수 있는 유용한 기능입니다.

⑩ **일정**: 오프라인 행사를 소개하거나 이벤트를 안내할 때 유용한 기능입니다. 일정의 시작일과 종료일, 장소, 행사 관련 내용을 입력하여 본문에서 행사를 소개할 때 사용하면 좋습니다.

⑪ **소스코드**: 본문에 소스코드를 삽입할 때 사용하면 좋습니다. html 태그를 보여주거나 설명할 때 유용하게 쓰이는 기능입니다.

```
<img src="파일명" width="170" height="200" /></a>
<map name="Map" id="Map">
<area shape="rect" coords="0,0,170,200" href="주소" target="_blank">
</map>
```

⑫ **표**: 표를 만들 수 있습니다.

⑬ **수식**: 수식을 입력할 수 있습니다. 계산기도 사용할 수 있고, 복잡한 수학 공식이나 기호도 쉽게 입력할 수 있습니다.

⑭ **톡톡**: 네이버 톡톡 아이디가 있는 사업자나 블로거라면 본문에 바로가기 배너를 삽입할 수 있습니다. 톡톡 아이디가 없으면 기본도구 영역에서 보이지 않습니다.

⑮ **내돈내산**: 네이버의 일부 서비스에서 이용, 결제한 내역을 바탕으로 작성자 스스로 내돈내산임을 보증하는 기능입니다. 본문에 내돈내산 인증이 첨부된 글은 상단에 내돈내산 인증 배너가 노출됩니다. 내돈내산 인증정보는 한 번만 첨부하여 발행할 수 있고, 글 한 개당 10개까지 첨부할 수 있습니다. 내돈내산 컴포넌트가 포함되어 있는 글은 '본문허용' 스크랩을 지원하지 않습니다.

2) [속성 도구 막대] 자세히 살펴보기

| 본문 ∨ | 나눔스퀘어 ∨ | 15 ∨ | **B** *I* U̲ T̶ T̲. T | 匡 ☰ ☷ | T̲ T¹ T₁ ※ ⌗ | A̲a 맞춤법 |
| **❶** | **❷** | **❸** | **❹❺❻❼❽❾** | **❿⓫⓬** | **⓭⓮⓯⓰⓱** | **⓲** |

① **문단서식**: 본문/소제목/인용구로 원하는 글이나 문단을 바꿀 수 있습니다.

② **글꼴**: 네이버에서 제공하는 서체들을 선택할 수 있습니다.

③ **글자 크기변경**: 글자 크기를 설정할 수 있습니다.

④ **굵기**: 글자를 굵게 합니다.

⑤ **기울이기**: 글자를 기울입니다.

⑥ **밑줄**: 글자 아래에 밑줄을 긋습니다.

⑦ **취소선**: 글자 가운데에 취소선을 긋습니다.

⑧ **글자색**: 글자의 색을 지정합니다.

⑨ **글자 배경색**: 글자의 배경색을 지정합니다.

⑩ **문단 정렬**: 왼쪽, 가운데, 오른쪽, 양쪽 정렬 중 원하는 스타일로 문단을 정렬할 수 있습니다.

⑪ **줄간격**: 본문의 줄간격을 지정합니다.

⑫ **목록 지정**: 문단의 처음에 글머리 기호나 숫자를 설정할 수 있습니다.

⑬ **머리글자**: 문단의 첫 글자를 머리글자로 만들어줍니다.

⑭ **위첨자**: 위첨자를 적용합니다.

⑮ **아래첨자**: 아래첨자를 적용합니다.

⑯ **특수문자**: 특수문자를 삽입할 수 있습니다.

⑰ **링크 삽입**: 본문에 링크를 입력하거나 글자나 이미지에 링크를 걸 수 있습니다.

⑱ **맞춤법**: 맞춤법을 검사할 수 있습니다.

3) [사이드 패널] 자세히 살펴보기

① **내 모먼트**: 내가 올린 모먼트 영상을 블로그 글에 삽입할 수 있습니다.

② **글감**: 사진, 책, 영화, TV, 공연·전시, 음악, 쇼핑, 뉴스 등을 검색해 글감으로 넣을 수 있습니다. 저작권과 관련한 사진은 무료사진을 검색해서 글에 첨부할 수 있습니다. 제품 리뷰를 할 경우 쇼핑몰의 제품을 바로 삽입할 수 있습니다. 글감을 첨부하면 본문을 좀 더 멋지게 꾸밀 수 있습니다.

글을 발행할 때 '네이버 서비스로 글 보내기'를 체크하고 발행하면 글감과 관련된 네이버 섹션에서 연관 리뷰로 내 블로그 글이 노출될 수 있습니다.

③ **라이브러리**: 글에 삽입한 이미지, 동영상, 파일 등을 확인할 수 있습니다.

■ 대표 사진 변경하기

블로그 대표 사진은 검색 결과에서 글 제목과 함께 노출되는 이미지입니다. 또 블로그 글이 다른 곳에 삽입될 때 링크와 함께 보이게 됩니다. 문서 안의 여러 이미지나 동영상 중에서 한 장만 선택할 수 있습니다.

보통 글 작성 시 처음으로 삽입된 사진이 대표 사진이 되는데, 이것을 변경하고 싶을 때는 대표 사진으로 하고자 하는 사진을 클릭한 후 왼쪽 상단의 '대표'를 클릭하면 버튼이 초록색으로 바뀌고, 그 사진이 대표 사진이 됩니다. 사이드 패널에 있는 '라이브러리'에서는 원하는 사진을 클릭하면 대표 사진이 됩니다. 제목에 사용한 배경 사진 또한 대표 사진으로 설정할 수 있습니다.

이미지가 들어간 문서의 경우 반드시 하나의 대표 사진이 설정됩니다. 글 속에 이미지가 삽입되지 않았다면 대표 사진이 없는 문서가 됩니다.

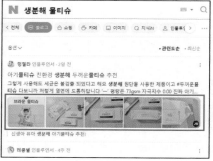

④ **템플릿**: 추천 템플릿/부분 템플릿/내 템플릿 기능이 있습니다. 블로거들이 주로 사용하는 문서 양식을 네이버가 추천해줍니다. 처음 시작하는 블로거들이 도움을 받을 수 있습니다. 글을 쓰는 법이 어렵다면, 혹은 본문 구성이 어렵다면 부분 템플릿이나 추천 템플릿을 이용해서 사진이나 글을 변경해서 나만의 글로 꾸미는 것도 방법입니다. '내 템플릿'은

기존에 내가 작성한 문서 양식을 템플릿으로 추가해두고, 글을 쓸 때 불러와서 사용할 수 있습니다.

■ 템플릿 이용하기

'추천 템플릿'을 선택하면 글쓰기 영역에 해당 템플릿이 나타납니다. 그러면 제목, 본문, 사진 등 구성 요소를 내가 원하는 대로 바꿔주면 됩니다. 이렇게 템플릿의 구성에 맞춰 나의 콘텐츠로 변경해주면 손쉽게 글을 완성할 수 있습니다.

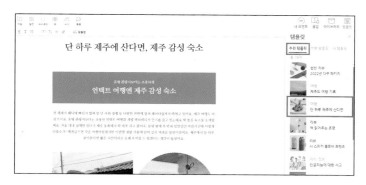

'부분 템플릿'은 글을 쓰면서 어느 한 부분에서 템플릿을 추가하여 작업하고자 할 때 사용합니다. 사용할 위치에서 템플릿을 추가한 후 내가 원하는 내용으로 변경해주면 됩니다. 이렇게 추천 템플릿과 부분 템플릿을 적절히 사용하면 초보자도 좋은 레이아웃의 문서를 만들 수 있습니다.

4) 발행, 더 보기 메뉴

① **예약 발행**: 예약 발행을 해둔 건수가 표시됩니다. 예약 발행을 해둔 목록은 수정이 가능합니다. PC에서만 사용이 가능한 기능입니다

② **저장**: 글을 쓰다가 중간중간 저장 기능을 이용할 수 있습니다. 저장해둔 글을 불러와서 다시 글을 쓸 수 있고, 임시저장을 누를 수 있습니다. PC나 스마트폰으로 이어 쓸 수 있는 기능이라 유용합니다. 저장의 오른쪽 숫자는 저장한 글들의 숫자입니다.

③ **발행**: 글을 다 쓴 후 발행 버튼을 누르면 옵션을 설정할 수 있습니다. 카테고리나 글의 주제, 공개 범위, 댓글, 공감, 검색, 링크, 공유의 허용 등을 설정할 수 있고, 태그를 입력할 수 있습니다. 그리고 바로 발행을 할 것인지 예약을 할 것인지를 설정하여 발행할 수 있습니다. '공지사항으로 등록'에 체크하면 공지사항으로 바로 등록도 가능합니다.

■ 공지글 등록하기

중요한 글이나 방문자에게 알리고 싶은 내용을 공지글로 등록할 수 있습니다. 공지글은 블로그 타이틀 바로 아래에 게시됩니다.

☒ 공지 성인 수족구 증상 (ft. 병원, 치료, 병원, 수포, 어른 전염시 격리) (28)		2023. 7. 14.
☒ 공지 요즘 유행하는 감기 증상 · 아데노바이러스 재감염 성인도 정염되요 (20)		2023. 8. 4.
☒ 공지 2023 대한민국 한복모델 선발대회 _ 제9본선 후기 (46)		2023. 6. 8.
☒ 공지 세상에! 베스트셀러라니 (235)		2018. 6. 5.
☒ 공지 블로그 꾸미기 명절라 주체곡이 생겼습니당 ! /시 (101)		2016. 4. 3.
전체보기 4,193개의 글		**목록닫기**
글 제목	조회수	작성일
자이글 원류 써본 대용량 에어프라이어중에 젤 만족회 (15)	268	2023. 7. 20.

블로그 글을 작성하고 발행할 때 **공지사항으로 등록**에 체크한 후 발행을 하면 작성한 글이 공지사항에 등록됩니다.

이미 발행한 글을 공지글로 등록하고자 할 때는 해당 글의 하단에 있는 **설정 → 공지사항에 등록**을 클릭하면 됩니다.

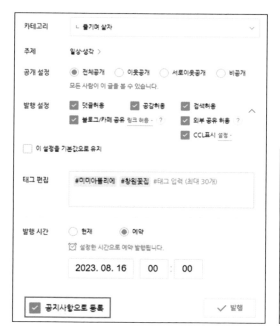

공지사항은 최대 5개까지 등록할 수 있습니다. 이를 초과하여 등록하려고 하면 기존 공지글 중에 하나를 내리고 등록해야 합니다. 공지사항 목록 글 왼쪽에 있는 ⊠ 버튼을 클릭하면 공지 글이 내려집니다.

---

④ : (더 보기): 세 개의 세로 점을 누르면 새 글쓰기/내 블로그/관리/통계/기본 서체 설정 메뉴가 나옵니다. 메뉴를 통해 화면으로 바로 이동할 수 있습니다.

'기본 서체 설정'에서는 내 블로그 글쓰기의 기본 서체를 설정할 수 있습니다.

| 새 글쓰기 |
| 내 블로그 |
| 관리 |
| 통계 |
| 기본 서체 설정 |

5) [본문 영역] 자세히 살펴보기

'제목 영역'에서 제목을 입력하고 배경 사진을 삽입할 수 있습니다.

'본문 영역'에서 본문을 작성합니다. 화면 오른쪽 하단에 있는 기기별(PC, 모바일, 태블릿) '미리보기' 화면을 클릭하면서 해당 기기에서 작성하는 글이 어떻게 보이는지 확인할 수 있습니다. 모바일에서 보이는 화면을 미리보기 하면서 PC와 모바일 화면 모두에서 적합한 글을 작성하도록 합니다. '도움말'을 클릭하면 스마트에디터에서 글 작성에 관한 도움말을 얻을 수 있습니다.

① **제목 꾸미기**: 제목을 입력하고 글꼴, 크기, 문단 정렬 등을 설정할 수 있습니다. 이미지 삽입 아이콘을 클릭하여 내 컴퓨터나 네이버 MYBOX, SNS에 있는 사진을 불러와 제목의 배경 사진을 꾸밀 수 있습니다. 제목의 배경을 대표 사진으로 지정할 수 있습니다. 배경 이미지를 넣지 않고 텍스트로만 꾸며도 됩니다.

② **컨텍스트 메뉴**: 텍스트를 블록 선택하거나 문서의 첨부 요소를 선택하면, 많이 사용되는 속성 도구 막대 메뉴가 나타납니다. 화면 상단의 속성 도구 막대를 사용하지 않고도 빠르게 편집할 수 있는 연관 메뉴입니다.

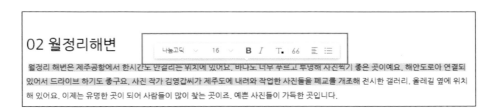

③ **인서트 메뉴**: 본문 내에서 마우스를 클릭하면 항목 왼쪽에 ⊞ 모양의 버튼이 나타납니다. 버튼을 누르면 사진/스티커/구분선/인용구를 바로 삽입할 수 있는 인서트 메뉴가 나타납니다.

④ **기기별 미리보기**: PC 화면/모바일 화면/태블릿 화면에서 글이 어떻게 보이는지를 확인할 수 있습니다. 문단의 길이, 줄바꿈 등에 따라 기기 화면별로 어떻게 보이는지를 알 수 있어서 본문을 꾸밀 때 유용하게 쓰입니다. 블로그 글은 모바일에서 많이들 보기 때문에 모바일 화면을 미리보기 하면서 PC 화면과 모바일 화면 모두에서 보기에 좋은 글을 만들도록 합니다.

⑤ **도움말**: 스마트에디터 ONE의 기능을 설명해주는 버튼입니다. 기능에 대해서 모르는 부분이 생기면 눌러보면 됩니다.

2 기본 서체 설정하기

내 블로그에서 **관리 → 기본 설정 → 기본 서체 설정**을 클릭해 내 블로그 글쓰기의 기본 서체를 설정할 수 있습니다.(스마트에디터에서 **더 보기** 버튼에 있는 **기본 서체 설정**에서 해도 됩니다.)

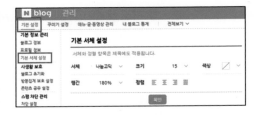

본문에 사용할 서체, 크기, 색상, 행간, 정렬을 설정할 수 있습니다. 서체와 정렬 항목은 제목에도 같이 적용됩니다.

기본 서체를 설정해 놓으면 글쓰기를 할 때마다 그때그때 지정하지 않아도 설정한 대로 적용됩니다. 이렇게 서체와 문단 등을 통일하여 발행하면 내 발행물에 통일감과 정돈된 느낌을 줍니다. 또 내 블로그 글의 톤앤매너를 방문자에게 심어줄 수 있습니다. 물론 글쓰기를 하면서 원하는 부분만 다르게 지정해줄 수 있습니다.

블로그 서체를 지정할 때는 가독성을 고려해야 합니다. 손글씨체는 예뻐 보일 수는 있으나 장문의 글에서는 가독성이 떨어집니다. 시중에 판매되고 있는 책을 보면 주로 명조체와 고딕체로 이루어져 있는 것을 알 수 있습니다. 이것은 이 서체가 가장 안정적이고 가독성이 좋기 때문입니다. 크기는 15포인트 이상이 좋습니다. 모바일 환경에서도 잘 보이게 설정합니다.

모바일 앱에서는 우측 상단 **더 보기** 버튼 → **환경설정** → **글쓰기 기본값 설정** → **기본 서체 설정**에서 설정하면 됩니다.

05 사진은 필수, 동영상은 센스!

블로그 글의 주목도와 가독성을 높이기 위해서는 글에 어울리는 적절한 사진의 배치는 필수입니다. 잘 찍은 사진일수록 눈길을 사로잡는 건 당연하겠죠. 요즘은 본문에 동영상을 삽입할 경우 상위노출에 조금 더 유리합니다. 이제는 동영상도 본문에 포함하게 됨으로써 블로거들은 더 바빠지게 되었습니다. 반면에 독자들은 좀 더 풍부한 포스팅을 볼 수 있게 되었습니다.

블로그 글의 사진

블로그 글의 사진은 가로나 정사각형 사진을 사용하는 것이 좋습니다. 위아래로 스크롤을 하는 블로그 글에서 세로로 긴 사진은 가로 사진보다 많은 스크롤 시간을 차지합니다. 이런 세로 사진을 너무 많이 배치하면 스크롤에 지친 사람은 이탈하고 맙니다. 가로 사진과 정사각형의 사진은 세로 화면의 스마트폰에서 볼 때 글과 함께 읽을 수 있는 구성이 되기 때문에 보기에도 좋고 구성도 안정적입니다. 만약 세로 사진을 사용해야 한다면 2~3개를 편집하여 사용하면 좋습니다.

업로드할 사진의 파일명은 영문 또는 숫자 조합으로 하는 것이 좋습니다. 한글이나 특수문자가 있는 경우 오류가 발생할 수 있습니다.

 Tip 사진 첨부 형식 및 용량

- 업로드 가능 개수: 최대 50장
- 업로드 용량: 최대 100MB
- 확장자: JPG, JPEG, PNG, GIF

가로 사진과 정사각형 사진, 세로 사진을 편집하여 사용하였습니다.

1 사진 삽입하기와 편집 도구

글쓰기 화면에서 기본 도구의 **사진**, **SNS 사진** 메뉴를 클릭한 후 업로드할 사진을 선택하면 문서에 사진을 삽입할 수 있습니다. SNS 사진을 불러올 때는 각 서비스와의 연동을 위해 로그인이 필요합니다.

본문에 삽입된 사진을 선택하면 사진의 속성 지정과 편집을 할 수 있는 '사진 속성 도구'와 '사진 컨텍스트' 메뉴가 나타납니다. 사진 하단에는 '사진 설명을 입력하세요.'라는 캡션 입력란이 있습니다. 클릭하여 사진 설명글을 입력할 수 있습니다.

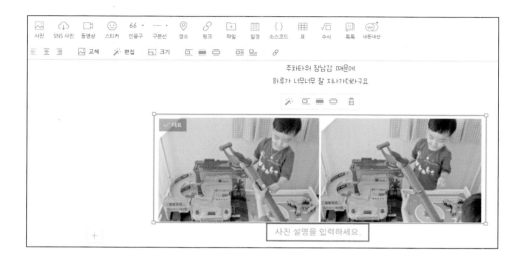

사진 속성 도구

① **사진 정렬**: 왼쪽, 가운데, 오른쪽 정렬로 사진을 정렬할 수 있습니다.

② **사진 교체**: 내 컴퓨터에 있는 사진으로 교체할 수 있습니다.

③ **사진 편집**: 사진을 편집할 수 있는 스마트에디터 편집창이 뜹니다.

④ **사진 크기 변경**: 사진 크기를 변경할 수 있습니다. 너비(W)와 높이(H)를 입력할 수 있는데, 문서 너비보다 크게 변경할 수는 없습니다. 한쪽 값을 입력하면 다른 값은 원본에 비례하여 변경됩니다.(원본 사진의 비율 변경은 포토에디터의 '자르기' 기능으로 할 수 있습니다.) '모든 사진 적용'에 체크하고 '확인'을 클

릭하면 문서의 모든 사진에 설정값이 적용됩니다. '초기화'를 누르면 원래 크기로
돌아갑니다.

⑤ **사진 너비**: 사진의 너비를 설정할 수 있습니다. '작게'는 문서 너비보다 작게, '문서
너비'는 문서 너비와 동일하게, '옆트임'은 문서 너비보다 좌우가 큰 사진이 됩니다.

⑥ **사진 배열**: '문단 내 배치'는 사진과 텍스트를 한 문단에 병렬로 배
치할 수 있습니다. '내부 좌측 정렬', '내부 우측 정렬', '큰 이미지
내부 좌측 정렬', '큰 이미지 내부 우측 정렬' 중에서 설정할 수 있
습니다. 배열이 적용된 사진은 크기가 줄어들며, 사진 옆의 빈 영
역을 클릭하면 텍스트를 입력할 수 있습니다. 설정한 배치를 해
제하고 원래대로 돌리고 싶을 때는 사진을 선택한 후 '사진 속성'
도구상자에서 '사진 너비' 옵션을 선택하면 됩니다.

'글자처럼 변환'을 클릭하면 사진이 글자처럼 인식됩니다. 글자처
럼 변환되면 텍스트로 인식되기 때문에 사진 속성을 설정할 수 없습니다.

⑦ **사진 링크 입력**: 사진을 선택하고 '링크 입력' 버튼을 클릭하여 링크 주소를 입력할
수 있습니다. 이동할 URL 주소를 입력하고 체크하면 사진에 링크가 삽입됩니다.
링크가 삽입된 사진은 사진 우측 하단에 링크 표시가 나타납니다. 설정한 링크를
삭제하고 할 때는 링크 입력창에 입력한 URL 주소를 삭제하고 '확인'을 클릭하면
됩니다.

발행한 글에서 링크가 삽입된 사진을 클릭하면 해당 링크로 이동합니다.

사진 컨텍스트 메뉴

삽입한 사진을 선택하면 사진 위에 컨텍스트 메뉴가 나타납니다. 사진 속성 도구에서 자주 사용하는 메뉴를 보여주는 것입니다. '사진 편집', '작게', '문서 너비', '옆트임', '삭제' 메뉴가 있습니다. 기능은 사진 속성 도구의 메뉴와 같습니다.

사진 설명글을 클릭하면 컨텍스트 메뉴가 나타납니다. '사진 정렬', '굵게', '특수문자', '링크 입력' 메뉴가 있습니다. 사진 설명글을 입력하고 설정하면 됩니다.

② 여러 장의 사진 한꺼번에 올리기

스마트에디터의 여러 기능 중에서 제가 편리하게 사용하는 기능은 여러 장의 사진 올리기입니다. 저의 블로그 글은 사진이 많이 들어가는 편입니다. 글을 작성하면서 내 컴퓨터와 모바일에 있는 사진을 불러오는 경우가 많습니다. 스마트에디터에는 사진을 순서대로 본문에 불러오는 기능이 있습니다.

본문에 사진 삽입하기

글을 작성하면서 기본 도구 영역에 있는 **사진**을 클릭한 후 원하는 사진을 선택하고 '열기'를 클릭하면 본문에 사진이 추가됩니다. 가장 기본적인 방법입니다.

Shift 또는 Ctrl 키를 누른 채 사진을 클릭하면 여러 장의 사진을 선택할 수 있고, 한꺼번에 추가할 수 있습니다.

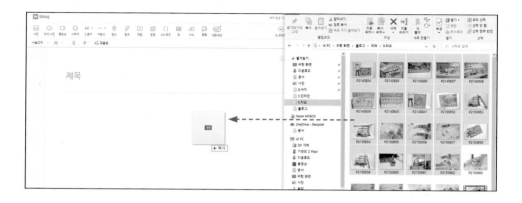

폴더 안의 그림을 드래그하여 글쓰기 영역의 원하는 위치로 끌어와도 됩니다(드래그 앤드 드롭). 저는 주로 그림 폴더에 본문에 추가할 사진을 순서대로 정리해두고 드래그해서 삽입합니다.

여러 장의 사진을 선택한 후에 등록하게 되면 '사진 첨부 방식' 선택 창이 뜹니다. 이 첨부 방식에 따라 다양한 형태로 사진이 연출됩니다.

한 장씩 등록되는 '개별사진'으로 등록할 수도 있고, 비슷한 사진들은 '콜라주' 형태로도 등록할 수 있습니다. 그리고 '슬라이드' 형태로 10장씩 넘겨 보기로도 등록할 수 있습니다.

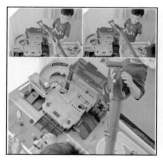

콜라주

슬라이드

③ 스마트에디터 ONE에서 사진 편집하기

스마트에디터는 사진 편집과 꾸미기를 위한 다양한 기능을 담은 '포토에디터'를 제공하고 있습니다. 포토샵 등 외부 프로그램이나 앱을 활용하지 않아도 포토에디터를 이용해 전문가 수준으로 사진을 편집할 수 있습니다. 자르기, 보정, 필터, 스티커, 서명 등 여러 가지 편집 기능이 있습니다.

본문에 삽입한 사진을 더블클릭하거나 사진 선택 후 [사진편집✨]을 클릭하면 포토에디터 화면이 나옵니다.

포토에디터 창에는 본문에 사용된 그림이 모두 나타납니다. 사진을 끌어서 원하는 위치에 갖다 놓으면 사진의 순서를 바꿀 수 있고, 본문에 적용됩니다. 사진 순서를 편집한 후에 그에 맞춰 글을 쓰면 편리하므로 이 작업을 먼저 해주는 것이 좋습니다.

화면 오른쪽에는 편집 기능 툴이 있습니다.

① 크기

사진 가로 사이즈를 변경할 수 있습니다. 직접 입력해서 변경할 수도 있고, 지정되어 있는 사이즈로 변경할 수도 있습니다.

사이즈를 지정하고 모든 사진에 적용시킬 수도 있으며, 사진 선택을 해서 원하는 사진들만 지정 사이즈로 변경할 수도 있습니다.

② 자르기, 회전

종횡비 비율로 사진을 자르거나 '자유' 버튼으로 자유롭게 자를 수 있습니다. 모서리를 드래그하여 자를 범위를 지정하고, 사진을 드래그하여 보여질 부분을 조정할 수 있습니다.

반시계 방향 90도, 시계 방향 90도 회전과 상하, 좌우 반전도 할 수 있습니다.

사진 우측의 각도기를 드래그해서 사진의 기울기를 조정할 수 있습니다. 사진의 자동수평을 조절하여 안정감 있는 구도로 보일 수 있도록 하는 기능도 있습니다.

③ 필터

네이버에서 제공하는 사진 필터입니다. 총 29개의 필터가 있습니다. 자신이 원하는 느낌의 사진으로 변경할 수 있습니다. 블로그의 느낌에 맞게 선택하여 꾸미는 것을 추천합니다.

원하는 필터를 선택하면 사진에 필터가 적용되고, 사진을 누르면 원본 이미지와 비교할 수 있습니다. 필터의 투명도 슬라이드 바를 조절하여 투명도를 조절할 수 있습니다.

④ 보정

자동 레벨 기능으로 사진의 노출, 대비 등을 한 번에 보정할 수 있습니다. 밝기, 채도, 선명도, 색온도, 대비, 원형 블러, 선형 블러, 비네팅 등 다양한 보정 기능을 활용할 수 있습니다. 블러나 비네팅은 사진의 초점을 흐리게 만들거나 끝을 어둡게 해서 사진을 강조할 때 쓰입니다.

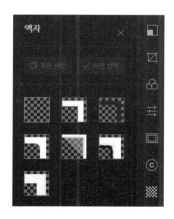

⑤ 액자

사진의 테두리에 다양한 액자 형태를 적용할 수 있습니다.

⑥ 서명

다양한 형태의 서명을 사진에 입력할 수 있습니다. 이미지 서명, 텍스트 서명, 템플릿 서명 중 선택하여 추가할 수 있습니다. 서명 기능을 이용하여 사진 속에 저작권을 표시할 수 있습니다.

⑦ 모자이크

가려야 할 부분에 모자이크 처리를 할 때 사용합니다. 초상권이나 상표권 침해 문제가 발생할 소지가 있는 것은 꼭 모자이크 처리를 해야 합니다.

원하는 모자이크를 선택하고 사진에서 모자이크할 부분을 드래그하여 영역을 지정하면 됩니다. 하단의 슬라이드 바를 조절하여 모자이크의 심도를 조절할 수 있습니다. '자동 인식' 버튼을 누르면 사진 속 얼굴을 자동으로 인식해 모자이크가 적용됩니다.

⑧ 텍스트

사진에 글자를 입력할 수 있습니다. '일반 텍스트'의 추가를 클릭하면 텍스트 상자가 사진에 추가됩니다. 텍스트를 입력하고 서체, 크기, 글자색 등을 변경할 수 있습니다.

'아트타이포'에서 원하는 스타일을 선택하면 아트타이포가 사진에 추가됩니다. 텍스트 입력 후 색을 변경할 수 있습니다. 아트타이포로 작업한 사진을 문서의 대표 이미지로 활용하면 내 블로그 글에 통일감을 줄 수 있어 좋습니다.

'말풍선'에서 원하는 스타일 항목을 선택하면 말풍선 형태의 텍스트 상자가 사진에 추가됩니다. 텍스트 입력 후 말풍선 상자를 선택하고 서체, 글자색, 배경색, 글자 굵기, 문단 정렬, 밑줄 등의 서식을 변경할 수 있습니다.

⑨ 스티커

사진 속에 스티커를 삽입해서 재미있는 상황을 연출할 수 있고, 모자이크를 대신해서 얼굴을 가리는 등의 효과를 낼 수 있습니다. 기념일이나 시즌 등과 관련된 스티커도 있어서 여러모로 활용하기에 좋습니다.

⑩ 마스크

도형에 맞도록 사진을 변형해서 연출할 수 있습니다. 도형을 선택한 후 사진에서 원하는 부분에 배치하면 됩니다. 테두리의 색상과 불투명도, 두께를 지정할 수 있습니다.

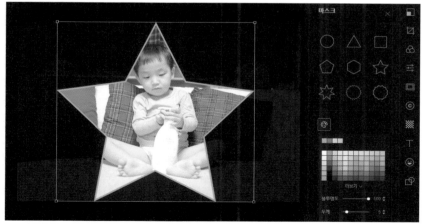

움짤은 '움직이는 짤방', 짤방은 '짤림 방지'라는 뜻의 준말입니다. 사진이나 동영상 전용 게시판에 텍스트를 올릴 경우 삭제되는 것을 방지하고자 내용과 상관없는 사진이나 동영상을 올린 것에서 비롯되었다고 합니다. 주로 GIF, WebP 파일로 제작됩니다.

요즘은 스마트폰이 너무 좋아져서 '움짤' 사진을 쉽게 만들 수 있습니다. 그런데 디카로 찍은 연사 사진이나 동영상 파일을 캡처하여 GIF 파일을 만들어야 할 때도 있습니다. 이럴 때 포토스케이프를 이용하여 GIF 움짤 파일을 만들 수 있습니다.

포토스케이프에는 다양한 기능이 있습니다. 사진을 일괄적으로 편집할 수 있으며, DSLR에서 찍은 큰 RAW 파일을 JPEG 파일로 변환할 수도 있습니다. 화면 캡처, 사진 분할, GIF 애니메이션 만들기 등 여러 기능이 있는 유용한 무료 프로그램입니다.

사진 편집이 능숙하지 않은 초보자는 이 프로그램을 이용하면 많은 도움이 될 것입니다. 저는 글 작성 시 사진 작업은 주로 네이버 포토에디터를 이용하고, '움짤' 파일을 만들 때는 포토스케이프의 'GIF 애니메이션' 기능을 이용합니다.

1. 움직이는 사진을 만들기 위해 **GIF 애니메이션** 메뉴를 클릭합니다.

2. 화면 왼쪽의 폴더 목록에서 연사로 찍은 사진을 드래그하여 편집 영역으로 옮기면 사진이 추가됩니다.

표시 시간 변경을 클릭하여 표시 시간을 원하는 빠르기로 조정합니다. **재생** 버튼을 눌러보면 설정한 시간대로 사진이 움직이는 것을 확인할 수 있습니다. **저장** 버튼을 클릭하여 파일을 저장하면 GIF 파일이 완성됩니다.

스마트에디터에서 '사진' 메뉴로 GIF 파일을 불러와 본문에 삽입하면 움직이는 모습이 그대로 바로 구현됩니다. 따라서 GIF 파일을 본문에 삽입하면 동영상보다 좀 더 눈길을 사로잡는 장점이 있습니다.

⑤ 무료 이미지 찾기

블로그 글을 쓸 때는 저작권 문제에 신경을 써야 합니다. 내 블로그가 상업적 용도가 아니라고 해서 아무 사진이나 막 사용해서는 안 됩니다. 그렇다면 저작권 걱정 없이 쓸 수 있는 이미지들은 없을까요? 물론 있습니다.

스마트에디터 글감 속 무료 사진

스마트에디터 화면 사이드 패널의 **글감** 메뉴의 사진 탭에서 무료 사진을 검색해서 삽입할 수 있습니다.

이렇게 삽입한 사진은 출처가 자동으로 붙습니다. 그대로 사용하면 됩니다. 물론 유료형 사진도 있으므로 잘 확인하고 사용해야 합니다.

글감의 사진은 언스플래시(Unsplash), OGQ 마켓, 픽사베이(Pixabay)의 자료를 서비스하고 있습니다. 검색을 통해 원하는 이미지를 찾을 수 있습니다.

이미지에 마우스를 갖다 대면 사진 크기와 출처가 보이고, 유료 이미지인 경우 가격과 카트 아이콘도 표시됩니다. 카트 아이콘을 클릭하면 구매 사이트로 이동하여 구매할 수 있습니다.

언스플래시

언스플래시(https://unsplash.com/)는 개인이나 전문가가 올린 이미지를 모아놓은 사이트로, 비상업적 용도는 물론 상업적인 용도의 웹사이트에서도 무료로 사용할 수 있습니다. 하지만 사진을 그대로 다른 사람에게 판매하는 것은 허용하지 않습니다. 사진 중에는 간혹 유료 이미지도 있으니 사용에 주의하기 바랍니다.

네이버 OGQ 마켓

네이버 OGQ 마켓(https://ogqmarket.naver.com/)은 크리에이터와 팬들이 네이버 서비스를 통해 콘텐츠를 사용하고 소통하는 플랫폼입니다. 크리에이터가 되면 자신이 창작한 콘텐츠를 올려 판매할 수 있습니다.

판매되는 콘텐츠는 네이버 블로그, 카페, 포스트 등 네이버 서비스에서 노출 및 활용 가능하며, 아프리카TV에서도 사용 가능합니다. 스티커, 이미지, 음원 등 다양한 콘텐츠가 있습니다. 대부분 유료 이미지이며, 무료 이미지도 있습니다.

픽사베이

픽사베이(https://pixabay.com)는 저작권료가 없는 이미지, 비디오, 오디오 및 기타 미디어를 공유하는 작가, 예술가 및 크리에이터로 구성된 커뮤니티입니다. 콘텐츠의 대부분은 저작권이 없는 CC0(Creative Commons Zero) 라이선스입니다(2019년 1월 9일 이전 게시물). CC0는 저작자가 저작권법에 따라 자신의 권리를 포기한 것으로, 저작권자나 콘텐츠 소유자를 표시하지 않아도 개인 및 상업적 목적으로 사용할 수 있습니다.

이미지를 클릭하면 사용 범위 확인이 가능하며, 그 사용 범위에 따라 사용이 가능합니다. 무료 사진이지만 출처나 작가 이름, 혹은 링크는 달아주는 것이 좋습니다.

Tip 픽사베이 기본 라이선스

〈사용 허락〉

• 무료로 사용 가능합니다.　• 저자를 밝히지 않고 사용 가능합니다.
• 콘텐츠를 수정하거나 새 작품에 적용 가능합니다.

〈사용 금지〉

• 콘텐츠를 그대로 판매하거나 배포해서는 안 됩니다.
• 콘텐츠에 인식할 수 있는 상표나 로고, 브랜드가 포함된 경우 상품 및 서비스와 관련하여 상업적 목적으로 해당 콘텐츠를 사용할 수 없습니다. 특히 판매용 상품이나 실제 제품에 해당 콘텐츠를 인쇄하여 사용할 수 없습니다.
• 부도덕하거나 불법적인 용도로 사용할 수 없으며, 유명 인물이 나오는 콘텐츠는 사용할 수 없습니다.

06 카드뉴스 콘텐츠 만들기

카드뉴스는 정보를 이미지화해 쉽게 이해할 수 있도록 한 것으로, 이미지와 텍스트로 간편하게 제작한 이미지 뉴스입니다. 카드뉴스는 깔끔하게 정보를 전달하면서 가독성을 높이고, 방문자 유입의 효과를 가져옵니다.

카드뉴스를 만들기에 좋은 사이트로는 '미리캔버스'와 '망고보드'가 있습니다. 두 사이트 모두 유료 사이트이고 결제를 해야 많은 이미지를 사용할 수 있는데, 무료화된 것도 있으니 무료로도 충분히 사용할 수 있습니다.

1 미리캔버스로 카드뉴스 만들기

1. 미리캔버스(www.miricanvas.com) 사이트에서 로그인을 클릭합니다. 여기서는 **네이버 간편 아이디**로 로그인을 했습니다. (**회원 가입**을 클릭하여 회원 가입을 해도 됩니다.)

2. **템플릿**을 선택하고 **카드뉴스**를 클릭합니다. 템플릿을 사용하지 않고 만들고자 할 때는 우측 상단 '디자인 만들기' 버튼을 클릭한 후 '카드뉴스'를 클릭하면 됩니다.

3. 여러 개의 카드뉴스 템플릿이 있습니다. 프리미엄 템플릿은 유료 요금제(프로, 엔터프라이즈) 회원만이 사용할 수 있습니다. 프리미엄 템플릿에 활용할 디자인이 많긴 합니다만 무료 이미지 중에서도 좋은 것들이 많으니 잘 활용하면 됩니다. 자신이 만들고자 하는 카드뉴스와 비슷한 성격의 템플릿을 클릭합니다.

4. 텍스트와 이미지를 나와 맞도록 수정 작업을 합니다. 텍스트 박스를 더블클릭하여 텍스트 내용을 수정할 수 있습니다. 텍스트의 '속성'에서 텍스트의 글꼴, 정렬, 불투명도, 글자색, 그림자, 링크 등 다양한 속성을 설정할 수 있습니다.

'애니메이션' 탭에서 텍스트나 이미지에 움직이는 효과를 줄 수 있습니다. 이렇게 애니메이션 효과를 준 작업물을 동영상 GIF 파일로 다운로드할 수 있습니다.

텍스트를 추가하고자 할 때는 왼쪽 도구에서 '텍스트'를 선택하고 원하는 '스타일' 또는 '폰트', '특수문자'를 입력할 수 있습니다.

- 템플릿 안의 이미지 중에서 워터마크 표시가 있는 이미지는 다운로드 시 이미지를 구매한 후 사용 가능합니다. 이미지 구매 없이 사용하려면 워터마크가 있는 이미지는 모두 삭제해야 합니다.(유료 회원은 구매하지 않아도 사용할 수 있습니다.)

5. 내가 만든 것이거나 사용 권한이 있는 이미지는 왼쪽의 '업로드' 버튼을 클릭하여 이미지를 업로드한 후 선택해서 사용할 수 있습니다.

페이지를 더 추가하고 싶을 때는 페이지 상단에 있는 **+** 버튼을 클릭하면 됩니다.(화면 하단의 '페이지 추가' 버튼을 클릭해도 됩니다.) 페이지를 삭제하고자 할 때는 휴지통 버튼을 클릭하면 됩니다.

이렇게 내가 기획한 구성대로 이미지와 텍스트 작업을 하면서 카드뉴스를 완성합니다.

카드뉴스는 텍스트와 이미지를 스토리텔링으로 구성하면 사람의 관심을 끌 수 있고, 내용을 쉽게 전달할 수 있습니다.

6. 작업이 완료되었다면 **다운로드** 버튼을 클릭합니다.

7. 워터마크가 있는 이미지는 유료 요금제 회원은 사용할 수 있지만, 무료 회원은 **콘텐츠 구입 후 다운로드** 버튼을 클릭하여 콘텐츠 구매 후 다운로드할 수 있습니다.

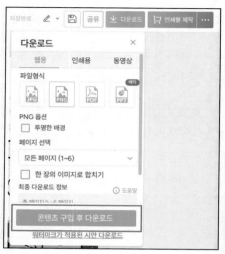

카드뉴스 안에 워터마크 이미지가 없다면 무료 회원도 작업한 카드뉴스를 바로 다운로드할 수 있습니다. **빠른 다운로드** 또는 **고해상도 다운로드**를 클릭하여 다운로드하면 됩니다. 애니메이션 효과를 설정했다면 '동영상' 탭에서 'GIF' 파일로 다운로드하여 움직이는 파일을 만들 수 있습니다.

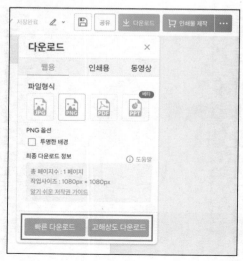
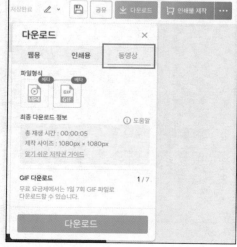

07 동영상
손쉽게 만들기

요즘은 유튜브와 틱톡, 릴스 등 동영상 크리에이터들이 맹활약하고 있는 시대입니다. 블로그에서도 숏폼 동영상인 '모먼트'를 서비스하고 있습니다.

많은 사람이 사진에서 영상으로 옮겨가면서 시각의 다양화를 요구하고 있습니다. 블로그 콘텐츠도 이젠 사진뿐만 아니라 영상도 추가해줘야 상위노출의 기회를 더 많이 부여받고 있습니다. 영상까지 함께 들어있는 콘텐츠가 상위노출이 더 잘 되는 것입니다. 따라서 블로그 글 속에 관련 동영상을 삽입해서 글을 작성해야 합니다.

요즘은 누구나 스마트폰을 이용해 쉽게 동영상을 찍을 수 있습니다. 이렇게 찍은 동영상을 PC로 옮기고, 동영상 편집 프로그램을 이용해 자막과 음악, 이미지 등을 삽입하면 나만의 멋진 동영상을 만들 수 있습니다.

동영상 작업을 위한 프로그램으로 '곰믹스'가 있습니다. 무료 프로그램으로 초보자도 쉽게 동영상 편집 작업을 할 수 있습니다.

핸드폰 앱을 이용해서 동영상 작업을 할 수도 있습니다. 앱에서 동영상 편집을 하고 PC로 옮기면 됩니다. 휴대폰 앱으로는 'VITA'를 추천합니다. 저는 PC에서 작업을 하는 경우가 많아 곰믹스를 주로 이용합니다.

① 곰믹스에서 동영상 편집하기

포털사이트에서 곰믹스를 검색한 후 프로그램을 다운로드하여 PC에 설치합니다.

1. 곰믹스에서 **미디어 소스** 탭의 **파일 추가**를 클릭하여 편집할 동영상을 불러옵니다.

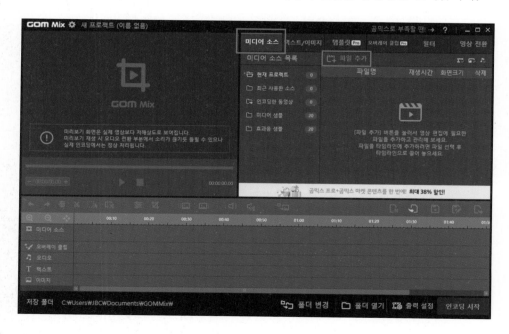

2. 파일을 더블클릭하면 왼쪽 미리보기 영역에 영상이 보이고, 아래쪽 '미디어 소스'에도 나타납니다. 플레이 버튼(▶)을 누르면 동영상이 진행되는 것을 확인할 수 있습니다.

3. 자막을 넣어보겠습니다. 왼쪽 화면을 보면서 자막을 삽입할 위치에서 **텍스트/이미지** 탭을 클릭하고 **텍스트 추가**를 클릭합니다. 텍스트를 입력하고 **적용** 버튼을 클릭합니다.

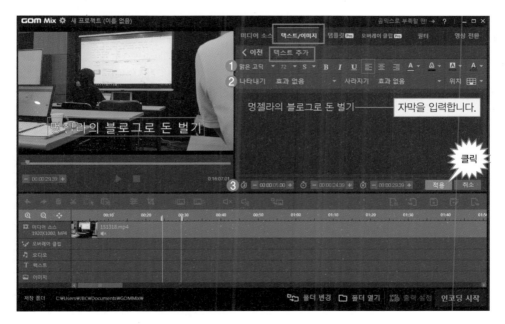

❶ 텍스트의 글꼴, 크기, 정렬, 글자색, 배경색, 그림자, 효과, 위치 등을 설정할 수 있습니다.
❷ 텍스트에 효과를 설정할 수 있습니다.
❸ 지속시간, 시작시간, 종료시간으로 자막의 노출 시간을 설정할 수 있습니다.

4. 영상에 자막이 삽입되었습니다. '텍스트/이미지 목록'과 아래쪽의 '텍스트' 타임라인에서 텍스트가 추가된 것을 확인할 수 있습니다. 이렇게 자막을 입력할 지점에서 '텍스트 추가'를 클릭하여 텍스트를 추가하면 됩니다.

5. 텍스트/이미지 → 이미지 추가에서 말풍선을 비롯한 여러 가지 이미지를 영상 속에 추가할 수 있습니다. 투명도, 위치, 크기 등을 조정할 수 있습니다. 왼쪽 미리보기 화면에서 추가된 이미지를 드래그하여 위치를 조정할 수 있습니다. **적용**을 클릭합니다.

6. 동영상 속에 음악 파일도 삽입할 수 있습니다. **미디어 소스 → 파일 추가**를 클릭하여 음악 파일을 추가하면 됩니다. 그러면 아래쪽 '오디오' 타임라인에 음악 파일 이름이 표시됩니다. 이것을 움직여 음악이 실행될 위치를 지정해주면 됩니다.

7. 편집 완료 후에 왼쪽 미리보기에서 동영상의 플레이 버튼을 눌러 보면 적용한 효과를 확인할 수 있습니다. 이상이 없다면 **인코딩 시작** 버튼을 클릭합니다.

8. 저장 경로 설정, 파일 이름 설정을 하고 **인코딩 시작** 버튼을 클릭합니다. 그러면 인코딩이 됩니다.

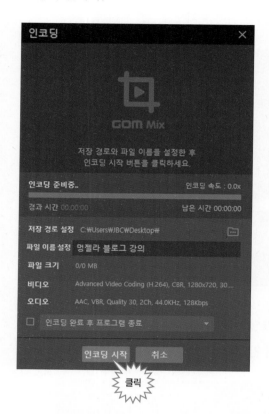

이렇게 곰믹스에서 쉽게 동영상을 편집할 수 있습니다. 인코딩이 끝난 동영상 파일을 블로그 글에 삽입하여 사용하면 됩니다.

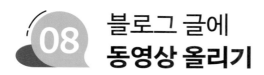

08 블로그 글에 **동영상 올리기**

본문에 삽입하는 동영상이 네이버 탭에서 검색되는 경우도 있기 때문에 동영상을 올릴 때 제목이나 태그를 신중하게 쓰는 것도 중요합니다.

블로그 앱을 이용하여 올리게 되면 스마트폰으로 찍은 동영상을 직접 편집까지 해서 올릴 수 있습니다.

1 동영상 링크로 올리기

1. 동영상 링크를 복사합니다. **공유**를 클릭하여 URL **복사**를 클릭합니다.

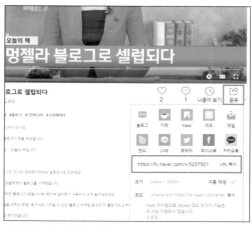

네이버TV 동영상 공유하기

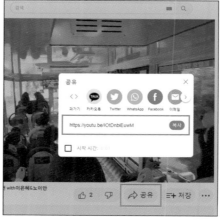

유튜브 동영상 공유하기

2. 스마트에디터에서 해당 위치에 붙여넣기(Ctrl+V)를 하면 동영상이 삽입됩니다. 또는 기본 도구에서 **링크**를 클릭하면 복사한 링크가 자동으로 입력되고 미리보기 화면도 보입니다.(링크 입력 후 돋보기를 클릭하면 미리보기 화면이 보입니다.) **확인**을 클릭하면 동영상이 삽입됩니다.

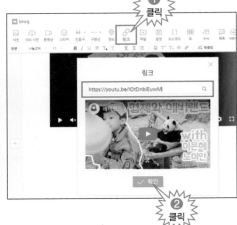

② 동영상 파일 바로 올리기

자신이 찍었거나 만들어둔 동영상을 올릴 때는 기본 도구에서 **동영상** 메뉴를 클릭하여 파일을 업로드를 하면 됩니다.

업로드 시에는 대표 사진 설정이 가능하고 제목, 설명, 태그 지정이 가능합니다. 동영상과 관련된 정보를 입력할 수 있으니 관련된 것들을 꼭 지정해서 올리도록 합니다.

 동영상 첨부 형식 및 용량

- 업로드 가능 개수: 최대 10개
- 업로드 용량: 최대 8GB(대용량 동영상 첨부를 위하여 휴대폰 또는 아이핀으로 본인 인증 시 최대 8GB, 7시간까지 등록 가능, 미인증 시 1GB, 15분까지 가능)
- 확장자: AVI, WMV, MPG, MPEG, MOV, MKV, ASF, SKM, K3G, FLV, MP4, 3GP, WEBM
- 재생시간: 최대 420분 가능

1. 기본 도구에서 **동영상**을 클릭한 후 **동영상 추가**를 클릭합니다.

2. 첨부할 동영상 파일을 선택하면 업로드가 됩니다. '동영상 업로드' 창에 보면 자동으로 대표 이미지를 추출해 보여줍니다. 이 중에서 선택해도 되고 +를 클릭하여 새로운 이미지를 등록해도 됩니다.

동영상의 제목과 정보, 태그를 입력합니다. 정보 입력 내용은 동영상 화면 하단에 나타납니다. 연관키워드 등을 적절히 사용하여 작성합니다. 이러한 정보는 검색 결과에 반영되어 더 많은 사용자가 내 글과 동영상을 조회할 수 있게 됩니다.

완료 버튼을 클릭합니다.

3. 본문에 동영상이 삽입되었습니다. 본문에 삽입한 동영상에도 설명글을 입력할 수 있습니다. 본문에 올라간 동영상은 '정보 편집' 버튼을 누르면 정보를 수정할 수 있습니다. 대표 이미지는 정보 편집에서 수정할 수 없고, 동영상을 다시 올리면서 해야 합니다. 동영상도 본문의 대표 사진으로 지정할 수 있습니다.

③ 모먼트 파일 올리기

글쓰기에서 본문에 모먼트 파일을 바로 추가할 수 있습니다.

오른쪽 상단 **내 모먼트**를 누르면 내가 등록한 모먼트가 최신순으로 뜹니다. 본문에 추가하고 싶은 모먼트를 클릭하면 본문에 삽입됩니다.

4 블로그 앱에서 동영상 올리기

네이버 블로그 앱에서는 동영상을 편집하고 바로 글을 발행할 수 있습니다.

1. 네이버 블로그 앱에서 **글쓰기** 아이콘 → **카메라** 아이콘 → **모든 미디어**를 탭합니다.

2. MYBOX나 내 SNS 계정에 있는 동영상을 선택하여 가져올 수 있습니다. '비디오' 메뉴에서 내 스마트폰에 있는 동영상을 가져올 수 있습니다. 파일을 선택하고 동영상 편집을 탭합니다.

3. 영상 편집기 화면입니다. ❶ 타임라인 막대를 좌우로 밀어 자막을 넣을 곳에서 ❷ 텍스트 타임라인의 **+** 버튼을 탭합니다. ❸ 위의 미리보기 화면에서 텍스트 박스를 더블 탭하여 ❹ 텍스트를 입력하고 체크 버튼을 탭합니다. 동영상에 자막이 삽입됩니다.

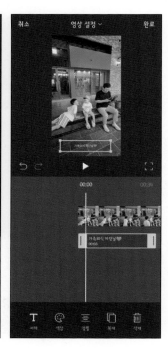

4. 상단의 **영상 설정**을 탭하면 영상을 설정할 수 있습니다.

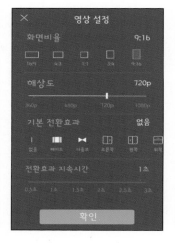

5. 하단의 **영상 보정** 메뉴에서 다양한 메뉴를 활용하여 영상을 꾸밀 수 있습니다.

6. 타임라인의 **+** 버튼을 탭하면 '타이틀 커버'와 '사진, 동영상' 메뉴가 나옵니다. **타이틀 커버**를 탭합니다.(**사진, 동영상**을 탭하면 내가 원하는 사진이나 동영상을 타이틀 화면으로 사용할 수 있습니다.)

7. 타이틀 커버입니다. 하단 '스타일' 메뉴에서 스타일을 선택할 수 있습니다. **텍스트** 아이콘을 탭하여 타이틀을 입력하고 **체크**를 탭합니다.

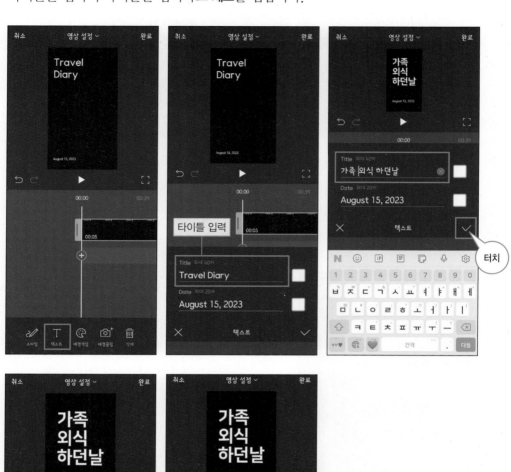

8. 타이틀 커버 영상의 시간은 처음에 5초로 설정되어 있습니다. 바의 좌우를 드래그하여 시간을 줄이거나 늘릴 수 있습니다.

편집을 완료하고 상단의 **완료**를 탭하면 편집된 영상이 인코딩됩니다.

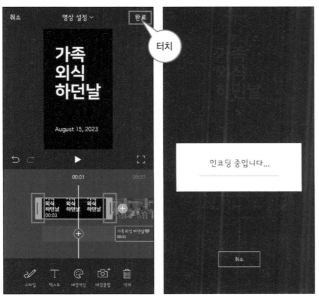

9. 인코딩이 끝나면 '동영상 정보' 설정 화면이 나타납니다. 동영상 대표 이미지를 선택하고, 제목, 정보, 태그 편집을 하고 상단의 **완료**를 클릭합니다.

10. 동영상이 추가되었습니다. 상단의 카테고리를 탭하면 '발행 옵션' 창이 나타납니다. 카테고리, 공개 설정, 태그 등을 설정하고 ☒ 버튼을 탭합니다.

삽입된 동영상을 탭하면 하단에 메뉴 아이콘이 나타납니다. **편집 메뉴** 버튼을 탭하여 영상을 다시 편집할 수 있고, **동영상 정보** 버튼을 탭하여 동영상 정보를 수정할 수 있습니다.

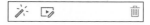

11. 제목과 본문을 입력하고 **등록**을 탭하면 글이 등록됩니다.

09 제공하는 **모든 것을** **활용하라**

네이버 스마트에디터가 제공하는 모든 도구를 잘 활용하는 것도 방문자를 높이는 데 한몫을 합니다. 네이버가 제공하는 도구 중 활용하기에 좋은 주요 도구들에 대해 알아보겠습니다.

1 지도(장소)를 활용한 글쓰기

어느 날 네이버에서 챌린지를 시작했습니다. 체크인 챌린지! 무슨 소린가 싶으시죠? 일상 속 장소 기록으로 체크인 레벨을 올려보라는 것입니다.

스마트에디터에는 '장소'라는 도구가 있습니다. 맛집이나 여행 글을 쓸 때 추가하면 좋은 기능입니다. 이렇게 장소 기능을 삽입하여 쓴 글은 방문자가 장소에 대한 정보까지 얻을 수 있어서 좋습니다. 그런데 블로거에게도 좋습니다. 통계를 살펴보겠습니다.

유입분석 ?	〈 2023.05.15. ~ 2023.05.21. 🗓 〉		일간	주간	월간

전체	검색 유입	사이트 유입

🔗 유입경로		◁ 상세 유입경로	
네이버 통합검색_모바일	61.04%	https://m.place.naver.com/place/18352…	0.06%
네이버 뷰검색_모바일	9.44%	https://m.place.naver.com/place/21672…	0.06%
네이버 통합검색_PC	9.32%	https://m.place.naver.com/place/18352…	0.05%
네이버 블로그_모바일	4.57%	https://m.place.naver.com/accommoda…	0.05%
네이버 블로그_PC	3.50%	https://m.place.naver.com/place/15863…	0.05%
네이버 플레이스_모바일	3.23%	https://m.place.naver.com/place/18352…	0.05%
네이버 검색_스마트플럭	2.49%	https://m.place.naver.com/place/13389…	0.04%
네이버 뷰검색_PC	1.55%	https://m.place.naver.com/place/19712…	0.04%
네이버 이미지검색_모바일	0.89%	https://m.place.naver.com/place/21672…	0.04%

'통계'에서 보면 플레이스를 통해서 들어오는 유입률이 꽤 된다는 것을 알 수 있습니다. 장소를 검색해서 그 장소의 '블로그 리뷰'에 있는 내 글을 클릭해서 블로그로 유입된 양입니다. 이렇게 블로그 유입률까지도 높여주는 기능을 하기에 맛집이나 여행지에 관한 글을 쓸 때에는 본문에 장소 체크인은 필수로 넣어주는 것이 좋습니다.

2 메뉴에 있는 모든 것을 활용하라

스마트에디터의 메뉴에 있는 도구를 적절하게 잘 활용해주는 것만큼 네이버가 좋아하는 것은 없습니다. 네이버가 메뉴를 제공하는 이유는 그만큼 잘 활용해달라는 뜻입니다. 적절하게 사용되는 스티커와 인용구, 그리고 구분선으로 본문 내용을 잘 구분해준 글은 구독자에게 잘 정리된 글로 인식됩니다.

스티커의 경우 독자적인 마켓도 운영되고 있을 정도로 많은 작가가 활동하고 있습니다. 스티커를 활용하면 자신만의 개성 넘치는 블로그 성격을 드러낼 수 있습니다. 공정위 문구가 필수가 되면서 관련 스티커도 판매되고 있는데, 공정위 문구 스티커를 구매해서 깔끔하게 본문 앞이나 끝에 붙여 삽입하는 것도 좋은 방법입니다.

스마트에디터에 있는 여러 도구 중에서 작성하는 글과 어울리는 메뉴를 잘 활용하면 좋은 글을 작성할 수 있습니다.

3 글과 그림에 링크 설정하기

포털사이트인 네이버는 '네이버 쇼핑'이라는 이커머스 플랫폼을 운영하고 있습니다. 네이버 쇼핑에서는 여러 판매자의 상품을 노출해주고, 스마트스토어라는 자체 쇼핑몰 솔루션도 제공하여 스토어 운영과 판매를 쉽게 하도록 하고 있습니다.

블로거들은 상품 리뷰나 여행지 혹은 맛집에 대한 리뷰를 쓰면서 상품에 대한 소개를 해주게 됩니다. 블로그 속 링크를 통해 상품에 대한 구매가 이루어지거나 검색어를 클릭하면 광고 수수료나 판매에 따른 수수료가 생기게 됩니다.

본문에 관련 링크를 삽입할 때는 무분별한 것이 아닌 필요에 의한 것이어야 좋습니다. 연결되는 사이트가 네이버 쇼핑이라면 더없이 좋을 것입니다. 네이버 쇼핑에서 판매되고 있는 제품이나 스토어를 본문에 링크를 걸어주면 됩니다. 내가 리뷰한 제품이 네이버 쇼핑에서 판매 중인 상품이라면 상품 리뷰 하단에는 링크를 달아줍니다. 궁금한 독자들이 번거롭게 재검색을 하지 않아도 클릭만으로 바로 상품 구매가 이어지도록 링크를 달아주는 것입니다.

링크는 배너형이나 텍스트형으로 설
정할 수 있습니다.

■ 배너형 링크 달기

기본 도구의 **링크 추가**($\mathscr{O}$) 메뉴를 클릭한 후 링크 URL을 입력하고, 돋보기 버튼을
클릭하면 아래로 해당 페이지 이미지가 나타납니다. **확인**을 클릭하면 배너형 링크가
삽입됩니다.

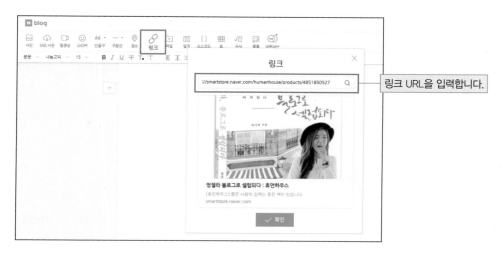

■ 텍스트형 링크 달기

링크를 걸고자 하는 해당 텍스트를 마우스로 드래그하여 선택한 후 속성 도구의
링크 입력 열기($\mathscr{O}$) 버튼을 클릭합니다. 링크를 입력하고 체크를 하면 해당 글자에 링
크가 입혀집니다. 링크가 설정된 글자는 밑줄이 그어집니다.

4 파일 다운로드 만들기

기본 도구의 **파일** 메뉴를 이용하여 본문에 파일을 추가하고 이용자들이 다운로드할 수 있게 할 수 있습니다.

이 기능은 유용하게 활용할 수 있는데, 블로그 이웃을 늘린다거나 인플루언서 팬을 늘릴 때, 또 내 글을 좀 더 널리 퍼뜨리고자 할 때 이용하면 좋습니다.

파일은 압축파일도 본문에 추가할 수 있는데, 압축파일에는 비밀번호를 설정할 수 있습니다.(압축파일에 암호 설정은 알집, 반디집 등 프로그램을 이용하면 됩니다.) 비밀번호를 건 압축파일을 다운받아 풀기 위해서는 비밀번호를 알아야만 합니다. 이렇게 비밀번호를 건 압축파일을 본문에 추가하고, 어떠한 조건을 이행해야 비밀번호를 알 수 있도록 하면 됩니다. 저는 이벤트를 열거나 이웃을 늘릴 때 이 방법을 주로 이용합니다.

어버이날 봉투 디자인을 만들어서 파일로 공유하면서 내용에 비밀번호를 숨겨뒀습니다. 블로그에 마우스 오른쪽 버튼 클릭 금지로 설정해놓았기 때문에 스크랩을 해야만 글에 숨겨진 비밀번호를 알 수 있게 됩니다.

이렇게 '파일 추가' 기능을 이용해 암호를 설정한 파일을 첨부함으로써, 스크랩 수가 높아졌고 블로그 글이 널리 자동으로 퍼 날라지게 되었습니다.

이웃을 늘리고자 할 때 사용자에게 필요한 유용한 파일을 공유하면서 이렇게 조건을 거는 것도 하나의 방법이 될 수 있습니다.

5 블로그 예약 포스팅 활용하기

12년간 블로그를 운영하면서 딱 하루를 제외하고 글을 쉬어본 적이 없습니다. 그 하루는 제가 아팠던 날이었는데, 두 아기를 키우다 보니 글을 쓰지 않았다는 사실조차 인지하지 못할 정도로 정신없는 날이었습니다.

그 외에는 1일 1포스팅을 해왔는데, 그럴 수 있었던 것은 바로 블로그의 '예약하기' 기능 덕분이었습니다. 신혼여행을 갔을 때도, 아이를 낳으러 갔을 때도, 가족여행을 떠났을 때도 예약 기능을 이용해 하루에 1포스팅이 가능했습니다.

사정상 글 쓸 시간이 없는 날을 체크해서 여유가 있을 때에 미리 원고를 작성해두고 '예약발행'을 합니다. 또 '임시저장' 기능을 이용해서 수시로 작성한 글들을 저장해두거나 시간이 날 때 바로 쓸 수 있는 이야기들을 저장해둡니다.

이렇게 임시저장과 예약발행 기능을 잘 이용하여 글을 쓰면 1일 1포스팅을 하는 활력 넘치는 블로그를 운영할 수 있을 것입니다.

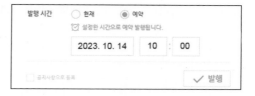

6 해시태그 사용하기

해시태그(hash tag)는 관련된 주제를 모아서 보여주고자 할 때 사용하는 태그입니다. 특정 단어나 문구 앞에 '#'를 사용하여 정보를 공유할 수 있도록 해줍니다. '#남산여행'이라는 해시태그를 달면 남산에 관한 글이나 사진을 찾아볼 수 있게 됩니다.

블로그 본문을 작성할 때 해시태그를 함께 쓰면 검색을 했을 때 노출이 되고, 관련 글들을 쉽게 찾아볼 수 있게 됩니다.

인스타그램에서는 '챌린지'라는 것이 확산되면서 특정 태그를 달면서 챌린지를 하는 등의 확산 방법으로 널리 쓰이고 있습니다. '#prayforukraine'는 우크라이나 전쟁과 관련해서 우크라이나를 응원하기 위해 많이 사용한 태그 중 하나였습니다.

　이렇게 내가 쓰는 주제, 혹은 내 글이 검색될 만한 태그를 적절하게 사용하면 사용자의 검색에서 내 글이 검색됩니다.

　블로그는 한 본문에 30개의 해시태그를 채울 수 있습니다. 본문 중간에 넣어도 되고, 발행 버튼을 누르면 나타나는 '태그 편집'에서 관련된 태그들을 넣어도 됩니다.

　블로그에 다는 태그는 블로그의 글을 분류해서 보이게 합니다.

　태그는 본문의 내용과 관련 있는 태그를 사용해야 합니다. 본문과 관련 없는 태그를 추가하면 네이버에서 어뷰징으로 의심할 수 있습니다. 30개를 다 채우면 좋긴 하겠지만, 필요한 키워드 10개 정도만 추려서 사용하는 것도 괜찮습니다. 적절한 키워드 양을 체크해서 내 본문에 딱 맞는 태그를 잡는 게 좋습니다.

10 모먼트
만들기

요즘 SNS에서는 짧은 영상이 핫합니다. 네이버도 블로거에게 숏폼을 제공하는데, 그것이 바로 '모먼트'라는 이름의 서비스입니다.

짧은 영상으로 일상을 전하기에 좋은 모먼트는, 직접 찍은 사진이나 영상을 간단한 효과나 텍스트를 삽입하면서 바로 만들 수 있다는 장점이 있습니다. 모먼트는 인스타그램 스토리나 틱톡처럼 세로형 영상이 최적화되어 있어서 세로형으로 제작하기에 좋습니다.

네이버 블로그는 모먼트를 알리고 활성화하기 위해 콘텐츠를 지속해서 업로드하게끔 챌린지들을 꾸준히 진행하고 있습니다. 어떤 모먼트를 만들어야 할지 모르겠다면 이런 챌린지에 도전해보는 것도 좋습니다.

1 모먼트 만들기

모먼트는 네이버 블로그 앱에서만 만들 수 있습니다.

블로그 앱에서 '모먼트 홈'을 탭하여 들어가면 최신, 인기, 챌린지 모먼트를 볼 수 있고, 모먼트를 검색할 수 있습니다.

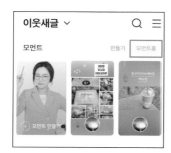  

1. 네이버 블로그 앱에 로그인하여 들어간 후 상단의 '모먼트' 탭에서 **만들기** 버튼을 클릭합니다. 또는 내 블로그 초기화면에서 오른쪽 상단에 있는 '더 보기' 버튼을 탭한 후 **모먼트 만들기**를 탭하면 됩니다.

2. 카메라가 활성화되면서 다음과 같은 모먼트 첫 화면이 열립니다. 간단한 촬영부터 이미 등록된 영상이나 사진을 불러내어 편집할 수 있습니다.

① **격자**: 화면에 격자 모양이 나타나게 해 비율이나 구도를 보면서 촬영할 수 있습니다.

② **플래시**: 플래시 기능을 설정합니다.

③ **앨범**: 기존에 찍은 사진이나 영상을 선택할 수 있는 라이브러리 목록을 볼 수 있습니다.

④ **화면 전환**: 카메라 화면을 전면과 후면으로 변경 가능한 버튼입니다.

⑤ **촬영 버튼**: 버튼을 살짝 누르면 사진이 찍히고, 계속 누르고 있으면 그 시간만큼 동영상이 촬영됩니다.

⑥ **필터 촬영**: 필터 효과를 적용하여 촬영할 수 있습니다.

⑦ **촬영 모드**: '기본'에서는 촬영 버튼을 탭하여 사진을 찍을 수 있고, 누르고 있으면 동영상을 찍을 수 있습니다. '동영상'을 선택하면 동영상을 찍을 수 있습니다.

3. 사진이나 동영상을 찍어 올릴 수도 있고, 기존에 촬영해둔 사진이나 영상을 선택해서 편집할 수 있습니다. (여기서는 앨범에서 미리 찍어둔 동영상을 선택했습니다.)

① **스티커**: 모먼트에 활용할 수 있는 여러 가지 스티커가 있습니다. 장소, 쇼핑, 링크 등 필요한 것들을 화면에 담을 수 있는 기능입니다.

② **텍스트**: 영상에 텍스트를 삽입할 수 있습니다. 다양한 서체가 제공됩니다.

③ **드로잉**: 글이나 그림을 직접 그릴 수 있습니다.

④ **편집**: 길이, 장면 편집 등 기본적인 편집이 가능합니다.

⑤ **스타일/필터/보정**: 모먼트의 '스타일'과 다양한 '필터'를 적용할 수 있고, '보정'에서
　는 밝기, 대비, 채도, 선명도, 색온도 조절 등 보정 작업을 할 수 있습니다.

⑥ **볼륨**: 영상의 소리를 조정할 수 있습니다.

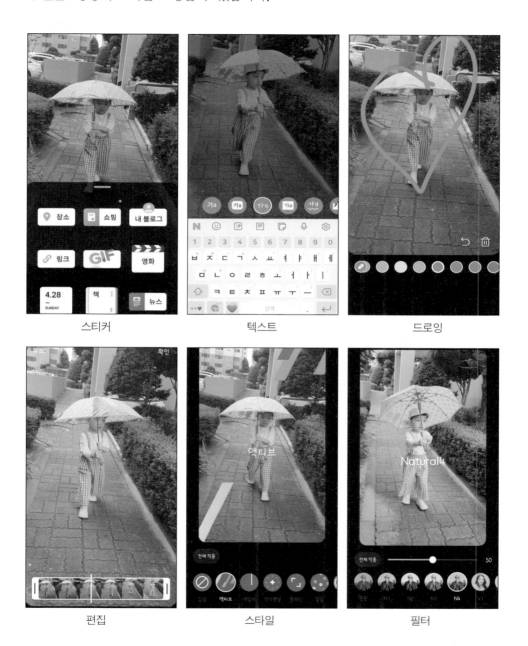

스티커	텍스트	드로잉
편집	스타일	필터

4. 화면 하단의 **+** 버튼을 탭하여 다른 사진이나 동영상을 추가할 수 있습니다. 작업을 완료했으면 **다음**을 탭합니다.

5. 내용과 태그를 입력합니다. '전체공개' 여부를 설정하고 **등록**을 탭합니다.

6. **내 모먼트**에 가면 등록된 것을 확인할 수 있습니다.

② 모먼트 유입률도 무시하지 말자

모먼트를 제대로 알고 이용하면 검색 시 상위노출에
도 도움이 됩니다. 모바일 활용이 늘어나는 요즘 모바
일 검색량이 PC를 훌쩍 뛰어넘습니다.

모먼트로 만든 내 영상이 검색되어 노출될 수 있습
니다. 여러 키워드를 잘 조합해서 모먼트의 제목과 내
용을 작성해서 올리면 해당 키워드를 검색했을 때 상
위노출이 될 수 있습니다.

블로그 앱에서는 검색 시 '모먼트' 탭이 별도로 있어
모먼트만 모아서 보여줍니다. 아래 화면에서 보듯이
'아기쿨매트' 검색 시 '전체 글'은 33,788개, '모먼트'는
17개로 발행물에서 확연한 차이가 납니다. 모먼트의

블로거 '나도엄마'님의 모먼트
상위노출 예시

경우 발행물이 적어 그만큼 내 모먼트가 상위노출 될 확률이 높아집니다. 이렇게 모
먼트를 잘 만들어 내 블로그 콘텐츠를 알리는 것도 상위노출 전략의 하나입니다.

블로그로 돈 버는 N잡러가 되자

01 네이버 **애드포스트**로 돈 벌기

블로그를 이용한 수익화 모델 중 가장 쉽고 기초적인 방법이 네이버 애드포스트입니다. 네이버 애드포스트는 네이버가 제공하는 광고 노출 및 수익 공유 서비스로, 내가 운영하는 미디어에 광고를 게재하고 광고에서 발생한 수익을 배분받습니다. 블로그에 글을 작성하면서 정당하게 얻는 수익 활동으로, 콘텐츠를 작성하면 포스팅 하단이나 중간에 광고가 게재되고 방문자의 반응(구매, 클릭, 방문수 등)이 발생하면 단가에 따라 수익을 얻게 되는 구조입니다.

1 애드포스트 가입하기

1. 네이버 애드포스트(https://adpost.naver.com/)에서 **애드포스트 시작하기**를 클릭합니다.

2. 애드포스트에 가입할 실명 인증된 네이버 아이디로 로그인을 합니다.(로그인 후 **애드포스트 시작하기**를 클릭합니다.)

 Tip 네이버 아이디 실명 인증하기

1. 네이버에 아이디로 로그인한 후 '네이버ID'를 클릭합니다.

2. 프로필 페이지에서 실명인증 버튼을 클릭합니다.
3. 본인 휴대전화나 아이핀을 선택하고 '동의합니다'를 클릭한 후 실명인증을 하면 됩니다.

※ 네이버 애드포스트 가입 조건

① 만 19세 이상의 네이버 이용자

개인과 개인사업자, 영리법인 모두 가입할 수 있습니다. 수입을 지급받기 위해서는 소득세, 주민세, 제세공과금 등을 부담해야 하므로 19세 이상이어야 합니다.

국내 은행의 본인 명의 계좌가 필요합니다.

② 실명 인증된 네이버 아이디 1개

애드포스트 가입은 본인의 네이버 아이디 총 3개 중 실명 인증한 1개만 대표로 가능합니다. 하지만 미디어는 본인 아이디의 모든 미디어를 등록할 수 있습니다. 실명 인증한 A 아이디로 가입했더라도 나머지 2개의 아이디 블로그도 미디어 등록 신청할 수 있습니다. 등록 신청이 가능한 미디어 채널은 네이버 블로그, 포스트, 밴드, 인플루언서 홈이 있습니다.

※ 미디어 등록 최소 조건

블로그 개설 후 운영 기간이 90일 이상된 블로그여야 합니다.

3. 약관 동의에 체크하고 **다음 단계**를 클릭합니다.

4. '회원인증'에서 회원 유형, 아이디, 이름을 확인하고 **다음 단계**를 클릭합니다.

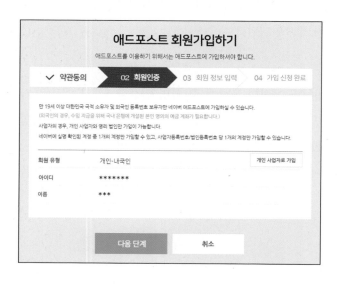

• 개인 사업자는 '개인 사업자로 가입' 버튼을 클릭하여 업체명과 사업자등록번호를 입력하면 됩니다.

5. '회원 정보 입력'에서 회원 정보 및 인증하기를 한 후 **다음 단계**를 클릭하면 가입이 완료됩니다.

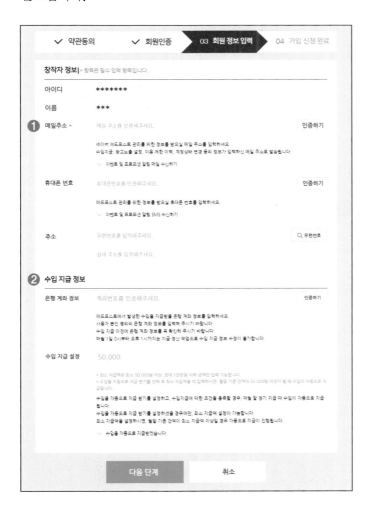

① 메일주소는 필수 입력 항목입니다. 휴대폰 번호, 주소는 선택사항입니다.(사업자의 경우 사업자 증빙파일을 필수로 첨부해야 합니다.)

② 은행 계좌 정보는 애드포스트 가입 시 필수 사항은 아닙니다. 은행 계좌 정보를 인증하고 '수입을 자동으로 지급받겠습니다'에 체크하면 애드포스트 수입이 설정한 금액 이상이 되면 인증 계좌로 자동 지급됩니다.

6. 애드포스트 회원 가입이
완료되었습니다.

지금 미디어를 등록하려면
미디어 등록을 클릭합니다.

[미디어 등록하기]

7. 애드포스트 가입 후 미디어 등록신청을 해야 합니다. **미디어관리 → 미디어등록**에서
네이버 미디어 등록하기를 클릭합니다.

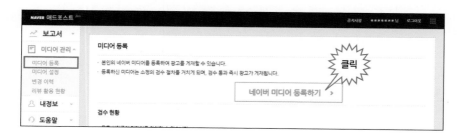

8. 내 블로그 및 여러 미디어를 등록 신청할 수 있습니다. 네이버 블로그를 선택하고
확인을 클릭합니다. 검수 과정 후 반려되는 경우도 있습니다. 승인 요건에 미치지 못
할 경우 승인이 될 때까지 열심히 도전해야 합니다.

9. 검수 과정이 완료되고 승인이 나면 '미디어 설정'의 상태가 '정상'으로 표시됩니다. 이렇게 애드포스트 가입과 미디어 설정이 끝나고 나면 자는 동안에도 돈을 벌 수 있는 수익형 블로그로 변신하게 됩니다.

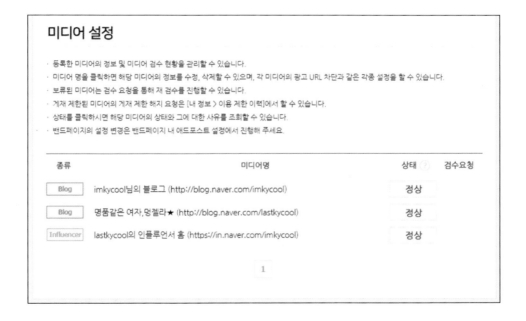

2 광고 설정하기

애드포스트에 가입하고 나면 내 블로그에서 광고 위치와 광고 설정을 내가 원하는 대로 할 수 있습니다. **관리 → 메뉴·글·동영상관리 → 플러그인·연동관리 → 애드포스트 설정**에서 설정하면 됩니다.

애드포스트 사용 설정을 할 수 있으며, 광고가 게재될 위치를 설정할 수 있습니다. 광고의 위치는 모두 다 노출될 수 있도록 '모두(기본)'을 선택하는 것이 좋습니다. 하지만 활동성과 품질 지수가 충족되지 않거나 적합한 광고 소재가 없으면 노출되지 않을 수 있습니다.

이렇게 애드포스트 승인 후 내가 원하는 곳에 광고를 설정하고 나면 포스팅을 하면서 돈을 벌 수 있는 수익형 블로그가 됩니다.

애드포스트 광고 실전

애드포스트 광고 수익을 위한 준비가 끝났습니다. 이제 내 블로그에 글을 쓰면 네이버에서 자동으로 광고가 붙습니다. (게시되는 광고의 형태는 블로그에 따라 다를 수 있습니다.)

1. 포스팅한 글 본문에 광고가 붙습니다. 광고는 본문 내용과 관련성이 있는 광고가 랜덤으로 바뀌면서 게재됩니다.

2. 방문자가 글을 읽다가 광고를 보고 클릭을 하게 됩니다.

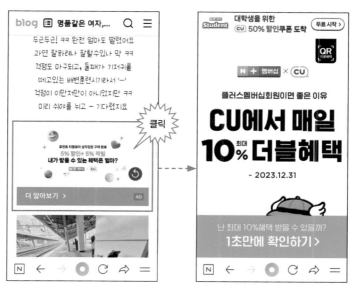

3. 클릭한 수에 따라 내 애드포스트 수익이 쌓이게 됩니다.

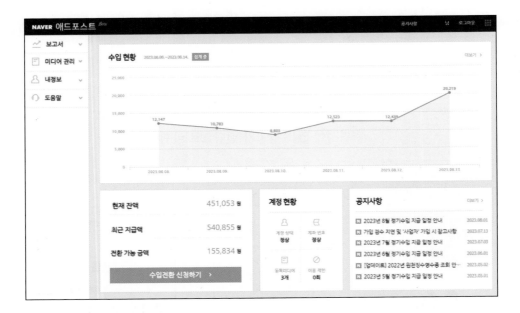

애드포스트에 가입된 아이디로 '네이버 애드포스트'(https://adpost.naver.com/) 사이트에 접속합니다. 그러면 현재 수입 현황, 최근 지급액, 전환 가능 금액 등을 볼 수 있습니다.

전환 가능 금액은 한도 내에서 네이버페이 전환을 신청할 수 있는 금액을 말합니다. 100원 이상일 때만 전환 가능하며 이 경우 제세공과금을 제한 나머지 금액이 전환됩니다.

애드포스트 수익금은 애드포스트 가입 시 설정한 수입지급 설정 금액 이상이 되면 자동으로 통장에 입금됩니다. 실제 지급액은 제세공과금을 제한 나머지 금액이 지급됩니다. 소득세 및 주민세는 관련 법령이 정하는 바를 따릅니다.

02 스마트스토어

네이버 쇼핑은 네이버에서 운영하는 이커머스 플랫폼으로 현재 우리나라 온라인 쇼핑 시장을 대표하는 플랫폼입니다. 스마트스토어는 네이버 쇼핑에서 제공하는 쇼핑몰 솔루션으로, 스토어 개설부터 상품등록까지 무료로 이용할 수 있고, 별도의 입점 절차 없이도 네이버 쇼핑에 바로 내 상품을 노출할 수 있습니다.

네이버 쇼핑은 국내 검색엔진 1위의 트래픽과 간편결제 시스템 네이버페이, 업계 최저가 판매수수료, 상위노출 랭킹 로직 등을 경쟁 무기로 하여 단숨에 국내 이커머스 시장의 판도를 바꾸어놓았습니다. 이제 쇼핑을 할 때 사람들은 네이버에서 검색을 하고 검색 결과에 보여지는 네이버 쇼핑을 클릭하여 자연스럽게 네이버 쇼핑 플랫폼으로 들어가 구매를 합니다.

스마트스토어는 판매를 하는 개인이나 개인사업자가 가장 쉽게 개설하고 시작할 수 있는 플랫폼입니다. 여러분이 만일 스마트스토어 판매자라면 내가 운영하고 있는 블로그에 스마트스토어 상품 관련 글을 포스팅하면서 자연스럽게 내 스토어로 고객을 유도하여 판매를 일으킬 수 있습니다.

⬛1 스마트스토어 가입과 상품등록

스마트스토어 판매자가 되기 위해서는 네이버 스마트스토어센터(https://sell.smartstore.naver.com/)에서 **가입하기**를 클릭하여 판매자 가입을 해야 합니다. 스마트스토어는 사업자가 아니어도 가입하여 판매할 수 있습니다.

판매 회원이 되면 상품을 등록해 네이버 쇼핑에서 판매할 수 있습니다. 네이버페이 결제시스템으로 쉽게 이용할 수 있고, 타 오픈마켓에 비해 판매수수료도 저렴합니다.

판매 회원이 되면 **스마트스토어센터**에 **로그인**하여 판매 활동을 할 수 있습니다. **상품 관리 → 상품 등록**을 클릭하여 상품을 등록할 수 있습니다.

카테고리, 상품명, 판매가, 재고 수량, 상품 이미지, 상세설명, 배송, 반품/교환 등을 하나씩 작성하면서 등록할 수 있습니다.

'상세설명'은 블로그 글쓰기와 마찬가지로 스마트에디터 ONE을 사용하기 때문에 블로그에 글을 쓰는 것처럼 사진과 글로 쉽게 페이지를 꾸밀 수 있습니다.

상품등록을 하고 나면 네이버 쇼핑에 내 상품이 등록되고 노출됩니다. 그러면 내 블로그 혹은 SNS 등에 상품페이지의 링크를 홍보하여 판매가 일어나게 하면 됩니다.

② 블로그에 판매 상품 연계하기

스마트스토어는 네이버페이 간편결제 시스템을 이용하기 때문에 누구나 쉽게 판매 활동을 할 수 있습니다. 상품을 등록하고 판매가 되면 판매대금을 네이버로부터 정산

받으면 됩니다.

위 상품은 설날에 공동구매 형태로 판매했던 상품이었는데, 생각보다 많이 판매되었습니다. 그렇게 판매가 일어났던 것은 블로그와의 연계 덕분이었습니다.

스마트스토어에는 이미 많은 수제오란다 판매업체들이 광고를 하고 있었고, 많은 리뷰와 판매실적으로 상위에 노출되고 있는 판매자가 많아 그들을 이기기가 쉽지 않았습니다. 그래서 저는 블로그로 마케팅을 진행했습니다. 블로그에 공동구매 진행의 글을 포스팅하였고, 글 마지막에 스마트스토어 상품페이지 링크를 걸어 고객을 유입시켜 구매로 이어지게 했습니다.

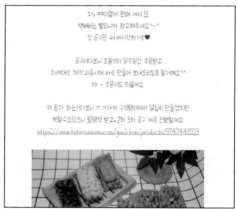

설 연휴 기간에 잠깐만 열어두고 판매했는데, 판매가 잘돼 생각보다 많은 수익을 올렸습니다. 1인 매장이었고 혼자서 만들었던 수제 간식이어서 주문 수량을 다 소화하기가 힘들 정도였습니다.

정산 내역 및 목록 ⓘ		엑셀다운	수수료 상세내역 엑셀다운
결제금액	결제내역 합계		1,292,800원
수수료	네이버페이 주문관리 수수료		0원
최종 정산금액	(결제금액)-(수수료)		**1,292,800원**

블로그에는 먼저 들어온 주문서 사진을 올리고 홍보하면서 일주일간 판매했습니다. 제품을 만들고 명절에 맞춰 배송 완료까지 약 2주 정도 걸렸습니다. 일주일간 판매금액이 약 130만 원이었는데, 대부분 블로그를 통한 연계 수익이었습니다.

스마트스토어에서 '수제오란다'를 검색했을 때 판매 초보인 제 상품이 상위노출 되기는 쉽지 않았습니다. 그래서 블로그에 상품을 소개했는데 제 글을 보고 있는 이웃들과 방문자들이 많이 구매를 해주었습니다.

이렇게 블로그와 스마트스토어를 연계해서 마케팅을 하면 판매 증진의 효과를 가져올 수 있습니다. 내가 운영하는 블로그를 비롯한 SNS의 팬이 많으면 그 효과는 더욱 클 것입니다.

03 네이버 블로그 마켓

블로그에서도 바로 판매를 할 수 있습니다. 스마트스토어에서도 가능하지만, 1인 기업이나 영세 자영업자의 경우 블로그에서 제품을 판매하고 공동구매를 진행할 수 있습니다.

네이버는 2020년부터 '블로그 마켓'을 활성화시켰습니다. 결제 방법을 따로 등록하지 않아도 네이버페이로 간편결제가 가능해서 블로그 운영자가 쉽게 판매 활동을 할 수 있습니다.

판매 상품이 많지 않거나 1인 상품, 제작 상품 등을 판매하는 사람, 공동구매를 운영하는 형태의 개인이라면 블로그 마켓을 운영하는 것도 추천합니다.

① 블로그 마켓 가입하기

블로그 마켓을 운영하기 위해서는 블로그와 별도로 블로그 마켓에 가입해야 합니다.

1. PC에서 내 블로그 → **관리** → **블로그 마켓 가입**을 클릭합니다.(네이버 **블로그 홈**에서 **블로그 마켓 가입**을 클릭해도 됩니다.)

2. 지금 바로 블로그 마켓 가입하기를 클릭합니다.

3. 시작하기를 클릭합니다.

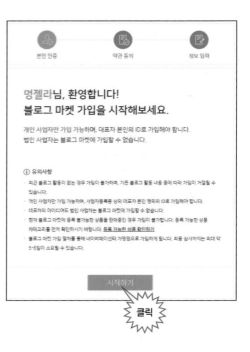

멍젤라님, 환영합니다!
블로그 마켓 가입을 시작해보세요.

개인 사업자만 가입 가능하며, 대표자 본인의 ID로 가입해야 합니다.
법인 사업자는 블로그 마켓에 가입할 수 없습니다.

ⓘ 유의사항
· 최근 블로그 활동이 없는 경우 가입이 불가하며, 기존 블로그 활동 내용 등에 따라 가입이 거절될 수 있습니다.
· 개인 사업자만 가입 가능하며, 사업자등록증 상의 대표자 본인 명의의 ID로 가입해야 합니다.
· 대표자의 아이디여도 법인 사업자는 블로그 마켓에 가입할 수 없습니다.
· 현재 블로그 마켓에 등록 불가능한 상품을 판매중인 경우 가입이 불가합니다. 등록 가능한 상품 카테고리를 먼저 확인하시기 바랍니다. **등록 가능한 상품 확인하기**
· 블로그 마켓 가입 절차는 네이버페이센터 가망점으로 가입하게 됩니다. 최종 심사까지는 최대 약 5~6일이 소요될 수 있습니다.

시작하기

클릭

※ **블로그 마켓 가입 조건**

블로그 마켓에 가입하기 위해서는 몇 가지의 조건이 충족되어야 합니다.

① 개인사업자만 가입할 수 있고 법인사업자는 불가능합니다.
② 사업자등록증상의 대표자 본인 명의의 아이디로 신청해야 합니다.
③ 최근 1년 이내 직접 작성하여 전체 공개 발행한 글이 3개 이상 있어야 합니다.

Tip 판매 가능한 상품

성인 의류, 가방, 신발, 잡화, 침구류·커튼, 가구, 주방용품, 영유아용품(현재 판매 가능한 상품군 중 영유아 관련 상품), 화장품, 귀금속/보석/시계, 식품(농산물), 가공식품, 광학기기(디지털카메라·캠코더 등), 소형전자(MP3·전자사전 등), 영상 가전(TV류), 가정용 전기제품(냉장고·세탁기 등), 계절 가전(에어컨·온풍기), 사무용 기기(컴퓨터/노트북/프린터), 자동차용품(자동차부품·기타 자동차용품), 악기, 스포츠용품, 생활화학제품, 살생물제품, 건강기능식품(판매 권한 신청 필요), 휴대폰, 내비게이션, 서적, 기타 재화

---

4. 판매 가능한 상품군을 취급한다면 마켓에 가입하고, 실명인증을 거쳐 가입을 완료하면 됩니다. 가입 절차대로 진행하게 되면 심사요청이 들어가는데, 최대 5~6일 정도 소요됩니다. 만약 가입이 거절될 경우 3개월 내에 다시 신청할 수 있습니다.

04 네이버 **쇼핑라이브**

라이브커머스는 라이브 스트리밍(Live Streaming)과 이커머스(E-commerce)의 합성어로, 라이브 방송으로 상품이나 서비스를 판매하는 것을 말합니다.

라이브커머스의 매력은 실시간으로 고객과 소통할 수 있다는 것입니다. 영상을 통해 상품에 대한 소개를 좀 더 생생하게 할 수 있고, 채팅을 통해 고객과 실시간으로 소통할 수 있습니다.

네이버 '쇼핑라이브'는 네이버 쇼핑에서 운영하는 라이브커머스 플랫폼입니다. 네이버 쇼핑라이브의 장점은 스마트스토어의 상품을 바로 연동해서 라이브 방송에서 판매할 수 있다는 것입니다. 고객도 별도의 앱 설치 없이 네이버 쇼핑라이브에서 바로 시청할 수 있습니다. 누구나 쉽게 접근할 수 있는 네이버 플랫폼에서 이뤄지기 때문에 판매자와 고객 모두 쉽게 이용할 수 있습니다.

PC에서는 네이버에서 쇼핑 → 쇼핑라이브를 클릭하면 네이버 쇼핑라이브 방송을 볼 있습니다. 모바일에서는 네이버 쇼핑라이브를 메인에 추가하면 쇼핑라이브 판이 생깁니다. 또 네이버 홈 화면에서 오른쪽으로 스와이프를 하면 쇼핑라이브 탭을 확인할 수 있습니다.

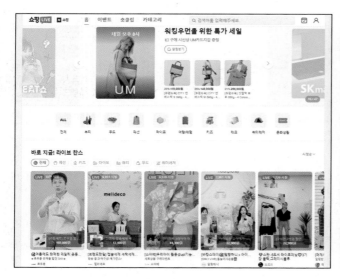

쇼핑라이브는 쇼핑검색, 통합검색, 스마트스토어 LIVE 탭, 상품 상세페이지 등 네이버 메인 서비스에서 다양하게 노출을 지원해주고 있습니다.

네이버 쇼핑라이브를 진행하기 위해서는 스마트스토어 '새싹'(최근 3개월 동안 판매건수 100건 이상, 판매금액 200만 원 이상) 등급 이상이어야 합니다. 쇼핑윈도 운영자는 제한이 없습니다.

등급표기		필수조건		
등급명	아이콘 노출	판매건수	판매금액	굿서비스
플래티넘	🛡	100,000건 이상	100억원 이상	조건 충족
프리미엄	🛡	2,000건 이상	6억원 이상	조건 충족
빅파워	🛡	500건 이상	4천만 이상	
파워	🛡	300건 이상	800만원 이상	
새싹	-	100건 이상	200만원 이상	
씨앗	-	100건 미만	200만원 미만	

스마트스토어 판매자 등급

네이버 쇼핑라이브의 진행은 '네이버 쇼핑라이브 스튜디오 앱', '네이버 스마트스토어센터 앱', '네이버 프리즘 앱'에서 할 수 있습니다.

라이브 방송을 통해서 판매가 되면 라이브 매출연동 수수료 3%(쇼핑라이브 캘린더에 등록된 라이브라든지 잼라이브 전문 인력 및 기술장비 등이 적용되는 라이브의 경우 5%) + 네이버페이 주문관리 수수료가 과금됩니다. 네이버페이 주문관리 수수료는 판매자의 등급에 따라 차등 과금됩니다.

라이브커머스 방송은 현재 네이버, 인스타그램, 그립, 유튜브 등에서도 진행할 수 있습니다. 라이브 방송은 블로그 이웃이나 SNS 팔로우에게 방송을 예고하여 고객의 유입을 유도할 수 있습니다. 자신이 라이브 방송을 진행하고 있다면 블로그에 판매 상품과 라이브 방송에 관한 글을 포스팅하여 예고하면 됩니다. 라이브 방송 중에 상품을 소개할 수도 있지만, 블로그에서는 텍스트로 좀 더 상세하게 정리할 수 있습니다. 블로그에 방송 예고와 함께 상품에 관한 글을 포스팅하면 됩니다. 네이버 쇼핑라이브는 관심 고객에게 방송 전에 알림을 보낼 수 있습니다.

05 기자단과 체험단

블로그를 이용한 수익화 모델 중 하나는 협찬입니다. 아마 많은 블로거가 협찬을 통해 실질적인 혜택을 받고 있을 것입니다.

저는 결혼 전부터 육아 인플루언서가 된 지금까지 꾸준히 협찬을 받고 있습니다. 협찬을 받아본 사람을 알겠지만 그 재미는 여간 쏠쏠한 것이 아닙니다. 대중들에게 영향력 있는 인플루언서는 생활에 필요한 거의 모든 것들을 협찬으로 해결할 정도입니다.

1 협찬 제안

하루에도 몇 건씩 메일이나 쪽지로 기업이나 마케팅 업체에서 모집 건들이 오곤 합니다. 누구나 블로그를 조금만 운영하다 보면 협찬 메일이나 쪽지를 받게 될 것입니다.

> 안녕하세요. 라이프 프래그런스 브랜드 ⬛⬛⬛ 입니다.
>
> 다름이 아니오라, 신제품 ⬛⬛ 디퓨저 출시를 맞아 체험단 요청을 드리고자 메일을 드립니다.
> 블로거님의 글들을 정독해보았는데, ⬛⬛ 디퓨저의 매력을 이끌어내주실수 있는 분이라 생각되어 메일을 드렸습니다.
>
> ⬛⬛ 디퓨저는 유니크한 디자인과 귀여운 캐릭터, 알록달록한 컬러 리드스틱이 매력적인 제품입니다.
>
> 총 다섯가지 제품으로 출시되었고, 3개로 구성되어 발향력은 물론이고 가성비도 갖춘 제품입니다!
>
> 저희 제품 편하게 사용해보시고, 블로그에 솔직한 리뷰 남겨주실 수 있으실까요?
>
> 아래에 신청서 링크 남겨드리오니, 긍정적으로 검토해주시면 정말 감사하겠습니다.
> **체험단링크: http** ⬛⬛⬛
>
> 문의사항이 있으시다면 언제든 회신해주세요.
> 감사합니다!

대략 이런 형식으로 해당 기업에서 직접 의뢰를 해오거나 마케팅 대행사를 통해 포스팅 의뢰가 들어옵니다.

원고료가 책정되어 있는 경우도 있고, 상품의 금액이 높으면 제품만 협찬되는 경우도 있습니다. 자신이 필요한 제품이거나 혹은 내가 체험이 필요한 상품이라면 협찬을 받고, 있는 그대로의 이야기를 진솔하게 적어주면 됩니다.

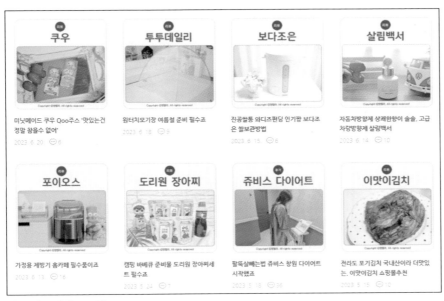

제품 리뷰 체험 포스팅

협찬 의뢰는 블로그의 글들과 관련이 있는 업체에서 대부분 연락이 옵니다. 결혼 전 제 블로그는 여행, 뷰티, 패션을 주제로 한 블로그였는데, 대부분 이와 관련된 업체에서 연락이 왔습니다. 결혼 후에는 결혼과 육아 이야기를 블로그에 적었고, 이제는 주로 육아용품과 생활리빙 제품이 협찬 의뢰가 오고 있습니다.

노출이 어느 정도 되는 블로거로 자리 잡으면 일종의 '수고료'라고 하는 원고료가 붙게 됩니다. 사진 촬영과 편집, 글을 쓰고 포스팅하여 상위노출이 됨으로써 블로그 글이 광고의 역할까지 해주는 것입니다. 그만큼의 원고료가 책정되는데 그렇게 수익화 블로거로 거듭나게 됩니다.

2 기자단

체험단과 기자단은 뭐가 다를까요? 블로그를 운영하면 꼭 한 번씩은 받게 되는 쪽지나 메일이 있습니다. 어떻게 알았는지 문자까지 보내 유혹합니다. 처음 맞이한 초보 블로거는 헷갈리기 마련입니다.

체험단은 물건이나 서비스를 무상으로 제공받은 후 직접 체험한 후기를 쓰는 것입니다. 기자단은 직접적인 체험이 아니라 기존에 있는 자료나 인터넷에 나와 있는 정보를 가지고 포스팅하는 것입니다.

그런데 위 화면처럼, 원고를 그대로 블로그에 업로드만 해주면 돈을 주겠다는 연락도 많습니다. 저런 달콤한 말로 유혹하는 것은 주의가 요구되는 기자단 의뢰입니다.

주의가 필요한 이유는 똑같은 원고나 사진들이 이미 다른 블로그에 게재되어 있다는 것입니다. 이런 원고나 사진을 내 블로그에 올리면 블로그의 품질이 위험해지는 것입니다. 얼마나 많은 사람이 똑같은 글을 포스팅하고 있는지도 모르는데 덜컥 1~2만 원을 위해서 받아 쓴다면 내 블로그의 품질이 어떻게 될지 모르는 일입니다. 열심히 키워온 내 블로그가 하루아침에 물거품이 되는 순간을 겪을 수도 있습니다. 블로그를 키워온 그동안의 노력과 시간은 무엇과도 바꿀 수 없는 소중한 것입니다. 앞으로 내 블로그가 엄청난 가치를 지니는 블로그가 될 수도 있습니다. 저는 지금까지 블로그를 운영하면서 내가 쓰지 않은 원고는 단 한 번도 업로드한 적이 없습니다.

유사문서 때문에 누락되는 포스팅이 많아지면 블로그 신뢰도는 떨어집니다. 그러면 방문자도 자연스럽게 하락합니다. 만약 꼭 해야 할 일이 생긴다면 내 말투와 내 생각을 담아 나만의 이야기로 재가공해서 올리면 유사문서의 위험을 피할 수 있습니다.

자신의 블로그에 애착을 가지는 사람이라면 남의 글을 내 공간에 올리고 싶지 않을 것입니다. 그것은 모르는 사람이 내 공간에 침입하는 것과 같은 경험이기 때문입니다.

이처럼 기자단 활동을 할 때는 조심하고 주의를 기울일 필요가 있습니다.

3 체험단

블로그를 운영하는 사람들만 누릴 수 있는 사이트가 있습니다. 수많은 업체가 그 사이트를 통해서 블로거들을 모집하고 있습니다. 내가 원하는 물건과 서비스들이 제안되어 있습니다. 사이트에 들어가서 원하는 곳에 신청하고 선정되면, 직접 물건을 받거나 서비스를 경험하고 정해진 날짜까지 블로그에 글을 써서 제출하면 됩니다.

많은 체험단 사이트가 있는데, 블로거들 사이에서 유명한 사이트로는 '레뷰', '리뷰플레이스', '서울오빠', '강남맛집', '구구다스' 등이 있습니다.

대표적인 체험단 사이트 '레뷰'(https://www.revu.net/)

이렇게 체험단 사이트에 가입하고 내 블로그를 연동하면 여러 제품, 서비스, 지역 체험단 등에 지원할 수 있습니다. 하지만 지원한다고 다 뽑히는 것은 아닙니다. 당첨 인원이 정해져 있기 때문에 그만큼 노력이 필요합니다.

체험단에 뽑히기 위해서는 당첨 확률을 높여야 합니다. 당첨 확률을 높이기 위해서는 일단 무조건 많이, 자주, 열심히 신청을 넣어야 합니다. 한두 가지만 신청해두고 좋은 성과를 기대해선 안 됩니다. 경쟁률이 낮은 것부터 신청해봅니다. 그렇게 체험단을 경험해보는 재미부터 맛보는 게 우선입니다.

또 내 블로그의 성격과 맞는 체험단을 신청하는 것도 중요합니다. 내가 목표로 하는 제품이나 서비스와 관련된 글을 꾸준히 미리 포스팅해두는 것도 하나의 방법입니다. 지원 상품군과 유사한 포스팅들을 한 블로그를 선정하는 경우도 있기 때문입니다.

방문자 수 역시 선정할 때 보는 것이기에 중요하기는 하지만, 이제는 그 사람의 글이 얼마나 매력적이고 사람을 끌어당길 수 있는지가 중요해졌습니다. 내 글을 클릭하고 들어와서 사람들이 얼마나 구매로 이루어지는지가 중요합니다. 그것에 따라서 수익형 블로거로서의 가치가 매겨집니다.

06 네이버 **인플루언서** 되기

네이버 블로그에서 시행하던 파워블로그는 경험과 정보 공유, 블로그 활동을 열심히 한 우수 블로그에 주어졌던 호칭으로, 2008년부터 2014년까지 시행되었습니다. 그런데 본래의 의도와 달리 파워블로그의 지위를 이용한 협박, 블로그 거지, 악의적인 행위 등 각종 폐해가 일어나면서 이제는 더는 선정하지 않고 종료되었습니다.

대신 2020년부터 네이버 '인플루언서' 제도를 신설해 전문 분야에서 우수한 활동을 하는 블로거에게 인플루언서라는 이름을 주고 있습니다. 인플루언서는 각 분야별로 전문성을 띠는 블로거들을 선정해서 그들만의 키워드를 제시해줍니다. 분야별로 키워드에 맞는 전문성 있는 글을 쓰고 이를 바탕으로 순위 싸움을 하게 됩니다.

인플루언서는 네이버 블로그, 포스트, 네이버TV 등 네이버에서 제공하는 여러 채널과 유튜브, 인스타그램 등 외부채널로도 신청할 수 있습니다. 이러한 채널을 통해 나만의 콘텐츠를 만들면 누구나 선정될 수 있습니다. 하지만 내 주제의 전문성을 바탕으로 글을 써야만 해당 분야에 지원이 가능합니다.

1 인플루언서 신청 자격과 지원하기

인플루언서에 신청하기 위해서는 내 블로그의 주제를 정확히 정해야 합니다. 주제는 20개가 있습니다. 내 블로그의 성격이 어디에 가장 적합한지 파악하는 게 우선입니다. 그러고 나서 인플루언서에 지원하면 됩니다.

블로그에서 활동해온 글을 중심으로 주제의 전문성을 심사하기 때문에 활동 주제와 지원 주제가 동일해야 승인됩니다. 그렇기에 활동 비중이 가장 높은 주제로 지원하는 게 좋습니다.

인플루언서는 각 분야마다 단체방이 있습니다. 저는 육아 인플루언서로 해당 단체방에 가입되어 있는데, 그곳에 새로 등록되는 인플루언서들의 이야기를 들어보니 갈수록 조건이 더 까다로워지고 있다고 합니다.

인플루언서가 되기 위해서는 블로그에 동일 주제의 글을 꾸준히 등록하는 게 중요합니다. 블로그를 운영하는 사람이 이 주제에 적합한지, 전문성을 띠고 있는지가 가장 중요한 선정 조건입니다.

분야	주제
스타일	패션
	뷰티
라이프	리빙
	육아
	생활건강
푸드	푸드
여행	여행
동물/펫	동물/펫
스포츠	운동/레저
	프로스포츠
게임	게임
테크	IT테크
	자동차
엔터테인먼트	방송/연예
	대중음악
컬처	영화
	공연/전시/예술
	도서
경제/비즈니스	경제/비즈니스
어학/교육	어학/교육

1) 인플루언서 지원하기

1. 네이버 인플루언서센터에서 **인플루언서 지원하기**를 클릭합니다.
(https://influencercenter.naver.com/)

2. 지원 분야, 내 활동 채널을 선택하고 개인정보 수집에 동의하고 **인플루언서 지원하기**를 클릭합니다.

3. 인플루언서 지원이 완료되었습니다. **확인**을 클릭합니다. 심사 결과는 약 7일 이내에 이메일로 옵니다.

지원해주셔서 감사합니다.
지원 결과는 약 7일 이내에 이메일로 안내됩니다.

확인

② 인플루언서의 원고는 돈이 된다

제가 현재 가장 많은 수익을 창출하는 것이 인플루언서 영역입니다. 육아 인플루언서로 활동하다 보니 육아용품 업체에서 엄청난 딜을 해오고 있습니다.

인플루언서는 '키워드 챌린지'라고 해서 인플루언서들만의 순위 싸움을 할 수 있는 영역이 있습니다. 그곳에서 1위~3위까지의 글들만 네이버 통합검색에 반영되어 노출되기 때문에 인플루언서들과의 키워드 싸움이 엄청 중요합니다.

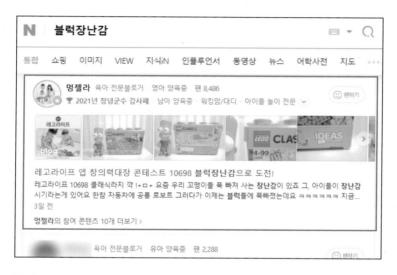

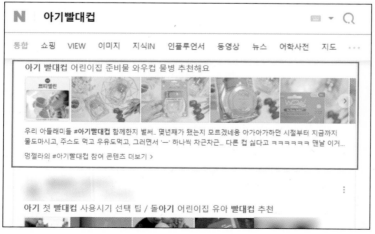

인플루언서 영역에서 키워드 순위가 결정되고, 통합검색에서 키워드를 검색하면 인플루언서 영역에 따로 노출됩니다. 위 화면의 경우 인플루언서 키워드 챌린지에서 '블록장난감', '아기빨대컵' 키워드에서 순위가 높았기 때문에 이렇게 저의 글이 노출된 것입니다.

그래서 요즘 기업들은 인플루언서 키워드의 상위노출을 제시하는 경우가 많습니다. 키워드 챌린지에서 상위노출이 보장되는 경우 적립 형태로 리워드 금액이 매일 쌓입니다. 인플루언서 키워드 챌린지 영역이 높은 수익을 얻을 수 있는 모델이 되었습니다. 경쟁이 센 키워드의 경우(ex: 기저귀, 카시트) 상위노출이 되는 날짜의 수에 따라 원고료와 함께 노출 리워드까지 쌓이면 그 금액은 상당합니다.

저는 특정 키워드가 한 달 동안 상위노출 된 적이 있었는데, 원고 발행료와 리워드 금액까지 합쳐 약 100만 원의 수익을 올렸습니다. 포스팅 하나가 그 정도의 가치가 있다는 뜻입니다.

이렇게 네이버가 인증해주는 전문 분야 활동가인 인플루언서는 수익형 블로거의 부스터(Booster)가 되어줍니다.

07 전문 **강사**와 **작가** 되기

30대가 되면서부터 저의 버킷리스트에는 '강사 되기'가 추가되었습니다. 특별히 잘하는 게 없었던 때라 구체적인 계획은 없었지만 사람들 앞에서 강의하는 모습을 늘 꿈꾸었습니다. 그런데 블로그를 열심히 운영한 덕분에 제 꿈이 이루어졌습니다. 지금은 여기저기서 강의 의뢰가 들어오는 마케팅 전문 강사가 되었습니다. 10여 년 넘게 운영해온 블로그는 저의 전문 분야가 되었고, 어느 순간 블로그에 글을 쓸 때마다 파급력이 생기게 되었습니다. 육아 인플루언서로 활동하면서 네이버에 인물등록도 되었습니다.

또 블로그를 하면서 누군가에게 도움이 되고 싶다는 생각에 책을 쓰게 되었습니다. 그로 인해 책 판매에 따른 인세를 받으면서 수익을 올리게 되었습니다.

처음에는 1:1 강의부터 시작했는데, 강의 내용이 마음에 든 교육생들이 여기저기에 소개를 해주면서 점차 인원이 늘어나고 소그룹 강의, 기관 강의, 단체 특강을 진행했습니다. 그러다가 지자체에서 의뢰가 들어와 청년 농업인을 대상으로 블로그 마케팅 정규 강의를 진행하면서 전문 강사가 되었습니다.

블로그 전문가가 되어 사람들 앞에서 강의하는 자신의 모습이 너무나 자랑스러웠고, 삶의 행복감을 맛보았습니다. 강의를 들은 많은 학생이 자신의 글이 상위노출이 되었거나 체험단 당첨이 되었다고 자랑해올 때마다 뿌듯하고 많은 보람을 느낍니다.

지자체와 여러 단체에서 강의를 하면서 꽤 인기 있는 블로그 강사로 자리매김했습니다. 블로그로 내가 좋아하는 일을 하면서 더불어 강의료로 수익을 올리고 있습니다.

책을 펴낸 저자가 되니, 조금 더 전문성 있는 사람이 되었고, 그로 인해 강의 제안이나 인터뷰 요청이 많아졌습니다.

저처럼 블로그를 하는 방법을 알려주는 책을 쓸 수도 있지만 자신이 운영하는 블로그 글을 엮어서 책을 내는 경우도 많습니다. 블로그에 꾸준히 좋은 글을 쓰다 보면 출판사에서 책 출간을 제안해오기도 합니다.

08 나를 **브랜딩**하라

나의 SNS를 확장하라

SNS는 채널마다 특징이 있고, 이용자층도 다르며, 사용자 니즈도 다릅니다. 그에 맞춰 원하는 형태의 정보를 제공해야 다양한 사람에게 나를 알릴 수 있고 브랜딩할 수 있습니다.

페이스북, 인스타그램, 유튜브 등 다양한 SNS 채널을 운영하고, 블로그 글의 '공유하기' 기능으로 이들 SNS에 확장하도록 합니다. 그러면 블로그 포스팅 하나로 다채널을 충분히 운영할 수 있습니다. 그렇게 사람들이 여러 경로를 통해 나의 포스팅에 쉽게 접근할 수 있도록 합니다.

앞서 블로그 글에 동영상을 추가하는 것이 상위노출에 유리하다는 이야기를 했습니다. 그래서 블로그 글을 위한 동영상을 많이 촬영합니다. 이렇게 블로그 포스팅을 위해 촬영한 영상을 활용해서 유튜브 채널이나 네이버TV에 업로드하면 채널을 넓힐 수 있습니다. 반대로 이들 채널을 위해 작성한 동영상을 편집해 블로그 글에 활용할 수도 있습니다.

인스타그램, 페이스북, 트위터는 즉각적인 반응을 살필 수 있고, 라이브 방송이나 DM 등을 이용해서 소통의 창구로 이용할 수 있다는 장점이 있습니다. 인스타그램에서의 즉각적인 반응을 통해, 내 글과 피드를 보는 관심사가 비슷한 사람들의 반응을 살필 수 있습니다.

브런치는 글쓰기에 최적화된 플랫폼입니다. 브런치에 적은 글을 모아서 책으로 발간할 수 있다는 장점이 있는 SNS입니다. 블로그 글 속에 담아둔 나의 이야기나 주제에 대한 이야기를 엮어서 브런치 작가가 되는 것도 나의 가치를 올리는 방법 중 하나입니다.

저는 블로그 전문가지만 블로그에만 국한된 '멍젤라'로 살고 있지는 않습니다. 블로그만큼은 아니지만 모든 SNS를 하면서 영역을 확장하고 있습니다. 나를 브랜딩하고 수익화 채널을 구축하기 위해서는 다양한 SNS 채널을 운영해야 합니다.

네이버는 계속해서 로직을 생성해내면서 변화하고 있습니다. 이 책이 나오고 난 후에도 끊임없이 업데이트될 것입니다. 그러는 동안에도 저는 하루에 하나 이상씩 글을 쓰면서 네이버의 로직에 유연하게 대응하면서 블로그 활동을 할 것입니다.

현재 네이버 로직의 핫 이슈는 에어서치를 기반으로 한 '스마트블록'입니다. 스마트블록의 여러 세부 주제에서 내 글을 상위노출 시키는 것을 목표로 잡고 꾸준히 글을 작성하십시오. 현재 네이버는 많은 키워드에서 스마트블록을 인플루언서 영역보다 상위에 노출하고 있습니다.

블로그의 네이버 로직이 아무리 변한다 해도 변하지 않는 것이 있습니다. 그것은 바로 '진심'과 '꾸준함'이라는 로직입니다. 내가 느끼고 경험하고 체득한 것을 진심을 담아서 꾸준히 쓰다 보면 여러분의 블로그가 상위노출이 되는 그날이 올 것입니다. 그와 더불어 다양한 경로에서 수익화 모델이 구축될 것입니다.

블로그라는 공간은 사람이 살아가는 또 다른 세계입니다. 사람과 사람이 소통하는 공간이고, 서로 유용한 정보를 제공하고 도움을 주는 매력적인 곳입니다. 처음부터 너무 수익화에 의존하지 말고 즐거운 마음으로 진정성 있게 소통하면서 글을 써보세요. 그러면 어느 순간 상상하던 일들이 이루어질 것입니다.